Direito do Trabalho e Imigração

CB126165

Direito do Trabalho e Imigração

IMIGRANTES INDOCUMENTADOS E A PROTEÇÃO DA OIT

2022

Daniela Wernecke Padovani

ALMEDINA

DIREITO DO TRABALHO E IMIGRAÇÃO
IMIGRANTES INDOCUMENTADOS E A PROTEÇÃO DA OIT
© ALMEDINA, 2022

AUTORA: Daniela Wernecke Padovani

DIRETOR ALMEDINA BRASIL: Rodrigo Mentz
EDITORA JURÍDICA: Manuella Santos de Castro
EDITOR DE DESENVOLVIMENTO: Aurélio Cesar Nogueira
ASSISTENTES EDITORIAIS: Isabela Leite e Larissa Nogueira
ESTAGIÁRIA DE PRODUÇÃO: Laura Roberti

DIAGRAMAÇÃO: Almedina
DESIGN DE CAPA: FBA

ISBN: 9786556275376
Junho, 2022

Dados Internacionais de Catalogação na Publicação (CIP)
(Câmara Brasileira do Livro, SP, Brasil)

Padovani, Daniela Wernecke
Direito do trabalho e imigração : imigrantes indocumentados
e a proteção da OIT / Daniela Wernecke Padovani. – São Paulo : Almedina, 2022.

Bibliografia
ISBN 978-65-5627-537-6

1. Brasil – Migração 2. Direito de migração 3. Direito do trabalho
4. Direito do trabalho – Brasil 5. Emigração e imigração – Legislação
6. Estrangeiros – Estatuto legal, leis, etc. – Brasil
7. Trabalhadores imigrantes – Proteção I. Título.

22-106241 CDU-34:331.5(81)

Índices para catálogo sistemático:

1. Brasil : Imigração : Direito do trabalho 34:331.5(81)

Maria Alice Ferreira – Bibliotecária – CRB-8/7964

Este livro segue as regras do novo Acordo Ortográfico da Língua Portuguesa (1990).

Todos os direitos reservados. Nenhuma parte deste livro, protegido por copyright, pode ser reproduzida, armazenada ou transmitida de alguma forma ou por algum meio, seja eletrônico ou mecânico, inclusive fotocópia, gravação ou qualquer sistema de armazenagem de informações, sem a permissão expressa e por escrito da editora.

EDITORA: Almedina Brasil
Rua José Maria Lisboa, 860, Conj. 131 e 132, Jardim Paulista | 01423-001 São Paulo | Brasil
www.almedina.com.br

SOBRE A AUTORA

Daniela Wernecke Padovani
Doutora em Direito do Trabalho pela Faculdade de Direito da Universidade de São Paulo; Pós-Doutoranda na Faculdade de Direito da Universidade de São Paulo; Pesquisadora, membra do Grupo de Pesquisa "Proteção do Trabalhador e Promoção das Relações de Trabalho" da Faculdade de Direito da Universidade de São Paulo (CNPq); Advogada.

Aqui se trata não de filantropia, mas de direito. Significa hospitalidade o direito de um estrangeiro de não ser tratado hostilmente pelo fato de ter chegado ao território alheio.

IMMANUEL KANT
(*Rumo à paz perpétua*)

Aos meus pais, Marcia e Luiz Antonio

AGRADECIMENTOS

Agradeço ao professor Otavio Pinto e Silva, meu orientador, pela generosa condução dessa pesquisa que, com grande disponibilidade, propiciou ricos diálogos e oportunidades de reflexão.

Aos membros da minha banca de doutorado, além do meu orientador que a presidiu, professores Sedi Hirano, André de Carvalho Ramos, Luís Renato Vedovato e professoras Daniela Muradas Antunes e Francesca Columbu, meus agradecimentos pelas cuidadosas arguições que trouxeram importantes críticas e sugestões, as quais, incorporadas na atualização da tese, contribuíram em muito para aprimorá-la.

Agradeço à minha família, meus pais Marcia e Luiz Antonio, minhas irmãs Carla e Paula, e ao Fabio, meu marido, pelo apoio e incentivo para a realização dessa jornada. Um agradecimento especial aos meus filhos Luisa, Leticia e Miguel, fonte de estímulo e amor, pela compreensão nos longos momentos de imersão na pesquisa. E aos meus amigos e amigas, sobretudo à Ana Carolina, pela imensa amizade, pela grande generosidade e pelas valiosas sugestões que enriqueceram esse estudo.

Agradeço, por fim, à Universidade de São Paulo, cujo apoio foi imprescindível para o desenvolvimento da pesquisa e à Editora Almedina por tornar possível a publicação dessa obra.

NOTA DA AUTORA

Este livro é o resultado de uma longa pesquisa sobre a temática de trabalhadores migrantes indocumentados, realizada durante os meus estudos no mestrado e no doutorado. Trata-se de versão oriunda da tese defendida junto à Universidade de São Paulo e aprovada com louvor pela minha banca de doutorado, cujos membros apresentaram considerações e ricas sugestões para a melhoria da tese, as quais foram, com muita gratidão, incorporadas a esta versão.

O livro propõe a reflexão sobre as condições sociojurídicas dos trabalhadores migrantes indocumentados em meio ao processo irreversível da globalização, a partir da análise do direito ao trabalho pela perspectiva da Organização Internacional do Trabalho.

No cenário da globalização, com a intensificação da mobilidade humana, é notável a construção de relações laborais calcadas na lógica da precarização e da marginalização do trabalhador imigrante, sobressaindo-se os indocumentados por sua maior vulnerabilidade. A partir da análise dos objetivos estratégicos e da função institucional da Organização Internacional do Trabalho, foi possível investigar os mecanismos utilizados pela OIT para promover a efetiva proteção desses trabalhadores imigrantes, bem como verificar a presença de diálogo eficaz entre diferentes instâncias normativas.

A análise do arcabouço normativo produzido na Organização Internacional do Trabalho, subsidiada pelo estudo comparativo com o sistema de proteção dos direitos humanos no âmbito global da Organização das Nações Unidas e no âmbito regional interamericano da Organização dos Estados Americanos, propiciou a reflexão sobre eventual insuficiência normativa da OIT, no tocante à proteção dos imigrantes indocumentados, e sua repercussão na realidade brasileira.

O reconhecimento do direito ao trabalho como um direito humano universal, integrante do patamar do mínimo existencial, o reconhecimento do interesse difuso do direito ao desenvolvimento humano, alcançado pelo acesso ao direito ao trabalho e o reconhecimento de que a universalidade dos direitos humanos é fator limitante da soberania nacional, são questões que fortalecem o sistema internacional de proteção dos direitos humanos, ao qual a Organização Internacional do Trabalho deve estar alinhada e comprometida.

Ao assumir seu papel proeminente e estratégico de defesa dos direitos dos trabalhadores migrantes na seara laboral a OIT contribui para a amplificação da cadeia de proteção dos direitos humanos, avocando para si a responsabilidade genuína de oferecer um referencial de proteção do direito ao trabalho, a ser incorporado nos sistemas global e regional de proteção e promoção dos direitos humanos e internacionalizado nos ordenamentos jurídicos nacionais, alargando, pois, a esfera de reconhecimento do direito.

A pesquisa, de natureza teórica, e a análise, subsidiada por dados empíricos secundários extraídos de bibliografia especializada, além das normativas internacional e nacional, referentes à temática da migração indocumentada, apresentam elementos que contribuem para a reflexão no sentido de se trilhar um caminho possível para a realização integral do direito com vistas à conquista da justiça social, buscando transformar a realidade a partir da construção de novos paradigmas.

DANIELA WERNECKE PADOVANI

APRESENTAÇÃO

Para mim, é uma honra escrever essas linhas, o que faço com alegria, ainda tomado pelo entusiasmo despertado por sua leitura. O livro da Dra. DANIELA WERNECKE PADOVANI contém uma força argumentativa grandiosa. O trabalho consegue realizar uma profunda análise do direito ao trabalho para imigrantes indocumentados pela perspectiva da Organização Internacional do Trabalho. Tema fundamental no cenário da globalização, que intensifica a mobilidade humana e, acima de tudo, intensifica a circulação de capital pelo mundo. A vulnerabilidade dos trabalhadores migrantes indocumentados, nesse contexto, escancara-se, exigindo que o direito busque regular tal cenário que passa a acontecer de maneira mais frequente.

Nos seis capítulos de seu trabalho, a autora demonstra sua criteriosa metodologia, escolhendo com precisão os temas e os capítulos, que, de maneira encadeada e natural, vão construindo o contexto para melhor trabalhar o direito migratório para o leitor. A orientação segura do Professor Otavio Pinto e Silva também se faz sentir.

Do direito ao trabalho no panorama das migrações internacionais e passando pelos conceitos de direito ao trabalho dos migrantes indocumentados, Dra. Daniela trabalha com informações e argumentos profundos e claros, o que permite que se passe para a análise da Organização Internacional do Trabalho e das normas internacionais sobre a temática.

Difícil falar em ponto alto quando se trata de trabalho de tão alta qualidade, mas é possível afirmar que o capítulo 5 se destaca pois enfrenta problemas práticos atuais, como é o caso da internacionalização do trabalho na realidade brasileira.

Em patamar semelhante, está o capítulo 6, em que a autora estabelece os parâmetros para proteção do trabalhador migrante indocumentado diante do cenário internacional.

A leitura é um deleite. A obra é necessária. A realidade está em cada capítulo do livro. Por tudo isso, essa obra é essencial para pesquisas atuais e será também para quem no futuro vier a analisar o tema. Nós, leitores, só temos a agradecer.

LUÍS RENATO VEDOVATO
Pesquisador da FAPESP Projeto "Direito das migrações nos tribunais – a aplicação da nova lei de migração brasileira diante da mobilidade humana internacional"; Pesquisador Associado do Observatório das Migrações em São Paulo; Doutor em Direito Internacional pela Faculdade de Direito da USP; Professor de Direito Internacional Público da PUC de Campinas; Professor Doutor da UNICAMP.

PREFÁCIO

Daniela Wernecke Padovani traz ao conhecimento da sociedade os resultados de sua pesquisa acerca do direito ao trabalho para imigrantes indocumentados, em que avaliou a efetividade das normas internacionais de proteção a esses trabalhadores, editadas pela Organização Internacional do Trabalho (OIT).

Trata-se de tese de doutoramento que foi defendida com brilho perante banca examinadora presidida por mim, como exigência do programa do curso de pós-graduação em Direito da Faculdade de Direito da Universidade de São Paulo. A banca contou com a participação dos professores André de Carvalho Ramos, Sedi Hirano e Luis Renato Vedovato e das professoras Francesca Columbu e Daniela Muradas Antunes.

A tese seguiu estritamente o projeto acadêmico do Departamento de Direito do Trabalho e Seguridade Social da Faculdade de Direito da USP, estando inserida na linha de pesquisa "Fundamentos históricos, princípios, direitos e garantias fundamentais do Direito do Trabalho e do Direito Processual do Trabalho: compreensão, aplicação e crítica".

A preocupação central da pesquisadora foi a de lidar com o cenário de globalização em que os constantes deslocamentos humanos se intensificam em meio a construção de relações laborais calcadas na lógica da precarização de direitos, da superexploração e da marginalização do trabalhador imigrante, sobressaindo-se os indocumentados por sua maior vulnerabilidade.

Desse modo, o estudo buscou investigar os mecanismos adotados pela Organização Internacional do Trabalho para promover a efetiva proteção de trabalhadores imigrantes, identificando os objetivos estratégicos da entidade em defesa do direito ao trabalho decente.

A obra traz descrição minuciosa das normas internacionais produzidas no âmbito da própria Organização Internacional do Trabalho, mas não se limita a elas: foi efetuada também uma análise comparativa do próprio Sistema de Proteção dos Direitos Humanos, tanto em nível global (no âmbito da Organização das Nações Unidas - ONU), quanto regional (no sistema interamericano da Organização dos Estados Americanos - OEA).

A contribuição acadêmica produzida por Daniela é de grande relevância para todos aqueles que estudam as questões migratórias e têm interesse pelo direito do trabalho, uma vez que é feita a avaliação do ordenamento jurídico brasileiro, passando pela Constituição de 1988, pela Lei de Migração (Lei nº 13.445/2017) e por várias resoluções administrativas provenientes de órgãos governamentais incumbidos da promoção da política migratória no Brasil.

O objetivo da autora, ao fazer esse diálogo entre as fontes normativas brasileiras e internacionais, foi o de subsidiar a compreensão da repercussão da proteção internacional em nosso país com base na ideia do "direito ao trabalho" enquanto um dos direitos humanos fundamentais, capaz de amparar o desenvolvimento de estratégias voltadas a coibir injustiças e desigualdades sociais presentes na vida cotidiana dos trabalhadores imigrantes.

Afinal, diz Daniela, cada Estado, no exercício de sua soberania, faz a governança da mobilidade humana, atinente ao seu respectivo território: mas a boa governança migratória exige uma convergência de interesses dos migrantes, dos governos e de toda a sociedade, sendo indispensável a crítica às medidas governamentais e o desestímulo das práticas injustas e exploratórias, a partir da gramática dos direitos humanos.

Cogita-se assim da existência de um direito difuso a uma boa governança migratória, respaldada no reconhecimento do direito fundamental e universal ao trabalho: diante da inevitável mobilidade humana internacional, inúmeras políticas migratórias restritivas foram construídas e levaram a um crescente aumento de imigrantes indocumentados, diferentemente da ideia de que as restrições inibiriam o fluxo migratório.

Ora, essa condição indocumentada de muitos imigrantes resulta em uma situação de extrema vulnerabilidade, dando margem à informalidade nas relações de trabalho e à exclusão social. Daniela defende então a tese de que o reconhecimento do direito ao trabalho dos imigrantes indocumentados pode servir como um meio de interromper o círculo vicioso de precarização e vulnerabilidades, colocando-os em patamar de igualdade com as demais pessoas da sociedade para a fruição de direitos fundamentais que representam o mínimo para uma existência humana digna.

A hipótese central da pesquisa foi a de que, não obstante a existência de uma tendência na normativa internacional de reconhecimento de direitos laborais aos trabalhadores imigrantes indocumentados, estes ainda encontram óbices à integral fruição desses direitos justamente porque ostentam a condição de indocumentados. Ora, em razão dessa condição, não lhes é reconhecido o direito fundamental ao trabalho, o qual precede a própria fruição dos direitos laborais.

A situação migratória irregular (decorrente da ausência de documentação para entrar ou permanecer em território estrangeiro), acaba por trazer maior vulnerabilidade aos trabalhadores que se veem forçados a aceitar relações jurídicas que ficam aquém do patamar mínimo exigido na legislação, sendo vítimas de superexploração e precarização.

Sendo assim, a autora sustenta que enquanto não houver o reconhecimento do direito ao trabalho como um direito universal básico – e, portanto, inerente a qualquer indivíduo e indispensável ao desenvolvimento e à dignidade da pessoa humana – a lógica da exclusão social dos imigrantes indocumentados permanecerá.

Enfim, a reflexão que nos é trazida nessa pesquisa passa pelo atual desafio que se apresenta para a Organização Internacional do Trabalho na defesa de todos os trabalhadores: a aplicação dos princípios da igualdade de oportunidades e da não discriminação como fundamentos para o alinhamento das suas convenções internacionais às diretrizes globais de proteção dos direitos humanos, bem como às suas próprias diretrizes institucionais, visando a sedimentação de um patamar mínimo de proteção que permita ao trabalhador imigrante uma inserção digna na sociedade.

Afinal, como nos ensina Guimarães Rosa, "o mais importante e bonito, do mundo, é isto: que as pessoas não estão sempre iguais, ainda não foram terminadas – mas que elas vão sempre mudando".

São Paulo, outono de 2021.

OTAVIO PINTO E SILVA
Professor Associado do Departamento de Direito do Trabalho e Seguridade Social da Faculdade de Direito da Universidade de São Paulo (USP)

SUMÁRIO

INTRODUÇÃO

A presente pesquisa realizada em nível de doutoramento, cujo título da tese é "Direito ao trabalho para imigrantes indocumentados: proteção da Organização Internacional do Trabalho", tem por objeto o estudo da efetividade do direito ao trabalho para imigrantes indocumentados, pela perspectiva da proteção da Organização Internacional do Trabalho, em um cenário de globalização em que os constantes deslocamentos humanos se intensificam diuturnamente em meio a construção de relações laborais calcadas na lógica da precarização de direitos, da superexploração e da marginalização do trabalhador imigrante, sobressaindo-se os indocumentados por sua maior vulnerabilidade.

Trata-se de estudo em que se investiga os mecanismos utilizados pela Organização Internacional do Trabalho para promover a efetiva proteção de trabalhadores imigrantes, a partir da compreensão de seus objetivos estratégicos e da perseguição ao trabalho decente a todo o trabalhador em qualquer localidade do globo. Para tanto, toma-se como ponto de partida a análise do arcabouço normativo produzido no âmbito da própria Organização Internacional do Trabalho, expandindo-se a pesquisa, posteriormente, para uma análise comparativa do Sistema de Proteção dos Direitos Humanos, em nível global, no âmbito da Organização das Nações Unidas – ONU, bem como no nível regional, abarcando o Sistema Interamericano de Proteção dos Direitos Humanos da Organização dos Estados Americanos – OEA.

A partir do levantamento e análise dos instrumentos jurídicos internacionais atinentes à temática da migração, segue o estudo com o cotejamento desse aparato legal com o conjunto normativo brasileiro pertinente ao tema, notadamente a Constituição Federal de 1988, a Lei de Migração nº 13.445, de 24 de maio de 2017 e resoluções administrativas provenientes de órgãos governamentais incumbidos da promoção da política migratória no Brasil. O intuito de se fazer a intersecção do arcabouço teórico normativo nacional brasileiro e internacional é possibilitar a verificação da relação dialógica existente entre essas diversas fontes jurídicas, o que subsidiará a compreensão da repercussão da proteção internacional no âmbito doméstico.

Entende-se que a possível existência de um acervo de normas protetivas que reconhecem o direito ao trabalho dos imigrantes indocumentados não basta por si só para garantir a efetividade desse direito. É preciso que as normas que compõem o acervo estabeleçam um diálogo eficaz, com base na internacionalização do direito ao trabalho enquanto um direito humano, capaz de amparar o desenvolvimento de estratégias voltadas a coibir injustiças e desigualdades sociais que se encontram tão presentes na vida cotidiana desses trabalhadores imigrantes.

Delimitado o objeto do presente estudo, faz-se uma breve contextualização da temática, a fim de justificar a pesquisa e demonstrar a importância de sua contribuição original para a ciência do direito.

É notório que as sociedades do século XXI vivem imersas em um processo de globalização mundial, no qual há intenso intercâmbio e interdependência entre os países de fluxos de bens, serviços, capitais e pessoas. Nesse processo global, a mobilidade humana, representada nos fluxos migratórios internacionais, tende a acompanhar a lógica de circulação de capital, de mercadorias e de ideias, muito embora a receptividade dos imigrantes nos países de destino ou mesmo nos países de trânsito não esteja seguindo igual tendência da receptividade apresentada para os fluxos de bens e capitais.

Nesse contexto, as pessoas em circulação, imbuídas pelo ideal da busca de trabalho e melhores condições de vida, têm se deparado com verdadeiras barreiras à sua entrada em país estrangeiro e, quando nesses países conseguem entrar, acabam muitas vezes por permanecer em situação irregular por falta de documentação ou ausência de autorização pelas autoridades locais, tornando-se vítimas de violações sistemáticas de direitos, em meio à construção de relações sociolaborais precárias e às margens das leis, calcadas na condição de extrema vulnerabilidade, própria da condição migratória indocumentada.

Nesse cenário, com políticas migratórias restritivas, o receio por parte do imigrante indocumentado de sofrer uma possível deportação faz com que ele próprio se esquive das ações fiscalizatórias oficiais e se submeta a celebrar relações de trabalho em desacordo com os preceitos legais, tornando-se "invisível" à luz do governo local e de toda a sociedade, de forma a que não encontra um canal de comunicação eficaz para denunciar as violações de seus direitos fundamentais básicos que diuturnamente atentam contra a sua dignidade.

A rápida absorção dessa parcela de imigrantes no mercado informal de trabalho é estimulada pela maior rentabilidade que esse tipo de contratação representa para o empregador, uma vez que este, colocando-se à margem da lei, se isenta do pagamento de verbas previdenciárias, fiscais e da integralidade de verbas trabalhistas, entregando ao trabalhador imigrante indocumentado tão somente uma parcela salarial aquém do mínimo legal.

A necessidade de o imigrante indocumentado encontrar trabalho em localidade diversa do seu país de origem é interesse atinente não só ao próprio imigrante que pode ser traduzido no reconhecimento do direito ao trabalho, mas igualmente é interesse de toda a sociedade, traduzido como um direito difuso de respeito ao pleno desenvolvimento da pessoa humana. Dessa forma, com fundamento na gramática dos direitos humanos, há que se buscar a elevação do direito ao trabalho a um patamar, cujo rol de direitos representa o mínimo a uma existência digna. Vale dizer, a formatação do direito ao trabalho pela lógica da gramática dos direitos humanos pode servir de instrumento jurídico para balizar as tomadas de decisões estatais, no tocante à circulação de migrantes pelo globo.

Cada Estado, no exercício de sua soberania, faz a governança da mobilidade humana, atinente ao seu respectivo território. Entretanto, a boa governança migratória pode ser consubstanciada em um direito difuso, para o qual devem convergir interesses dos migrantes, dos governos e de toda a sociedade.

Diante das inquietudes que essa realidade produz, há que se buscar soluções na seara jurídica, no intuito de trazer para a área da ciência do direito um olhar que possa permitir a crítica e o desestímulo dessas práticas injustas e exploratórias, a partir da tradução dos interesses envolvidos em defesas de direitos, formatando-os pela lógica da gramática dos direitos humanos. Nesse sentido, pode-se pensar na existência de um direito difuso a uma boa governança migratória, que, por exemplo, seja respaldada no reconhecimento do direito fundamental e universal ao trabalho. Assim, a linguagem jurídica tem o condão de estabelecer premissas que servirão de base para as ações e tomadas de decisões, pois no Estado Democrático de Direito, o Estado deve sempre pautar suas decisões referenciadas no instrumental jurídico oferecido.

A partir desses apontamentos, é possível perceber um verdadeiro círculo vicioso em que, diante da inevitável mobilidade humana internacional, políticas migratórias restritivas vão sendo construídas, o que acarreta um aumento de imigrantes indocumentados, a *contrario sensu* de se pensar que as restrições poderiam vir a inibir o fluxo migratório. A condição indocumentada desses imigrantes gera uma situação de vulnerabilidade, propiciando a precariedade e a informalidade nas relações de trabalho, fator este que contribui para a diminuição do gozo de direitos fundamentais, acirrando ainda mais a exclusão social.

Nesse sentido, o reconhecimento do direito ao trabalho dos imigrantes indocumentados pode servir como um meio de interromper o círculo vicioso de precarização e vulnerabilidades, colocando-os em patamar de igualdade com as demais pessoas da sociedade para a fruição de direitos fundamentais que representam o mínimo para uma existência humana digna. Note-se que o direito ao trabalho precede e não se confunde com os direitos laborais decorrentes da própria relação de trabalho. O deferimento destes últimos parece caminhar para um consenso na comunidade internacional que visa a proteção e a promoção dos direitos humanos dos imigrantes, independentemente de sua condição migratória, incluindo, portanto, os indocumentados. No entanto, o reconhecimento do direito ao trabalho para os imigrantes indocumentados não caminha para o mesmo consenso, haja vista as incongruências presentes no próprio sistema de proteção internacional, razão pela qual busca-se mostrar com a presente pesquisa a relevância da contribuição original no enfrentamento da temática da migração indocumentada, o que se pretende fazer por meio do estudo do arcabouço normativo correlato ao tema e da relação dialógica estabelecida entre as diversas fontes jurídicas para, ao final, analisar eventual insuficiência normativa no âmbito da Organização Internacional do Trabalho no tocante a essa parcela de imigrantes.

A compreensão da intersecção de mecanismos que possam viabilizar a efetividade do direito ao trabalho dos imigrantes indocumentados, com foco na discussão sobre o aparato oferecido pela Organização Internacional do Trabalho e sua repercussão na relação dialógica com as demais fontes normativas, justifica a relevância da pesquisa, permitindo a apresentação de uma contribuição à ciência do direito.

Formula-se a hipótese central da pesquisa nos seguintes termos: embora haja uma tendência na normativa internacional de reconhecimento de direitos laborais aos trabalhadores imigrantes indocumentados, estes ainda encontram óbices à integral fruição desses direitos, justamente porque ostentam a condição de indocumentados, e, em razão dessa condição, não lhes é reconhecido o direito fundamental ao trabalho, o qual precede a própria fruição dos direitos laborais. A situação migratória irregular, seja pela ausência de documentação para entrar ou permanecer em território estrangeiro, seja pela permanência além do tempo permitido pela legislação do país receptor, acirra a vulnerabilidade desses imigrantes que acabam por aceitar relações sociolaborais aquém do patamar mínimo exigido na legislação, sendo, pois, vítimas de superexploração e precarização. Enquanto não houver o reconhecimento do direito ao trabalho, como um direito universal básico, inerente a qualquer indivíduo e indispensável ao desenvolvimento e à dignidade da pessoa humana, a lógica da exclusão social dos imigrantes indocumentados permanecerá.

Assim, as questões que circundam a presente investigação e que se intenta esclarecer podem ser formuladas nos seguintes termos: i) A proteção do direito ao trabalho dos imigrantes indocumentados tem amparo no direito internacional dos direitos humanos, em especial no âmbito da Organização Internacional do Trabalho? ii) Em caso negativo, verificando-se, portanto, uma insuficiência normativa da OIT, pode-se afirmar que esta encerra uma contradição fundamental entre seus objetivos estratégicos e seu acervo protetivo, no tocante à questão migratória indocumentada? iii) Neste ponto, é plausível indagar, a partir da ideia de internacionalização do direito ao trabalho enquanto um direito humano e considerando a coexistência dos sistemas de proteção dos direitos humanos, se a eventual contradição normativa da OIT, no contexto da dinâmica normativa global e regional interamericana, não representa um retrocesso para a questão migratória indocumentada? E, ainda, em que medida essa eventual contradição repercute no desenvolvimento de avanços nos sistemas de proteção de direitos humanos, no nível regional interamericano e global, no que tange ao reconhecimento do direito ao trabalho para os imigrantes indocumentados?

No que diz respeito à metodologia para o desenvolvimento da presente pesquisa, a temática da migração indocumentada envolve, além de questões jurídicas, reflexões atinentes a áreas externas ao Direito, mas que com ela guardam relação de interdependência. Por essa razão, as bibliografias especializadas na temática da pesquisa são provenientes de fontes do próprio Direito, em especial do Direito do Trabalho, do Direito Internacional do Trabalho, dos Direitos Humanos, do Direito Constitucional e do Direito Internacional, mas, também, provenientes de fontes indiretas, colhidas de áreas afins à pesquisa, tais como a sociológica, a filosófica, a demográfica e a histórica, tendo em vista que não há como desconsiderar a necessária intersecção de aspectos jurídicos com os demais aspectos extrajurídicos. O objeto da pesquisa é de natureza teórica e a reflexão apresentada é subsidiada por dados empíricos secundários, constantes das bibliografias mencionadas, além da análise da normativa internacional e nacional, referente à temática da migração indocumentada.

O presente estudo buscou fundamentação nas seguintes fontes de pesquisa: normas de direito do trabalho e de direitos humanos produzidas em nível internacional nos âmbitos da Organização Internacional do Trabalho, da Organização das Nações Unidas e do sistema regional interamericano de proteção dos direitos humanos da Organização dos Estados Americanos, decisão emanada da Corte Interamericana de Direitos Humanos, bem como normas produzidas em nível nacional, em especial na Constituição brasileira e na Lei de Migração nº 13.445, de 24 de maio de 2017. Ainda, no que tange às fontes de pesquisa, valeu-se o estudo de literatura produzida por organismos internacionais, cuja atuação atine à temática das migrações, bem como de literatura publicada em livros, teses, dissertações e revistas especializadas, a partir da utilização de dados disponibilizados em institutos de pesquisa e em órgãos oficiais.

Foram inicialmente selecionados, dentro da temática da pesquisa, o material disponível no Banco de Dados do Serviço de Biblioteca e Documentação da Faculdade de Direito da Universidade de São Paulo, através do Sistema Integrado de Bibliotecas da USP – SIBIUSP, do DEDALUS local e global e de informações referenciais contidas no

IusData, nos seguintes acessos: www.buscaintegrada.usp.br e http://www.direito.usp.br/biblifd. As palavras chaves utilizadas para proceder à coleta inicial de material já produzido no assunto foram "direito ao trabalho", "indocumentado", "não documentado", "irregular", "imigrante" e "migração", "non documented migrants", "undocumented", "migration", "migrants", "migrants workers", "immigrants", "labour rights" e "International Labour Organization".

A opção pelo método *ítalo-francês* de citação bibliográfica adotado na presente pesquisa, e proposto por Eduardo Silveira Marchi[1], justifica-se pelo seu amplo uso no sistema romano-germânico, do qual o ordenamento jurídico brasileiro faz parte. De acordo com Marchi, a adoção das normas padronizadas de referências bibliográficas, representada pela NBR 6023/2002 da Associação Brasileira de Normas Técnicas – ABNT não se mostra apropriada para o campo de investigação científica, em especial para os estudos e pesquisas na área do Direito, razão pela qual entende-se ser o melhor caminho para o desenvolvimento da presente pesquisa e para o atendimento às técnicas comuns de citação bibliográfica a adoção do método sugerido por Marchi.

Por fim, a temática da pesquisa está alinhada com o projeto acadêmico do Departamento de Direito do Trabalho e Seguridade Social da Faculdade de Direito da Universidade de São Paulo, com inserção na linha de pesquisa "fundamentos históricos, princípios, direitos e garantias fundamentais do Direito do Trabalho e do Direito Processual do Trabalho: compreensão, aplicação e crítica", em conformidade com o projeto acadêmico do Professor Otavio Pinto e Silva, orientador desse estudo[2].

[1] MARCHI, Eduardo C. Silveira. *Guia de metodologia jurídica:* teses, monografias e artigos. 3 ed. Revista e atualizada. São Paulo: YK Editora, 2017, p. 169-170 e 177.

[2] O projeto acadêmico docente do Professor Otavio Pinto e Silva tem como objetivo geral a análise da teoria geral dos direitos material e processual do trabalho e de uma teoria dos direitos humanos aplicados ao Direito do Trabalho, sempre no sentido de se prestigiar os princípios da melhoria da condição social dos trabalhadores e das trabalhadoras, da dignidade humana, da prevalência dos Direitos Humanos e dos valores sociais do trabalho e da livre iniciativa. Os objetivos específicos são, dentre outros, aplicar a análise anterior a situações mais particulares, tais como: combate ao trabalho escravo; trabalho informal e ilegalidade; relevância e limites dos Direitos Humanos e Sociais; cláusula de vedação ao retrocesso social e humano e evolução da técnica jurídica; relações internacionais de trabalho e as diversas formas de regulação; posicionamento e função dos organismos internacionais; aprendizados

No Capítulo 1, intitulado *O direito ao trabalho no panorama das migrações*, é apresentada inicialmente a temática das migrações internacionais como uma faceta indissociada do fenômeno da globalização. Assim, a proposta do Capítulo 1 é contextualizar juridicamente a questão migratória no cenário amplo da globalização e no cenário específico das migrações na América Latina, a fim de trazer subsídios à compreensão das tendências dos fluxos migratórios internacionais presentes no Brasil. Para tanto, são utilizados dados disponibilizados principalmente pela Organização Internacional para as Migrações – OIM, pelo Centro Latino-americano de Demografia – CELADE da Divisão de População da Comissão Econômica para a América Latina e Caribe – CEPAL, pelo Departamento da Polícia Federal do Ministério da Justiça e da Segurança Pública no Brasil e pelo Instituto Brasileiro de Geografia e Estatística.

O Capítulo 2, intitulado *O direito ao trabalho dos Imigrantes Indocumentados: delimitações conceituais*, trata da problemática dos imigrantes, dentre os quais, na lógica da globalização das migrações, os indocumentados representam, certamente, a parcela da população que ostenta a condição de maior vulnerabilidade e se expõe às diversas formas de violações de direitos. Neste Capítulo é feita a diferenciação entre os diversos modos de se alcançar a condição de indocumentado, bem como é feita a discussão sobre o direito ao trabalho não só como um pressuposto lógico para a fruição dos direitos laborais decorrentes da relação de trabalho, mas, também, como ponto inicial para o desenvolvimento do indivíduo na sociedade, viabilizando que este busque seu lugar na comunidade enquanto ser social. Ainda, o Capítulo 2 apresenta alguns balizamentos jurídicos, que são importantes à compreensão e análise da efetividade do direito ao trabalho. É a partir de considerações a respeito da nacionalidade e da soberania estatal e do entendimento conceitual da universalidade dos direitos humanos, da dignidade da pessoa humana, bem como do alcance e dos limites do mínimo existencial em relação aos direitos fundamentais sociais, que se permitirá avançar na análise da proteção e promoção do direito ao trabalho aos imigrantes indocumentados pela Organização Internacional do Trabalho.

e ensinamentos na interlocução com outras áreas do conhecimento; impulso das lutas sociais na construção e aplicação das normas jurídicas; eficácia dos direitos fundamentais nas relações de trabalho e precarização das relações de trabalho.

No Capítulo 3, intitulado *Direito ao trabalho no sistema de proteção da Organização Internacional do Trabalho*, a análise segue primeiramente com a contextualização da OIT, situando-a política e juridicamente no cenário internacional. A fim de se mapear o propósito e a trajetória da OIT, são analisados instrumentos normativos estratégicos produzidos pela Organização, passando pela sua Constituição, pela Declaração de Filadélfia, pela Declaração sobre Princípios e Direitos Fundamentais no Trabalho e pela Declaração sobre Justiça Social para uma Globalização Equitativa. Após, estreitando a análise para a temática dos trabalhadores migrantes indocumentados, é apresentado um estudo sobre as principais Convenções da OIT que tratam da questão migratória, em especial a Convenção nº 97 e a Convenção nº 143. Para tanto, são utilizados dados sobre as normas internacionais do trabalho, disponibilizados pelo sistema online NORMLEX – *Information System on International Labour Standards*, da Organização Internacional do Trabalho com acesso ao público[3].

No Capítulo 4, intitulado *Configuração da proteção dos trabalhadores migrantes indocumentados no arcabouço normativo internacional: uma análise comparativa*, o estudo elenca, de forma sistematizada, os principais instrumentos normativos no âmbito do sistema global de proteção dos direitos humanos, produzidos pela Organização das Nações Unidas – ONU. A Declaração Universal dos Direitos Humanos, o Pacto Internacional sobre Direitos Civis e Políticos, o Pacto Internacional sobre Direitos Econômicos, Sociais e Culturais, a Declaração e Programa de Ação de Viena e a Convenção Internacional sobre a Proteção dos Direitos de todos os Trabalhadores Migrantes e dos Membros de suas Famílias são instrumentos que subsidiam o debate da questão migratória na comunidade internacional. Ainda, no Capítulo 4 são apresentadas considerações a respeito do sistema regional interamericano de proteção dos direitos humanos da Organização dos Estados Americanos – OEA, com particular destaque para a decisão da Corte Interamericana de Direitos Humanos exarada na Opinião Consultiva 18/03, a qual consolidou-se como entendimento paradigmático em relação à questão dos direitos laborais dos trabalhadores imigrantes indocumentados. Por fim, o Capítulo 4 traz contribuições importantes em relação à internacionalização dos direitos

[3] OIT. *NORMLEX – Information System on International Labour Standards.* Disponível em: https://www.ilo.org/dyn/normlex/en/f?p=NORMLEXPUB:1:0::NO: Acesso em: 2 maio 2020.

humanos, cuja discussão é feita no capítulo subsequente, a partir da análise do conjunto normativo presente na realidade brasileira.

O Capítulo 5 intitulado *A repercussão da normativa da Organização Internacional do Trabalho no Brasil* traz a discussão sobre a internacionalização dos direitos humanos, perpassando pelo debate sobre o controle de convencionalidade, apresentado no âmbito do sistema regional interamericano de proteção dos direitos humanos e a influência das normas provenientes do sistema ONU e OIT nas decisões da Corte Interamericana de Direitos Humanos. Após, são feitas considerações a respeito do compromisso assumido pelo Brasil junto à Organização Internacional do Trabalho, na qualidade de Estado membro dessa Organização e o modo como a normativa nacional dialoga com o arcabouço legal internacional. Para tanto, são analisados dois marcos regulatórios no Brasil, no tocante à questão migratória: quais sejam, o Acordo sobre Residência para Nacionais dos Estados Partes do Mercosul, Bolívia e Chile e a Lei de Migração. Ao final, o Capítulo 5 aborda aspectos da política migratória nacional, discorrendo sobre a prática adotada pelo Estado brasileiro em contraposição às diretrizes da normativa constitucional e internacional.

Por fim, o Capítulo 6, intitulado *Tratamento da condição migratória indocumentada pela Organização Internacional do Trabalho: um referencial para o direito ao trabalho*, traz, a partir das discussões feitas nos capítulos precedentes, considerações a respeito da contradição normativa verificada no conjunto de normas produzidas pela OIT, de tal sorte a evidenciar um hiato existente entre o prometido, vinculado aos princípios e objetivos da Organização e o efetivamente assegurado aos trabalhadores imigrantes indocumentados. Em razão da constatação de insuficiência normativa da Organização Internacional do Trabalho para promover a proteção do direito ao trabalho aos imigrantes indocumentados, são feitas ponderações relativas aos avanços e retrocessos da OIT em relação aos sistemas global e regional interamericano de proteção dos direitos humanos. Ao final são apresentadas reflexões atinentes às perspectivas para a proteção dos trabalhadores imigrantes indocumentados.

CAPÍTULO 1
O DIREITO AO TRABALHO NO PANORAMA DAS MIGRAÇÕES

1.1. Apresentação da problemática e sua contextualização jurídica

Inicialmente, cumpre traçar um panorama geral da dinâmica migratória em um cenário de globalização, em que a busca por trabalho consubstancia a principal força motriz dos fluxos migratórios ao redor do mundo. A constante saída de trabalhadores de seu país de origem à procura de oportunidade de emprego que possa lhes oferecer melhores condições de vida em outra localidade é uma das principais razões que propulsiona o movimento internacional de pessoas. A migração laboral no plano internacional contabiliza considerável parcela de trabalhadores que não possuem a devida documentação ou autorização exigidas pelo país receptor para que nele possam adentrar ou permanecer. Sem o cumprimento da legislação do país receptor, os trabalhadores imigrantes tornam-se indocumentados e acabam por inserir-se em relações laborais precárias, às margens da proteção jurídica local.

A condição de imigrante indocumentado se verifica pela ausência ou irregularidade de documentação, nos termos exigidos pela legislação do país receptor, ou, ainda, pela permanência além do tempo permitido em território estrangeiro. Essa condição de não ser formalmente aceito e reconhecido no território estrangeiro, acirra ainda mais a vulnerabilidade do imigrante.

Não são poucas as fontes[4] que relatam a situação precária em que vivem e trabalham parte expressiva de imigrantes, as quais apontam para uma faceta da realidade sociolaboral, em particular de imigrantes indocumentados, com dados preocupantes no tocante às garantias de realização do mínimo existencial a uma vida digna, mínimo esse ancorado em base jurídica internacional que representa um patamar mínimo aceitável à existência física e sociocultural do indivíduo.

Nesse cenário, esses trabalhadores imigrantes terminam por celebrar relações de trabalho, nas quais se submetem a jornadas exaustivas de trabalho, em condições laboro-ambientais desfavoráveis e inadequadas à sua segurança e saúde, com recebimento de salários abaixo dos limites legal ou constitucional. Os imigrantes indocumentados, por sua maior vulnerabilidade, visto estarem à margem do trabalho juridicamente regulado, são mais facilmente subjugados pelo processo exploratório laboral que lhes retira a capacidade de obter o mínimo essencial a sua existência digna.

Diante da constatação da realidade em que a dignidade do trabalhador imigrante indocumentado é violada por injustas e exploratórias relações laborais, e considerando que o trabalho é o caminho que viabiliza a realização de direitos de liberdade e igualdade, faz-se premente identificar, no cenário global e a partir da normativa da Organização Internacional do Trabalho, o grau de reconhecimento e de proteção do direito ao trabalho desses imigrantes, permitindo-se, com isso, a análise da relação dialógica entre as diversas fontes jurídicas em âmbito internacional e nacional.

Identifica-se na Organização Internacional do Trabalho importantes instrumentos jurídicos, tais como a Declaração de Filadélfia[5], de 1944, que vem reafirmar os princípios fundamentais da Organização, apresentando

[4] COUTINHO, Beatriz Isola. Imigração laboral e o setor têxtil – vestuário de São Paulo: notas sobre a presença boliviana nas confecções de costura. *REDD – Revista Espaço de Diálogo e Desconexão*. Araraquara, v. 4, nº 1, julho-dezembro de 2011; e SILVA, Sidnei. *Costurando sonhos:* etnografia de um grupo de imigrantes bolivianos que trabalham no ramo da costura em São Paulo. Dissertação de mestrado defendida no Programa de Pós-Graduação em Integração da América Latina da Universidade de São Paulo – PROLAM/USP São Paulo, 1995. Ambos os autores descrevem as razões para a realização do fluxo migratório, bem como as condições de chegada em território nacional e o tratamento dado pelos empregadores no Brasil.

[5] ORGANIZAÇÃO INTERNACIONAL DO TRABALHO. *Declaração de Filadélfia*. Disponível em: http://www.ilo.org/public//portugue/region/ampro/brasilia/info/download/constituicao_oit.pdf. Acesso em: 15 maio 2020.

as premissas sobre as quais se intenta alcançar a justiça social, dentre as quais destaca-se a impossibilidade de se tomar o trabalho humano como uma mercadoria. Ainda, nessa seara jurídica internacional própria do direito do trabalho, há a Declaração sobre os Princípios e Direitos Fundamentais no Trabalho[6] adotada pela OIT em 1998, na contínua convicção de que a justiça social é basilar para a paz universal e de que a OIT possui a função primordial de promover políticas sociais, através de sua produção normativa, de cooperação técnica e de investigação em todos os âmbitos de sua competência. Para tanto, foram traçados quatro objetivos estratégicos que, sintetizados na atuação integrada da OIT com os Estados membros, buscam alcançar o trabalho decente e significam verdadeiramente novas fronteiras para o direito do trabalho associadas à dignidade da pessoa humana.

O trabalho decente, assim definido por José Claudio Monteiro de Brito Filho[7], é aquele em que se realiza um conjunto mínimo de direitos do trabalhador que corresponde à existência de trabalho, à liberdade de trabalho, à igualdade no trabalho, ao trabalho em condições justas que possam preservar sua saúde e segurança, incluindo a remuneração, à proibição do trabalho infantil, à liberdade sindical e à proteção contra os riscos sociais.

Sobre o trabalho decente a OIT formalizou o seu conceito como uma síntese de sua missão histórica de promover oportunidades para que homens e mulheres obtenham um trabalho produtivo e de qualidade, em condições de liberdade, equidade, segurança e dignidade humana. Significa o trabalho decente a condição fundamental para a superação da pobreza, a redução das desigualdades sociais, a garantia da governabilidade democrática e o desenvolvimento sustentável[8].

Com vistas a enfatizar os princípios e os objetivos estratégicos da OIT, em 2008 foi adotada a Declaração sobre Justiça Social para uma

[6] ORGANIZAÇÃO INTERNACIOAL DO TRABALHO. *Declaração sobre os Princípios e Direitos Fundamentais no Trabalho*. Disponível em: http://www.ilo.org/public//portugue/region/ampro/brasilia/info/download/texto_da_declaracao_em_portugues.pdf. Acesso em: 15 maio de 2020.

[7] BRITO FILHO, José Claudio Monteiro de. *Trabalho decente*. LTR, 2004, p. 61.

[8] ORGANIZAÇÃO INTERNACIONAL DO TRABALHO. *Perfil do trabalho decente no Brasil:* um olhar sobre as unidades da Federação, 2012. Relatório da OIT. Disponível em http://www.oit.org.br/node/876. Acesso em: 17 maio 2020.

Globalização Equitativa, a qual, considerando um contexto mundial marcado por mudanças aceleradas, reforça a necessidade de que cada Estado Membro direcione seus compromissos e esforços no sentido de colocar em prática o mandato constitucional da Organização, em busca do trabalho decente como elemento central de suas políticas econômicas e sociais.

Há que se referenciar, ainda, no sistema global de proteção dos direitos humanos, a estratégica normativa da Organização das Nações Unidas. Nesse sistema, a Declaração Universal dos Direitos Humanos de 1948, o Pacto Internacional sobre Direitos Civis e Políticos de 1966 e o Pacto Internacional sobre Direitos Sociais, Econômicos e Culturais de 1966 são instrumentos que, muito embora não toquem diretamente na questão dos imigrantes indocumentados, trazem normas gerais para o alcance de uma existência digna, sendo essa o fundamento para se buscar outros direitos e para conquistar a justiça social.

O quadro normativo de promoção e proteção dos direitos humanos no âmbito da ONU é complementado pela Declaração e Programa de Ação de Viena, adotada em 1993, que, além de enfatizar as diretrizes do sistema global de proteção dos direitos humanos, também ressalta como destinatários da proteção desses direitos os grupos de pessoas que se tenham tornado vulneráveis, incluindo expressamente os trabalhadores migrantes. A eles deve-se garantir a eliminação de todas as formas de discriminação, reforçando a efetiva aplicação dos instrumentos existentes em matéria de direitos humanos.

Outra importante contribuição para o fortalecimento da proteção dos direitos dos trabalhadores migrantes vem da Resolução 45/158 da Assembleia Geral da ONU. Esta Resolução, tomando-se como premissa que, dentre os imigrantes, aqueles indocumentados são frequentemente empregados em condições desfavoráveis de trabalho, adotou a Convenção Internacional sobre Proteção de todos os Trabalhadores Migrantes e dos Membros de suas Famílias, garantindo os direitos nela elencados para todos os migrantes trabalhadores sem distinção de qualquer natureza.

Ao lado do sistema global de proteção dos direitos humanos, o estudo traz apontamentos sobre o sistema regional interamericano de proteção dos direitos humanos. No sistema interamericano, no âmbito da Organização dos Estados Americanos, destacam-se a Declaração Americana dos Direitos e Deveres do Homem, de 1948, a Convenção Americana de Direitos Humanos, de 1969, denominada Pacto de São José da Costa Rica, e o Protocolo Adicional à Convenção Americana de Direitos Humanos em Matéria de Direitos Econômicos, Sociais e Culturais, de 1988, denominado este último de Protocolo de São Salvador.

A ideia de que os direitos essenciais do homem não derivam do fato de ser ele cidadão de um determinado Estado, mas, antes, do fato dos direitos terem como base os atributos da pessoa humana, foi externada na Declaração Americana dos Direitos e Deveres do Homem, respaldando, assim, uma interpretação que confere proteção integral e progressiva aos direitos dos imigrantes, estejam estes regulares ou não. Muito embora não haja nessa Declaração menção expressa à proteção do imigrante, a interpretação em seu benefício decorre da previsão de que toda a pessoa tem o direito de ser reconhecida, seja aonde for, como pessoa com direitos e obrigações.

Já o Pacto de São José da Costa Rica e o Protocolo de São Salvador, como menciona Fábio Konder Comparato[9], embora tenham reafirmado muitos dos direitos já reconhecidos no âmbito do sistema global de proteção dos direitos humanos, em especial dos Pactos Internacionais de 1966, trouxeram importantes avanços para o sistema regional interamericano de proteção, dentre os quais a vedação a interpretações que venham suprimir ou limitar o gozo ou o exercício dos direitos reconhecidos, bem como a criação pela Convenção Americana de órgãos competentes para averiguar o cumprimento ou a violação dos direitos humanos, a saber, a Comissão Interamericana de Direitos Humanos e a Corte Interamericana de Direitos Humanos. Dentre as decisões da Corte Interamericana, no tocante à questão do direito laboral dos trabalhadores migrantes, o estudo faz um destaque para o Parecer Consultivo OC 18/03, de 17 de setembro de 2003.

Mencionado Parecer Consultivo OC 18/03 foi originado de uma solicitação apresentada pelo México à Corte Interamericana de Direitos Humanos quanto à interpretação a ser exarada por esta Corte, referente à condição jurídica e aos direitos dos trabalhadores imigrantes indocumentados[10]. Nessa solicitação, o México questiona sobre a violação

[9] COMPARATO, Fábio Konder. *A afirmação histórica dos direitos humanos.* 2 ed. São Paulo: Saraiva, 2001, p. 365.

[10] A íntegra do Parecer Consultivo OC 18/03, de 17 de setembro de 2003, da Corte Interamericana de Direitos Humanos, encontra-se disponível em: www.corteidh.or.cr/docs/opiniones/seriea_21_por.pd. Acesso em: 30 maio 2020.

de certos direitos trabalhistas de imigrantes, ante a incompatibilidade com os princípios da igualdade e da não discriminação. É certamente um parecer paradigmático para a temática dos trabalhadores imigrantes indocumentados.

O Brasil, porquanto venha se destacando como país receptor de imigrantes, o que se verifica a partir de dados estatísticos relacionados à demografia e mobilidade humana no território nacional, não tem se mostrado, por sua vez, acolhedor para com aqueles que adentram e permanecem trabalhando em território nacional. A vulnerabilidade dos imigrantes indocumentados evidencia na realidade a lógica da carência de direitos e da precarização nas relações laborais[11].

Quanto à normativa nacional, a Constituição Federal de 1988 traz como fundamentos da República, dentre outros, a dignidade da pessoa humana e os valores sociais do trabalho e da livre iniciativa e preconiza como seus objetivos a construção de uma sociedade livre, justa e solidária, a garantia do desenvolvimento nacional, a erradicação da pobreza e da marginalização e a redução das desigualdades sociais e regionais, bem como a promoção do bem de todos, sem preconceitos de origem, raça, sexo, cor, idade e quaisquer outras formas de discriminação. Ainda, determina que as relações internacionais da República sejam regidas pelo princípio da prevalência dos direitos humanos.

Tais princípios, ao lado da previsão do extenso rol de direitos fundamentais individuais e sociais (artigos 5º a 7º da CF), por si só, já autorizariam a proteção efetiva e o reconhecimento de direitos fundamentais sociais aos imigrantes indocumentados. No entanto, a despeito disso, ao chegarem ao Brasil à procura de trabalho e condição digna de vida, esses imigrantes acabam por encontrar exploração e precarização de seus direitos. Nesse

[11] De acordo com levantamento feito por Evanize Sydow, ao adentrarem no Brasil em busca de emprego e com a expectativa de galgarem melhores condições de vida, parte dos imigrantes indocumentados são rapidamente absorvidos no mercado informal de trabalho, sendo submetidos à exploração nas relações laborais com precarização de seus direitos fundamentais sociais e aviltamento de sua própria condição humana. Evanize Sydow é jornalista da Rede Social de Justiça e Direitos Humanos e pesquisadora junto à Organização Internacional do Trabalho para a composição de banco de dados sobre o trabalho escravo no Brasil. Disponível em: http://www.social.org.br/relatorio2003/relatorio021.htm. Acesso em: 3 jun. 2020.

sentido, aponta Otavio Pinto e Silva[12] que a simples inserção de um grande número de direitos na Constituição ou na lei não basta, por si só, para garantir a tutela dos trabalhadores, sendo indispensável que a eles seja dado o acesso aos direitos, o que, conforme demonstra a realidade, passa pela regularização das relações laborais.

Maritza Natalia Ferretti Cisneros Farena[13], ao discorrer sobre a difícil situação do migrante, alvo de atos discriminatórios, em que predominam a hostilidade e a exploração, afirma que os migrantes "como seres humanos, também são titulares da proteção dos direitos humanos, cuja normativa deveria bastar para garantir a proteção de todos, por sermos pessoas e não porque somos nacionais de um determinado país, ou porque nos encontramos em certo território". A corroborar esse entendimento, afirma Otavio Pinto e Silva[14], ao tratar do trabalho enquanto direito humano, que as pessoas possuem certos direitos inalienáveis e imprescritíveis, decorrentes da própria natureza e existentes independentemente do Estado. Silva, referenciando Goffredo da Silva Telles Júnior[15], ressalta que os direitos humanos são direitos à fruição dos bens soberanos da vida e as pessoas buscam esses bens soberanos pelo simples fato de serem pessoas.

As diretrizes constitucionais, ao elegerem como pilar axiológico da ordem jurídica brasileira a dignidade da pessoa humana em um contexto de Estado Democrático de Direito, parecem dialogar de forma estreita e convergente, ao menos no plano formal, com o conjunto de normas jurídicas internacionais que compõem o Direito Internacional dos Direitos Humanos.

[12] SILVA, Otavio Pinto e. *Subordinação, autonomia e parassubordinação nas relações de trabalho.* São Paulo: LTr, 2004, p. 144.

[13] FARENA, Maritza Natalia Ferretti Cisneros. *Direitos humanos dos migrantes:* ordem jurídica internacional e brasileira. 1 ed. Curitiba: Juruá, 2012, p. 59.

[14] SILVA, Otavio Pinto e. *Subordinação, autonomia e parassubordinação nas relações de trabalho.* São Paulo: LTr, 2004, p. 147.

[15] TELLES JR., Goffredo da Silva. *A folha dobrada:* lembranças de um estudante. São Paulo: Nova Fronteira, 2000, p. 902-916. Otavio Pinto e Silva ao discorrer sobre a noção de direitos humanos, em um contexto de trabalho decente apresentado pela Organização Internacional do Trabalho, traz o entendimento de Goffredo da Silva Telles Júnior, o qual enquadra direitos humanos na categoria de bens soberanos. SILVA, Otavio Pinto e. *Subordinação, autonomia e parassubordinação nas relações de trabalho.* São Paulo: LTr, 2004, p. 147.

Ainda, no âmbito nacional, marcada por um contexto de globalização do mundo contemporâneo, em que a inevitável mobilidade humana avança em meio a sociedades despreparadas para recepcionar o crescente número de imigrantes, e nas quais prevalecem cenários de discriminação e desigualdades inaceitáveis, foi aprovada a Lei de Migração nº 13.445, de 24 de maio de 2017, que dispõe sobre os direitos e os deveres dos migrantes e do visitante, regula sua entrada e estada no país e estabelece princípios e diretrizes para as políticas para o emigrante. Essa lei apresenta importantes alterações em relação ao revogado Estatuto do Estrangeiro, dentre as quais destaca-se a significativa mudança de paradigma na política migratória, a qual até então, sob a égide do Estatuto de Estrangeiro, tinha como mote a segurança nacional como uma questão norteadora para viabilizar ou não o acesso ao trabalho pelos imigrantes. O novo paradigma considera a questão migratória um assunto mais correlato aos direitos humanos do que propriamente um tema de segurança nacional.

O enfrentamento da questão da mobilidade humana, pensado em uma perspectiva global, exige o desenvolvimento de estratégias voltadas à integração social, de forma a acomodar as mudanças demográficas e a diversidade cultural. Visões míopes, tendentes a restringir a liberdade de imigrantes, negando-lhes acesso ao direito ao trabalho ou extraindo deles o máximo de trabalho sem a contrapartida dos benefícios a eles atrelados, não freiam o fluxo migratório, mas a *contrario sensu*, contribuem para o desenvolvimento de injustiças e desigualdades sociais.

Laura Thompson, diretora adjunta da Organização Internacional para as Migrações no decênio 2009-2019, enfatiza a importância do Pacto Global para uma Migração Segura, Ordenada e Regular, como uma oportunidade valiosa para a comunidade internacional trabalhar com uma visão comum para assegurar a boa gestão da governança migratória, assim como promover efeitos positivos que beneficiem migrantes, governos e sociedades[16].

[16] A Comissão Econômica para a América Latina e Caribe (CEPAL), o Departamento de Assuntos Econômicos e Sociais das Nações Unidas e a Organização Internacional para as Migrações (OIM) realizaram em agosto de 2017 a primeira reunião regional preparatória das discussões para o desenvolvimento do Pacto Mundial para uma Migração Segura, Ordenada e Regular, negociação intergovernamental que cobre todas as dimensões da migração internacional. Disponível em: http:/nacoesunidas.org/oim-e-depal-realizam-primeira-consulta-regional-sobre-migracao/ Acesso em: 10 jun. 2020.

Nesse sentido, a Declaração de Nova Iorque para os Refugiados e os Migrantes, adotada pela Assembleia Geral das Nações Unidas em setembro de 2016 identificou a vontade política de proteger os direitos dos migrantes e trouxe subsídios para o Pacto Global sobre Migração Segura, Ordenada e Regular, adotado em Marraquexe, em 10 de dezembro de 2018. Entretanto, é preciso que as políticas de governo de cada Estado Membro se coadunam com as diretrizes da referida Declaração, dando vozes aos representantes da sociedade civil e viabilizando sua efetiva participação junto aos órgãos estatais, sob pena de tanto a Declaração quanto o próprio Pacto Global engrossarem o acervo de normas protetivas sem, contudo, haver aplicação prática.

A governança das migrações, baseada nos princípios de direitos humanos dos imigrantes, deve assegurar mecanismos que diminuam a vulnerabilidade e a marginalização de direitos desses trabalhadores, de forma a coibir iniciativas que limitem, impeçam ou signifiquem perseguição às pessoas que deixam seu país de origem em busca de uma vida melhor.

Diante do diagnóstico sociolaboral, tal como a situação dos imigrantes indocumentados se apresenta no cenário global, pertinente é a indagação de Eric Hobsbawm[17] ao questionar sobre qual o significado dos direitos e das obrigações de cidadania nos Estados em que uma proporção substancial dos residentes permanentes tem direitos inferiores aos dos nacionais. Afirma o autor que a movimentação da força de trabalho fracassou na lógica das sociedades globalizadas, "refletindo os cataclismos sociais e a desintegração moral do final do século XX e da época atual".

Zygmunt Bauman[18] indaga, citando Kant, sobre como viver em um planeta congestionado, senão pela hospitalidade universal, enquanto um direito cosmopolita? E transcreve o pensamento do filósofo:

[17] A dialética das relações entre globalização, identidade nacional e xenofobia é analisada por Hobsbawm ao apontar que "a nova globalização de movimentos reforçou a longa tradição popular de hostilidade econômica à imigração em massa e de resistência ao que se vê como ameaças à identidade cultural coletiva" e que a xenofobia se faz presente na medida em que a ideologia do capitalismo globalizado dos mercados livres, fracassou redondamente no estabelecimento da livre movimentação internacional da força de trabalho, [...] refletindo os cataclismos sociais e a desintegração moral do final do século XX e da época atual. HOBSNAWM, Eric J. *Globalização, democracia e terrorismo.* São Paulo: Companhia das Letras, 2007, p. 92.

[18] BAUMAN, Zygmunt. *Estranhos à nossa porta.* 1 ed. Rio de Janeiro: Zahar, 2017, p. 73.

> (...) não é uma questão de filantropia, mas de direito. Hospitalidade significa o direito que tem um estrangeiro de não ser tratado de forma hostil pelo fato de estar em território alheio. (...) tendo que se tolerar uns juntos aos outros, e não tendo ninguém originariamente mais direito que o outro de estar em um determinado lugar da terra[19].

1.2. Migrações no cenário da globalização

O fenômeno da globalização é um processo transnacional de intercâmbio e interdependência de fluxo de bens, serviços, capitais e pessoas, em que se verifica uma crescente intensificação das relações socioeconômicas, culturais e políticas entre os países, em escala mundial. Esse fenômeno, que não é recente, vem possibilitando a integração entre os povos, a partir do elevado desenvolvimento da tecnologia da informação, da comunicação e do transporte, interligando todos os pontos do planeta em tempo cada vez mais reduzido.

Como observado por Eduardo Felipe Matias[20], "o fato de a globalização não ser um fato exclusivamente recente não diminui por si só a importância desse fenômeno", o qual tem se acelerado com crescente interdependência entre os povos, gerando, desse modo, efeitos na maneira como a sociedade internacional passa a se organizar. Para Matias, a globalização é um processo em que se verifica a intensificação da interdependência dos povos, redundando em um movimento do mundo na direção da criação de uma sociedade e de uma economia globais. Toma, esse autor, a definição de globalização na acepção ampla do termo, como a "intensificação das relações sociais em escala mundial", sem, no entanto, olvidar que a vertente mais visível da globalização tenha caráter econômico, consistente

[19] KANT, Immanuel. *A paz perpétua e outros opúsculos*. Tradução de Artur Mourão. Lisboa: Edições 70. 2004, p. 137.

[20] Matias identifica várias vertentes do processo de globalização. Ao lado da vertente econômica, discorre sobre a vertente da revolução tecnológica, representada pelo avanço da informação e surgimento das grandes redes de computadores, além da rápida evolução dos transportes e das telecomunicações. Outra vertente mencionada pelo autor refere-se à intensificação do intercâmbio de informações e ao aumento da interação entre os povos, com consequências sociais e culturais, além de uma última vertente com caráter político institucional, na qual se verifica o aumento da cooperação entre os Estados e o crescimento do direito internacional e das organizações internacionais. MATIAS, Eduardo Felipe P. *A humanidade e suas fronteiras:* do Estado soberano à sociedade global. São Paulo: Paz e Terra, 2005, p. 107-111.

no aumento do intercâmbio de bens, capitais, serviços e informação entre os povos com a consequente unificação dos mercados nacionais em um mercado global.

A globalização, tal como conceituada por Carlos Roberto Husek[21] consiste na internacionalização dos circuitos produtivos, financeiros e tecnológicos, que torna global o mercado, ao mesmo tempo em que envolve diversas outras manifestações sociais que passam a acontecer em todos os espaços com maior interdependência entre territórios e fronteiras. Para além da globalização em si, o que chama a atenção de fato é a intensidade e a velocidade que a tem caracterizado na atualidade, em especial a partir de fins do século XX.

Com o término da Guerra Fria e a queda do Muro de Berlim, a polarização ideológica mundial, de um lado o socialismo da antiga União das Repúblicas Socialistas Soviéticas – URSS e de outro o capitalismo liderado pelos Estados Unidos da América – EUA, deu espaço para uma nova ordem multipolar, cujo eixo passou a ser a questão econômica embalada pela hegemonia do sistema capitalista de produção.

Neste contexto, de economia global, impulsionada pela facilitação do fluxo crescente de bens, serviços e capitais, vários países com interesses econômicos convergentes buscaram se reorganizar em grandes blocos econômicos para fazer frente às exigências do mercado globalizado, criando condições favoráveis ao livre comércio. Assim, surgiram, em fins do século XX, megablocos regionais como a Comunidade Econômica Europeia, hoje denominada União Europeia, NAFTA, decorrente do Tratado Norte Americano de Livre Comércio, APEC – Associação de Cooperação Econômica Ásia Pacífico e, na América Latina, a ALALC – Associação Latino-Americana de Livre Comércio, posteriormente substituída pela ALADI – Associação Latino-Americana de Integração, no âmbito da qual foi criado o Mercado Comum do Sul – MERCOSUL.

É notável que a reorganização dos Estados, aglomerados em blocos econômicos, significou, no transcorrer do tempo, algo para além de uma reestruturação puramente econômica, implicando também para muitos Estados mudanças de ordem política, social e cultural, o que vale dizer que o alcance da integração econômica mostra intrínseca relação com a existência e o desenvolvimento de sociedades globalizadas.

[21] HUSEK, Carlos Roberto. *Curso de direito internacional público*, São Paulo: LTr, 14 ed. 2017.

A Comunidade Europeia, a título de exemplo, vivenciou um processo gradual de integração política e social, em que se estabeleceu a possibilidade de livre circulação de pessoas, pertencentes aos países membros da Comunidade. Nas origens do estabelecimento de um mercado comum, já se tinha como objetivo assegurar as quatro liberdades comunitárias, quais sejam, a livre circulação de bens, de serviços, de pessoas e de capitais[22].

Tendência semelhante, embora tardia, se buscou no processo de integração dos países da América do Sul. O almejo pela integração trouxe à pauta a questão da livre circulação não somente de bens e serviços, mas também de pessoas na região do MERCOSUL. É o que se verifica, por exemplo, pelo Acordo sobre Residência para Nacionais dos Estados Partes do Mercado Comum do Sul – MERCOSUL, Bolívia e Chile[23], de 2009, e pela Declaração Sociolaboral do Mercado Comum do Sul – MERCOSUL[24], de 2015, visto serem instrumentos que traduzem a preocupação e o empenho dos Estados Partes e de Estados Associados do MERCOSUL em fomentar condições adequadas para o alcance da plena integração econômica, cultural e sociolaboral, em busca de um desenvolvimento com justiça social.

É notório que o fluxo crescente de bens, serviços e capitais traz consigo significativo aumento da mobilidade humana entre Estados, uma vez que a integração entre os povos, em sua plenitude, pressupõe não somente a

[22] Felipe Augusto Mancuso Zuchini faz uma análise comparativa dos direitos dos trabalhadores entre diferentes blocos econômicos, apresentando informações relativas ao desenvolvimento gradual da atual União Europeia. ZUCHINI, Felipe Augusto Mancuso. *Blocos econômicos e trabalhadores migrantes no Brasil:* direitos dos trabalhadores no mercado comum da União Europeia e no Mercosul. *In*: FREITAS JUNIOR, Antonio Rodrigues de, TORRES, Daniel Bertolucci e BOUCINHAS FILHO, Jorge Cavalvanti. *Migração, trabalho e direitos humanos,* São Paulo: LTr, 2017, p. 163-170, p. 163.

[23] BRASIL. *Acordo sobre Residência para Nacionais dos Estados Partes do Mercado Comum do Sul – Mercosul, Bolívia e Chile.* Disponível em: http://www.planalto.gov.br/ccivil_03/_ato2007-2010/2009/decreto/d6975.htm. Acesso em: 03 jun. 2020.

[24] BRASIL. *Declaração Sociolaboral do Mercosul de 2015.* I Reunião Negociadora. Brasília, 17 de julho de 2015. Disponível em www.itamaraty.gov.br/pt-BR/notas-aimprensa/10519-declaracao-sociolaboral-do-mercosul-de-2015-i-reuniao-negociadorabrasilia-17-de-julho-de-2015. Acesso em: 03 jun. 2020. No preâmbulo da Declaração Sociolaboral do Mercosul, os Estados Partes reconhecem que a integração almejada pelo MERCOSUL constitui uma condição fundamental para o desenvolvimento econômico com justiça social e que a concretização da justiça social requer políticas que priorizem o emprego e o trabalho decente.

livre circulação de bens, serviços e capitais, o que denota o viés econômico da globalização, mas inevitavelmente também a livre circulação de pessoas, viés sócio laboral da globalização. Otavio Pinto e Silva[25] alerta que fenômenos contemporâneos como a globalização da economia e a aproximação dos povos repercutem, inevitavelmente, no Direito em geral e, em especial, no Direito do Trabalho.

Nesse sentido, ressalta Mirta Lerena Misailidis[26] ser inevitável que o processo de integração econômica acarrete consequências na ordem social e nas relações de trabalho. Os desenvolvimentos social e econômico estão intrinsecamente relacionados, visto que este é meio para alcançar aquele.

No entendimento de Werter Faria[27], o mercado global implica o intercâmbio de fatores produtivos entre Estados, compreendido fatores produtivos como trabalho e capital, de tal forma que o fluxo de mão de obra de trabalhadores provenientes de diferentes países insere-se na lógica do processo de globalização. Vale dizer, a mão de obra de trabalhadores imigrantes, enquanto um fator de produção, está diretamente relacionada com o processo de globalização, pelo que não é equivocado afirmar que a globalização exerce importante influência no movimento migratório internacional.

As migrações são consideradas, assim, na análise de Émily Portela e Simone Schwinn[28], um aspecto central da globalização e um componente

[25] SILVA, Otavio Pinto e. *A contratação coletiva como fonte do direito do trabalho.* São Paulo: LTr, 1998, p. 11.

[26] Artigo em que a autora analisa os aspectos sociais no processo de integração do MERCOSUL. MISAILIDIS, Mirta Gladys Lerena Manzo de. *Convergências e assimetrias nas relações coletivas de trabalho nos países do MERCOSUL. In*: CECATO, Maria Aurea Baroni e RUPERT, Maria Belén Cardona (org). *Direito Social na União Europeia e MERCOSUL:* emprego e inserção sociolaboral. João Pessoa: UNIPÊ/BC, 2009, p. 16.

[27] FARIA, Werter R. Experiências latino-americanas de integração. *Revista do Centro de Estudos Judiciários.* Brasília, v. 1, nº 1, maio/agosto, 1997.

[28] As autoras discutem as influências que o processo de globalização exerce sobre as novas rotas migratórias, analisando, a partir de desafios econômicos, culturais, sociológicos e políticos, novas diretrizes de políticas públicas relativas à proteção da população migrante. PORTELA, Émily de Amarante e SCHWINN, Simone Andrea. *Elementos para (re)pensar a mobilidade humana:* globalização, novos fluxos migratórios e políticas públicas. *In*: BAENINGER, Rosana e outros (org). *Migrações Sul-Sul*, Campinas, SP: Núcleo de Estudos de População "Elza Berquó" – NEPO/UNICAMP, 2018, (2 ed.), p. 700.

integral dos espaços globais, onde, recentemente, a ideia de mobilidade foi ampliada em vários setores que abarcam tanto o fluxo de bens, serviços e informações quanto o de pessoas.

No entanto, não se pode deixar de mencionar que, se por um lado a mobilidade humana ocasionada pelas constantes transformações econômicas e sociais traz um incremento ao desenvolvimento econômico e com ele está intrinsecamente relacionada, por outro lado, também, traz consigo a problemática do convívio entre diferentes grupos, o que decerto pode exacerbar preconceitos e discriminações advindas da língua, religião ou nacionalidade, acarretando um distanciamento entre os grupos de trabalhadores – os nacionais e os imigrantes e refletindo nas relações laborais levadas a efeito no país receptor. Nesse sentido, afirma Eric Hobsbawm que a "nova globalização de movimentos reforçou a longa tradição popular de hostilidade econômica à imigração em massa e de resistência ao que se vê como ameaças à identidade cultural coletiva"[29].

Compreendida a globalização, seja a partir de uma perspectiva otimista[30], em que se aceita a coexistência de sociedades heterogêneas com a pluralidade de diferentes culturas, enaltecendo o aspecto positivo da diversidade cultural[31], seja sob uma ótica negativa[32], em que se acredita, a

[29] HOBSBAWM, Eric. *Globalização, democracia e terrorismo.* São Paulo: Companhia das Letras, 2007, p. 92.

[30] De acordo com relatório produzido pela Organização Internacional para as Migrações *World Migration Report 2018* – IOM, são apontados aspectos benéficos da migração em que mostra, em referência a informe do Banco Mundial, que os efeitos positivos da migração para os migrantes e suas famílias transcendem o mero impacto econômico e trazem melhora em outras dimensões do desenvolvimento humano como a educação e a saúde. A migração também pode dar lugar a transferência de competências, conhecimentos e tecnologia, tendo considerável repercussão positiva na produtividade e crescimento econômico. Disponível em: https://publications.iom.int/system/files/pdf/wmr2018en.pdf, p. 4. Acesso em 07 jun. 2020.

[31] De acordo com Vedovato, em referência a Koser, "os migrantes são os membros mais empreendedores e dinâmicos da sociedade em que vivem. Sendo que, historicamente, a migração sustentou o crescimento econômico e a construção da nação, além de ser responsável pelo enriquecimento de várias culturas." KOSER, K. *International migration*: a very short introduction. Oxford: Oxford University Press, 2007, p. 24, *apud* VEDOVATO, Luís Renato. *O direito de ingresso do estrangeiro:* a circulação das pessoas pelo mundo no cenário globalizado. Livro digital, São Paulo: Atlas, 2013, p. 22.

[32] George Martine, no artigo "A globalização inacabada: migrações internacionais e pobreza no século 21" elenca aspectos positivos e negativos da migração internacional no mundo

contrario sensu, haver aumento de conflitos sociais alimentados por etnias e culturas diferentes, causando erosão da cultura nacional e aumentando o risco para a segurança nacional, fato é que a nova conformação mundial, em que Estados se reorganizam e se reestruturam com base na intensificação de interrelações socioeconômica, política e cultural, não apresenta sinais para uma perspectiva de retorno a uma ordem mundial de Estados fechados e isolados em si mesmos.

Portanto, a globalização, enquanto processo em pleno desenvolvimento, aponta para características duradouras no tempo e no espaço, expondo, dessa maneira, a humanidade ao desafio de compreendê-la e bem administrá-la para o alcance de uma sociedade global justa.

Delimitados os parâmetros conceituais do fenômeno da globalização, em particular do movimento migratório internacional, passa-se à apresentação quantitativa da mobilidade humana e da população migrante, no período em que se constata a maior aceleração do fluxo de pessoas entre Estados, qual seja, as décadas finais do século XX até a atualidade. Eric Hobsbawm[33], ao ressaltar a aceleração extraordinária do processo de globalização e seu efeito sobre o movimento e a mobilidade dos seres humanos, apresenta dados estatísticos que corroboram os apontamentos iniciais. Assim, em relação à globalização das migrações internacionais em massa, aponta esse autor que Estados Unidos, Canadá e Austrália receberam em torno de 22 milhões de imigrantes provenientes de todas as partes do mundo entre 1974 e 1998 e somente entre 1998 e 2001 o influxo de pessoas recebidas chegou na casa de 3,6 milhões. Em relação à Europa Ocidental, registra o historiador a entrada, no mesmo período, de cerca de 11 milhões de estrangeiros, atingindo, de 1999 a 2001, a quantidade aproximada de 4,5 milhões de pessoas recebidas nos países da União Europeia.

globalizado, sob o ponto de vista dos próprios migrantes e de seu país de origem, como também sob o ponto de vista do país receptor. MARTINE, George. A globalização inacabada: migrações internacionais e pobreza no século 21. *São Paulo em Perspectiva*, v. 19, n. 3, p. 3-22, jul/set 2005.

[33] ROBSBAWM, Eric. *Globalização, democracia e terrorismo.* São Paulo: Companhia das Letras, 2007, p. 89.

Dados estatísticos de 2020 da União Europeia (EUROSTAT)[34] sobre migração e população migrante revelaram que 21,8 milhões de pessoas, dentre os 446,8 milhões de pessoas que viviam na União Europeia em janeiro de 2019, eram imigrantes. Somente no ano de 2015[35] a Alemanha comunicou o maior número total de imigrantes (1.543.800), seguida do Reino Unido (631.500), da França (363.900), da Espanha (342.100) e da Itália (280.100). A Alemanha comunicou o número mais elevado de emigrantes (347.200), seguida da Espanha (343.900), do Reino Unido (299.200), da França (298.000) e da Polônia (258.800). Ainda, um total de 17 dos Estados-Membros da União Europeia comunicou uma imigração superior à emigração, exceto na Bulgária, Irlanda, Grécia, Espanha, Croácia, Chipre, Polônia, Portugal, Romênia, Letônia e Lituânia, em que o número de emigrantes superou o de imigrantes.

A Organização Internacional para as Migrações – OIM informa, no Relatório Internacional sobre as Migrações de 2020[36], que o número de migrantes internacionais em todo o mundo apresentou intenso crescimento nos últimos anos, com registro de cerca de 192 milhões em 2000, 249 milhões em 2010, 258 milhões em 2015 e 272 milhões em 2019. Em relação à distribuição geográfica dos migrantes pelo globo, informa referido Relatório que cerca de dois terços dos migrantes internacionais vivem na Europa, em torno de 82 milhões, ou na Ásia, em torno de 84

[34] EUROSTAT. *Migration and migrant population statistics*. 2021. Disponível em: https://ec.europa.eu/eurostat/statistics-explained/index.php/Migration_and_migrant_population_statistics. Acesso em: 30 jan. 2021.

[35] PADOVANI, Daniela Wernecke e MIALHE, Jorge Luís. The immigrant's condition in the cinema perspective: analysis of the work "It's a free world". *Revista e Desenvolvimento*, Revista do Programa de Pós-Graduação em Direito Mestrado em Direito e Desenvolvimento Sustentável. João Pessoa, vol. 9, n. 1, p. 06-22, jan/jul 2018. Https://ec.europa.eu/eurostat/web/lucas/data/primary-data/2018.

[36] Os dados e informações sobre migrações, apontados em relatório da Organização Internacional para as Migrações, se apoiam em fontes de dados compilados pelo Departamento de Assuntos Econômicos e Sociais da Nações Unidas – DAES, pela Organização de Cooperação e Desenvolvimento Econômico – OCDE, pela Organização Internacional do Trabalho – OIT, pelo Banco Mundial, pelo Alto Comissariado das Nações Unidas para os Refugiados – ACNUR e pela própria Organização Internacional para as Migrações – OIM, p. 21 do *World Migration Report* 2020. Disponível em: https://publications.iom.int/es/system/files/pdf/wmr_2020_es.pdf. Acesso em: 14 fev. 2021.

milhões. Já a América do Norte registra a quantidade de 59 milhões de migrantes internacionais, enquanto a América Latina e Caribe possuem aproximadamente 11 milhões e Oceania 9 milhões desses migrantes. Ressalte-se que a maioria dos migrantes internacionais, ainda de acordo com o Relatório de 2020 emitido pela OIM, encontra-se em idade economicamente ativa. Nesse sentido, os dados apontam para 74% de todos os migrantes internacionais com idade entre 20 e 64 anos, em 2019, contrapondo-se, em uma análise comparativa, a 58% da população total[37]. De certo que esse perfil da maioria dos migrantes internacionais reflete na faceta das relações sociolaborais do processo de globalização com diversas implicações na construção dos vínculos de trabalho e na efetiva fruição de direitos a esses vínculos relacionados, ponto que será objeto de análise posterior.

A imigração, no processo de globalização, segundo Abdelmalek Sayad[38], acabou por constituir-se em sistema dotado de "uma lógica própria, porque tem seus efeitos e suas causas próprias, bem como suas condições quase autônomas de funcionamento e de perpetuação", no qual a mão de obra imigrante "deixou há muito tempo de ser apenas uma mão de obra complementar para tornar-se uma mão de obra estrutural, uma mão de obra de substituição".

É perceptível pois, que a mobilidade de trabalhadores, que transpassam as fronteiras de seu país para adentrarem em outro em busca de melhores condições de vida, envolve questões importantes relacionadas ao movimento migratório, tais como as que dizem respeito ao acesso ao trabalho da população migrante em condições dignas e paritárias com os nacionais do país receptor e à observância aos princípios da não discriminação, da igualdade e da liberdade de locomoção.

A questão migratória é atualmente um tema que está na pauta das agendas de muitos países e, tal como um fenômeno global, deve ser enfrentada sob a ótica de soluções igualmente globais. Isso significa dizer que não é um desafio específico de um determinado Estado, mas algo generalizado que demanda a busca de soluções harmonicamente integradas no plano

[37] ORGANIZAÇÃO INTERNACIONAL PARA AS MIGRAÇÕES. *World Migration Report 2020*, p. 24. Disponível em: https://publications.iom.int/es/system/files/pdf/wmr_2020_es.pdf. Acesso em: 14 fev. 2021.

[38] SAYAD, Abdelmalek. *A imigração.* São Paulo: EDUSP, 1998, p. 106.

jurídico internacional com a devida transposição e a efetiva aplicabilidade no plano interno de cada Estado.

Assim, é possível afirmar que um dos reflexos inevitáveis da lógica da globalização é a interdependência jurídica entre os Estados, na medida em que uma decisão tomada no âmbito interno de um Estado pode ser sentida em termos sociopolítico e econômico em outros Estados, como salientado por Luís Renato Vedovato[39]. Essa interdependência, segundo Eduardo Felipe Matias[40], gera uma necessidade de cooperação entre os Estados, derivada da própria interdependência dos povos e da busca por soluções mais eficientes para os problemas comuns da humanidade, levando, com isso, os Estados a regulamentarem internacionalmente as áreas que são de seu interesse comum, em um processo que o autor denomina de globalização jurídica.

Assim, a globalização jurídica, como reflexo da interdependência entre os Estados, é representada pela necessidade de haver instituições internacionais, vocacionadas para resolver problemas que os Estados não conseguem resolver senão pela cooperação, a partir da criação de normas internacionais que convergem para a proteção de valores e interesses comuns da humanidade, a exemplo das normas internacionais de proteção dos direitos humanos. Ressalta Matias[41] que na área de direitos humanos "o direito internacional assistiu ao surgimento de ideias como

[39] De acordo com Vedovato, "as mais despretensiosas decisões internas podem trazer sensíveis reflexos internacionais, como foi o caso das regras internas dos Estados Unidos para a concessão de empréstimos destinados à compra de casa própria, que estão no nascedouro da crise enfrentada no final de 2008, conhecida como crise do *subprime*" em referência ao artigo de Keenan KEENAN, P. J. Financial globalization and human rights, *Columbia Journal of Transnational Law*, v. 46, 2008. Disponível em: http://ssrn.com/paper=1102788, *apud* Vedovato, Luís Renato. *O direito de ingresso do estrangeiro:* a circulação das pessoas pelo mundo no cenário globalizado. Livro digital, São Paulo: Atlas, 2013, p. 8.

[40] MATIAS, Eduardo Felipe P. *A humanidade e suas fronteiras:* do Estado soberano à sociedade global. São Paulo: Paz e Terra, 2005, p. 201 e 207. Matias, entende a cooperação internacional, referindo-se à definição apresentada por Seyom Brown, como um processo por meio do qual os Estados tornam mais fácil a realização de seus próprios objetivos pela coordenação de políticas com os seus parceiros. Nesse sentido, a "cooperação internacional existiria sempre que determinados atores ajustassem os seus comportamentos às preferências dos demais, buscando atingir expectativas comuns" (p. 206).

[41] MATIAS, Eduardo Felipe P. *A humanidade e suas fronteiras:* do Estado soberano à sociedade global. São Paulo: Paz e Terra, 2005, p. 227.

a de patrimônio comum da humanidade e de um direito de ingerência", ideias estas que, inevitavelmente, resvalam na questão relacionada aos limites da soberania dos Estados.

Portanto, a globalização jurídica, identificada com a criação de um conjunto de normas internacionais, transnacionais e supranacionais, vem continuamente ganhando espaço e respaldo em jurisdições que transcendem o controle individual dos Estados e buscam subsidiar soluções para problemas comuns da humanidade. Nesse sentido, atuações dos Estados que sejam isoladas e desconectadas com as normas internacionais, podem se tornar inadequadas, sugerindo Guido Fernando Soares[42] a busca de soluções globais que possam fazer frente às questões afetas a toda a humanidade. A globalização jurídica se mostra, pois, na celebração e efetiva implementação de tratados internacionais.

A multiplicação de tratados internacionais relacionados aos direitos humanos traz consigo uma gama de instrumentos de proteção desses direitos que possibilita cada vez mais a intervenção da comunidade internacional em assuntos dos Estados, cujas ações venham a violar as respectivas regras internacionais. É cediço que o caráter universalizante dos direitos fundamentais, em particular o relativo ao trabalho, implica o dever de observância por parte de todos os Estados, para o fim de promovê-los e protegê-los com base na vinculação aos padrões estabelecidos em nível internacional, a partir da concepção de um patamar de mínimo existencial, cujo pilar é a dignidade da pessoa humana. Um exemplo que legitima a intervenção da comunidade internacional é a presença de normas imperativas de direito internacional, as chamadas *jus cogens*, as quais não permitem derrogação por carregarem em si as cargas de essencialidade e de indisponibilidade do direito, tornando-se, portanto, de observação obrigatória por todos os Estados.

O processo de internacionalização dos direitos humanos ganha atenção especial diante da realidade do crescente fluxo migratório internacional com particular destaque nesse estudo para a mobilidade de trabalhadores migrantes indocumentados. Se para o trabalhador migrante documentado,

[42] SOARES, Guido Fernando da Silva. *As responsabilidades no direito internacional do meio ambiente*. Tese – provimento do cargo de Titular de Direito Internacional Público. Departamento de Direito Internacional da Faculdade de Direito da Universidade de São Paulo, São Paulo, 1995, p. 15.

assim compreendido aquele que ingressa no país de destino, portando visto autorizado e nele permanecendo de acordo com as normas locais, é notório o enfrentamento de dificuldades no processo de inserção sociolaboral no país receptor, ainda mais o será para aquele trabalhador migrante indocumentado que, por sua situação jurídica precária (ausência ou irregularidade de documentação para ingresso e /ou permanência no pais receptor), terá sua vulnerabilidade exacerbada, de modo a se submeter a relações laborais aquém e à margem das garantias dos direitos fundamentais, que compõem o patamar do mínimo existencial. Vale dizer, trabalhadores migrantes indocumentados vinculam-se ao mundo do trabalho em situação de clara desproteção, com vínculos laborais de subemprego e aviltamento de sua dignidade humana. Daí a importância de colocar foco na análise da efetividade do direito ao trabalho desse grupo vulnerável, o que se fará a partir da verificação de mecanismos de reconhecimento e proteção desse direito no âmbito da OIT e da ONU, bem como no âmbito do sistema regional interamericano de proteção dos direitos humanos para que se possa aferir eventuais insuficiências normativas e sua repercussão na questão migratória indocumentada.

1.2.1. Migrações na América Latina

Muito embora em parâmetros quantitativos o fluxo migratório internacional se mostre mais intenso em regiões como a Europa, a Ásia e a América do Norte, conforme dados apontados pela Organização Internacional para as Migrações no *World Migration Report* de 2020, não há como desconsiderar a importância da mobilidade humana na região da América Latina que, apesar de registrar um dos menores fluxos de migração, na perspectiva de região receptora, em relação às demais regiões do globo, vem apresentando constante crescimento intrarregional dessa mobilidade.

As razões para esse crescimento intrarregional decorrem da implementação de políticas migratórias restritivas adotadas em países desenvolvidos e do aumento do sentimento anti-imigração perceptível nesses países. Restrições impostas pelos países do Norte, no que tange à receptividade para entrada e permanência de migrantes, conforme apontamentos de Rosana Baeninger[43], são elementos que têm moldado a reconfiguração das

[43] BAENINGER, Rosana e outros (organizadores). *Migrações Sul-Sul.* Campinas, SP: Núcleo de Estudos de População "Elza Berquó". Nepo/Unicamp, 2018, 2 ed. 976 p, p. 15.

migrações e seus destinos no globo, de modo que a situação das migrações internacionais, neste início de século XXI, tem evidenciado o aumento do fluxo na rota do Sul global. Assevera a autora que as migrações Sul-Sul entre e para os países da América Latina, na última década, com suas complexidades e heterogeneidades, vêm ganhando espaço no cenário das migrações internacionais, reverberando na divisão internacional do trabalho e na mobilidade do capital.

A história recente das migrações internacionais na América Latina, em especial no Cone Sul, conforme ressalta Neide Lopes Patarra[44], tem se caracterizado prevalentemente por dois padrões fundamentais. O primeiro é o movimento de migrantes que se deslocam para países industrializados como os Estados Unidos, influenciados pela globalização de hábitos de consumo e estilos de vida dos países desenvolvidos, bem como por oportunidades de mobilidade social que não são encontradas nos países de origem. O segundo padrão trata da migração intrarregional, a qual, segundo Patarra, está intrinsecamente relacionada aos processos de integração e globalização econômica, cuja abertura de mercados e facilitação de fluxo de mercadorias, bens e capitais, acabaram por dinamizar a circulação de trabalhadores entre países da América Latina. Nesse sentido, aponta, citando Pellegrino[45], que a recente integração econômica e o incremento das comunicações realizadas entre países do MERCOSUL favoreceram espaços de intercâmbio, onde o fluxo migratório se faz permanente e os mercados regionais integrados propiciam o desenvolvimento das atividades econômicas. No entanto, ressalta que a dinâmica socioeconômica da migração intrarregional traz consigo um aprofundamento de desigualdades, reverberando em processos de exclusão.

A lógica da exclusão se verifica, em particular, para as situações de deslocamentos de imigrantes indocumentados, uma vez que sua inserção no mercado de trabalho não ocorre pelas vias formais de contratação de mão de obra, tendo em vista a ausência de autorização para que tais imigrantes

[44] PATARRA, Neide Lopes. *Migrações internacionais e integração econômica no Cone Sul*: notas para discussão. Políticas Migratórias: América Latina, Brasil e brasileiros no exterior. São Carlos: Ed. Da UFSCar (2002).

[45] PELLEGRINO, Adela. *As Migrações no Cone Sul com ênfase no caso Uruguai*. *In*: PATARRA, Neide Lopes (coord.), *Emigração e imigração internacionais no Brasil contemporâneo*, SP, FUNAP, 1995, p. 188-193.

permaneçam ou trabalhem no país receptor. Essa desigualdade inicial que os imigrantes em situação irregular encontram desencadeia um processo de exclusão em que a discriminação, a xenofobia e a exploração da força de trabalho em condições aquém do mínimo exigido pela lei ganham espaço, reproduzindo, com isso, relações sociais injustas e distantes da gramática dos direitos humanos preconizada pelo direito internacional.

O Projeto de Investigação da Migração Internacional na América Latina – IMILA, vinculado ao Centro Latino-Americano de Demografia – CELADE[46], Divisão de População da Comissão Econômica para a América Latina e Caribe – CEPAL, disponibiliza, a partir dos censos demográficos dos países da América Latina, uma base de dados em que sistematiza informações regionais sobre migrações latino-americanas, possibilitando fornecer elementos para a análise das tendências e das particularidades do movimento migratório na referida região.

Importante ressaltar que o sistema de informações regionais sobre migrações latino-americanas contém limitações que não permitem a captação do processo migratório em sua totalidade[47]. No entanto, apesar das limitações encontradas na elaboração e sistematização dos censos demográficos, ainda assim é possível afirmar que se trata de fonte importante para a compreensão do fenômeno dos deslocamentos populacionais no contexto dos países latino-americanos. Dentre as limitações, aponta

[46] COMISIÓN ECONÓMICA PARA AMÉRICA LATINA Y EL CARIBE (CEPAL), *Informes COVID 19 – Los efectos del COVID 19:* una oportunidad para reafirmar la centralidad de los derechos humanos de las personas migrantes en el desarrollo sostenible. 2020. Disponível em: https://repositorio.cepal.org/bitstream/handle/11362/46353/4/S2000618_es.pdf; COMISIÓN ECONÓMICA PARA AMÉRICA LATINA Y EL CARIBE (CEPAL), *Observatório Demográfico 2018,* (LC/PUB.2018/25-P), Santiago, 2019 e COMISIÓN ECONÓMICA PARA AMÉRICA LATINA Y EL CARIBE (CEPAL), *Observatório Demográfico da América Latina e Caribe de 2019.* Disponível em: https://repositorio.cepal.org/bitstream/handle/11362/45198/4/S1900739_mu.pdf. Acesso em: 15 fev. 2021.

[47] Rosana Baeninger discorre sobre as limitações das informações captadas pelos censos demográficos. Segundo a autora, uma primeira limitação refere-se à "qualidade de informação censitária que difere entre os países da região, bem como a periodicidade do levantamento censitário". Outra limitação faz referência à impossibilidade de captar os estrangeiros indocumentados e, por fim, a limitação referente à informação obtida a partir de medição da migração absoluta, remetendo a estoques de estrangeiros e não ao fluxo variável no tempo. BAENINGER, Rosana. *Brasileiros na América do Sul.* Disponível em: https://sistemas.mre.gov.br/kitweb/datafiles/BRMundo/pt-br/file/Rosana%20Baeninger.pdf

Rosana Baeninger que o censo demográfico é fonte de dados que não capta o estoque de estrangeiros em situação irregular, pois estes ou se submetem à migração clandestina ou a relações sociais cuja dinâmica é pautada pela discriminação de estrangeiros, fazendo com que o contingente populacional dos imigrantes indocumentados não seja contabilizado oficialmente.

Assim, de acordo com Informe de 2020 elaborado pela Comissão Econômica para América Latina e Caribe – CEPAL[48], no panorama migratório da América Latina tem se intensificado a migração dentro da região, com destaque para a chegada de haitianos na América do Sul e para a emigração recente de Venezuelanos, sendo certo que a América Latina, em seu conjunto, vem apresentando tendência a um crescimento e preponderância às imigrações intrarregionais, as quais passaram de 24% do total de imigrantes em 1970 para 63% em 2010. Há registro no Observatório Demográfico da América Latina e Caribe de 2019[49] que no período de 2015 a 2020 a Venezuela contabilizou cerca de 3,3 milhões de emigrantes, destacando-se o Brasil como um dos países receptores desses migrantes. A devida atenção dada à migração intrarregional, por sua grande relevância, pode trazer oportunidades para o enfrentamento de situações de irregularidade e de fluxos migratórios mesclados, os quais, conforme Informe de 2020 da Comissão Econômica para América Latina e Caribe, são caracterizados por movimentos de população complexos que compreendem solicitantes de asilo, refugiados, migrantes econômicos e outros migrantes.

Em relação à América do Sul, o Observatório Demográfico da América Latina e Caribe de 2018[50] já ressaltava o avanço do movimento migratório dos países dessa sub-região dentro da América Latina, muito

[48] COMISIÓN ECONÓMICA PARA AMÉRICA LATINA Y EL CARIBE (CEPAL), *Informes COVID 19 – Los efectos del COVID 19:* una oportunidad para reafirmar la centralidad de los derechos humanos de las personas migrantes en el desarrollo sostenible. 2020, p. 3. Disponível em: https://repositorio.cepal.org/bitstream/handle/11362/46353/4/S2000618_es.pdf. Acesso em: 15 fev. 2021.

[49] COMISIÓN ECONÓMICA PARA AMÉRICA LATINA Y EL CARIBE (CEPAL), *Observatório Demográfico da América Latina e Caribe de 2019*, p. 26. Disponível em: https://repositorio.cepal.org/bitstream/handle/11362/45198/4/S1900739_mu.pdf. Acesso em: 15 fev. 2021.

[50] COMISIÓN ECONÓMICA PARA AMÉRICA LATINA Y EL CARIBE (CEPAL), *Observatório Demográfico 2018,* (LC/PUB.2018/25-P), Santiago, 2019, p. 12.

em decorrência dos processos de integração econômica e política que geraram algumas condições favoráveis para a facilitação do fluxo e para o estabelecimento de residência pelos migrantes dentro dessa sub-região, a exemplo do Acordo sobre Residência para Nacionais dos Estados partes do MERCOSUL, Bolívia e Chile celebrado em 2002. Atualmente muitos países em desenvolvimento que compõem a América Latina se mostram receptores de migrantes advindos de países da mesma região. Com base em dados disponibilizados pela fonte IMILA – CELADE[51], é perceptível a transformação do fluxo migratório nesse sentido, haja vista que entre os censos demográficos de 2000 e de 2010, verificou-se um aumento da proporção de imigrantes transfronteiriços, estando o Brasil e a Argentina dentre os países que apresentaram o aumento mais significativo.

Ainda, conforme dados relatados pela Organização Internacional para as Migrações[52], as migrações entre países latino-americanos apresentaram aumento considerável de 51% entre os anos de 2009 e 2014, registrando aproximadamente um fluxo de 36 milhões de migrantes, dentre os quais 64% dos deslocamentos representaram migração entre países da região latino-americana em contraste com 36% dos migrantes que se deslocaram para países fora da América Latina. Comparativamente, o perfil das migrações internacionais na América Latina, na década de 1970, demonstrava a preponderância dos fluxos de emigração, atingindo naquela década o patamar de 80% de deslocamentos para fora da região. Há, ainda, registros no *World Migration Report* de 2018 da Organização Internacional para as Migrações que, apenas na América do Sul, a migração intrarregional apresentou um aumento de 11% entre 2010 e 2015, sendo que 70% de todo o fluxo migratório na região tem a característica da intrarregionalidade e a maioria dos migrantes da região se desloca com o objetivo de encontrar

[51] De acordo com quadro 1 apresentado pelo Centro Latino-americano e Caribenho de Demografia – CELADE, Divisão de População do CEPAL – Investigação da Migração Internacional na América Latina – IMILA. Comisión Económica para América Latina y el Caribe (CEPAL), *Observatório Demográfico 2018,* (LC/PUB.2018/25-P), Santiago, 2019, p. 17.

[52] Dados relatados pelo diretor da Organização Internacional para as Migrações, Fernando Calado, durante encontro promovido pelo Instituto Sul-Americano de Governo em Saúde – ISAGS, vinculado à União de Nações Sul-Americanas – UNASUL. Disponível em https://nacoesunidas.org/migracao-entre-paises-latino-americanos-deve-continuar-subindo-diz-oim/ Acesso em: 11 abr. 2020.

oportunidades de trabalho no país receptor[53]. Essa tendência da intrarregionalidade do movimento migratório na América do Sul é corroborada pelo *World Migration Report* de 2020[54] da Organização Internacional para as Migrações.

É notável que as migrações internacionais no cenário da América Latina vêm contabilizando crescentes índices de chegada de estrangeiros e, nesse contexto, o desafio a ser buscado no trato da questão migratória é garantir aos migrantes, sejam estes documentados ou não, o pleno gozo de seus direitos humanos fundamentais, em particular o direito ao trabalho, alinhando as iniciativas de uma governança migratória com a gramática dos direitos humanos. Vale dizer, no cenário da globalização, a reorganização espacial de pessoas no mundo, verificada pelo intenso fenômeno migratório internacional, aponta para a necessidade da construção de novos paradigmas calcados na proteção dos direitos humanos fundamentais de todos os migrantes. Nesse sentido, enfatiza Cançado Trindade[55] a importância da construção do direito das gentes, voltado a colocar o ser humano no centro do processo de desenvolvimento, abrindo caminho para um Direito Internacional universal, com o despertar da consciência jurídica universal para a prevalência da dignidade da pessoa humana, manifestada na consagração do *jus cogens*.

O fluxo migratório internacional constitui, pois, atualmente, importante questão social, inerente à nova etapa da globalização, conforme ressalta Neide Patarra[56], que abarca grupos sociais específicos, especialmente não documentados, e que demanda elaboração e implementação de políticas e ações voltadas aos direitos humanos dos migrantes. No entendimento

[53] ORGANIZAÇÃO INTERNACIONAL PARA AS MIGRAÇÕES. *Informe sobre as migrações no mundo 2018*, p. 90. Disponível em: https://www.iom.int/wmr/world-migration-report-2018 Acesso em: 11 abr. 2020.

[54] ORGANIZAÇÃO INTERNACIONAL PARA AS MIGRAÇÕES. *Informe sobre las migraciones en el mundo 2020*, p. 108. Disponível em: https://publications.iom.int/es/system/files/pdf/wmr_2020_es.pdf. Acesso em: 15 fev. 2021.

[55] Entendimento manifestado no voto concordante de Cançado Trindade, então juiz da Corte Interamericana de Direitos Humanos, na Opinião Consultiva OC 18/03, de 17 de setembro de 2003. Disponível em: www.corteidh.or.cr/docs/opiniones/seriea_21_por.pd.

[56] PATARRA, Neide Lopes. Migrações internacionais de e para o Brasil contemporâneo: *volumes, fluxos, significados e políticas. São Paulo em Perspectiva*, v. 19, n. 3, p. 23-33, jul./set. 2005, p. 31.

da autora, o tratamento dos migrantes internacionais enfrenta o desafio de transformar os compromissos assumidos internacionalmente em programas e práticas sociais condizentes com os direitos humanos, pelo que há de compatibilizar articulações entre soberania nacional, democracia, direitos humanos e direito ao desenvolvimento. Isso tudo em prol de uma governança migratória adequada.

Nesse contexto, importante destaque deve ser feito à Declaração de Nova Iorque para Migrantes e Refugiados, aprovada pela Assembleia Geral das Nações Unidas[57] em 2016, em que 193 Estados membros das Nações Unidas firmaram o compromisso de, em 2018, celebrar dois pactos internacionais, quais sejam o Pacto Global sobre Refugiados e o Pacto Global para Migrações Seguras, Ordenadas e Regulares.

A pauta de discussão, no âmbito da Nações Unidas, para a construção dos Pactos Globais incluiu, dentre outros temas, a questão dos direitos humanos dos migrantes, perpassando pela inclusão social, com necessário enfrentamento da problemática da discriminação, do racismo e da xenofobia. Incluiu, também, a questão da migração irregular, com especial consideração ao trabalho decente e à mobilidade laboral e, igualmente, incluiu a questão da governança das migrações, levando-se em conta os movimentos fronteiriços, o trânsito, a entrada e a integração dos migrantes.

No quadro da governança das migrações internacionais, consideradas as contribuições da América Latina para a construção dos Pactos Globais, defendeu Rosana Baeninger[58] o necessário reconhecimento dos países do Sul enquanto atores sociais dessa construção, haja vista que suas posições geopolíticas têm trazido novos contornos aos fluxos de migrantes para a América Latina. Defendeu, ainda, que a tríade migrações seguras, ordenadas e regulares deveria ser pensada sob a perspectiva do sujeito migrante, buscando elementos universais em detrimento de visões calcadas na

[57] NAÇÕES UNIDAS. *Declaração de Nova York para Migrantes e Refugiados*. Disponível em: http://www.un.org/ga/search/view_doc.asp?symbol=A/71/L.1&referer=http://webcache.googleusercontent.com/search?q=cache:http://refu geesmigrants.un.org/declaration&Lang=S. Acesso em: 03 jun. 2020.

[58] BAENINGER, Rosana. *Contribuições da academia para o Pacto Global da Migração:* o olhar do Sul. *In*: Rosana Baeninger e outros (organizadores). *Migrações Sul-Sul*, Campinas, SP: Núcleo de Estudos de População "Elza Berquó". Nepo/Unicamp, 2018, 2ª edição, 976 p, p. 17-23.

securitização, dado que essas visões contribuem para a promoção da exclusão e da negação dos direitos humanos aos que migram.

De fato, em dezembro de 2018, foi firmado o Pacto Global para Migração Segura, Ordenada e Regular no âmbito da Organização das Nações Unidas, adotado em Marraquexe, Marrocos, por 164 Estados membros da ONU. Trata-se de um instrumento não vinculante, de natureza recomendatória, em que se reafirma alguns princípios fundamentais da comunidade internacional, tais como os princípios da soberania nacional e da universalidade dos direitos humanos ao mesmo tempo em que enfatiza a necessidade de haver ações humanas que venham a beneficiar tanto os migrantes, quanto os Estados envolvidos, sejam estes de origem, receptor ou de trânsito.

O desafio de conciliar questões atinentes à soberania nacional, em que tradicionalmente os Estados estabelecem suas políticas migratórias para controlar a entrada e permanência de estrangeiros em seu território, com questões relacionadas aos direitos humanos fundamentais dos migrantes, dentre eles o direito de migrar e o direito ao trabalho, permanece em aberto. A diretriz das discussões deve trazer luzes para nova ótica da questão migratória, no sentido de garantir o direito de migrar como inerente à garantia dos direitos humanos, independentemente de eventual categorização feita aos migrantes. Isto é, parece não se mostrar congruente conferir maior proteção a determinadas categorias de migrantes em detrimento de outras, como é o caso dos refugiados em relação aos migrantes econômicos, tendo em vista que as situações de vulnerabilidade que demandam efetiva proteção muitas das vezes se verificam em categorias excluídas *a priori* do sistema normativo de proteção.

Nesse sentido, os migrantes econômicos não estão abarcados pela mesma proteção conferida aos refugiados em diversos documentos internacionais, dos quais tem destaque, no contexto da América Latina e no âmbito do sistema regional de proteção dos direitos humanos da Organização dos Estados Americanos, a Declaração de Cartagena sobre Refugiados[59], que, muito embora tenha tido a importante contribuição de alargar a proteção internacional, ampliando o conceito de refugiado

[59] ORGANIZAÇÃO DOS ESTADOS AMERICANOS. *Declaração de Cartagena sobre Refugiados*. Disponível em http://www.acnur.org/t3/fileadmin/Documentos/português/BD_Legal/Instrumentos_Internacionais/Declaracao_de_Cartagena.pdf. Acesso em 12 jun. 2020.

previsto na Convenção sobre Refugiados[60] da Organização das Nações Unidas de 1951, já igualmente contemplada com a extensão do alcance dessa norma dada pelo Protocolo de 1967 relativo ao Estatuto dos Refugiados[61], ainda assim não alcançou a generalidade dos migrantes, de modo a excluir da perspectiva protetiva migrantes em situação de extrema vulnerabilidade, como o são os indocumentados, que nem sempre entram na categoria de refugiados.

Nesse sentido, restringir direitos a um grupo de migrantes a partir dessa categorização pode representar prática de injustiça social, pois a natureza e a complexidade dos movimentos migratórios dificultam, em diversas situações, a separação por categorias, conforme já manifestou o Alto Comissariado das Nações Unidas para Refugiados – ACNUR[62]. Dessa forma, um migrante econômico pode ter razões para migrar por situações tão precárias quanto as de um refugiado, sem, no entanto, ter o mesmo tratamento migratório estabelecido em políticas de migração. Quiçá se este migrante econômico ostentar a condição de indocumentado.

A considerar a América Latina como um bloco de países, cujas realidades socioeconômicas guardam questões identitárias similares, justifica a contextualização das migrações no cenário latino-americano, a fim de oferecer subsídios importantes para a compreensão do fenômeno da

[60] ORGANIZAÇÃO DAS NAÇÕES UNIDAS. *Convenção sobre Refugiados*. Disponível em http://www.acnur.org/t3/fileadmin/Documentos/português/BDL/Convencao_relativa_ao_Estatuto_dos_Refugiados.pdf. Acesso em 12 jun. 2020.

[61] Assinado em Nova Iorque em 31 de janeiro de 1967. Entrou em vigor em 4 de outubro de 1967, de acordo com o artigo 8. Série Tratados da ONU nº 8791, vol. 606, p. 267. *Protocolo relativo ao Estatuto dos Refugiados*. Disponível em: http://www.acnur.org/fileadmin/scripts/doc.php?file=fileadmin/Documentos/portugues/BD_Legal/Instrumentos_Internacionais/Protocolo_de_1967. Acesso em: 12 jun. 2020.

[62] Luís Renato Vedovato discorre sobre a questão da categorização de migrantes quando analisa a Opinião Consultiva OC 18/03 da Corte Interamericana de Direitos Humanos. Na sua análise cita entendimento do ACNUR no sentido de defender que, atualmente, "não há nenhum sentido em diferenciar o que é a movimentação voluntária e o deslocamento forçado de pessoas, porque as razões que provocam a migração são complexas e envolvem uma mistura de elementos políticos, econômicos e sociais. A natureza e complexidade dos movimentos atuais dificilmente determinam uma linha clara entre os migrantes e os refugiados." VEDOVATO, Luís Renato. *O direito de ingresso do estrangeiro:* a circulação das pessoas pelo mundo do cenário globalizado. São Paulo: Atlas, 2013, p. 144.

mobilidade humana na região, bem como para a compreensão de possíveis soluções para o enfrentamento da questão.

A partir de dados estatísticos apontados por Flávia Piovesan[63], nota-se que a América Latina é destacada por ser uma das regiões mais pobres do mundo, com altos índices de pobreza e violência e um forte padrão de violação de direitos, em especial contra grupos vulneráveis, tais como os migrantes e, dentre estes, os indocumentados. Essa percepção é compartilhada por Sergio Garcia Ramirez[64] ao se referir à América Latina como um conjunto de repúblicas identificadas por elementos históricos e culturais semelhantes, que têm desenvolvido suas jornadas com base em circunstâncias comuns. As semelhanças de problemas sociais presentes em vários países da América Latina e o compartilhamento de desafios na busca por soluções conjuntas e eficazes, justificam, no entendimento de Piovesan, a criação de um Direito Comum Constitucional na região, de forma a trazer efetividade na promoção e proteção dos direitos humanos, sendo evidente que a construção desse Direito Comum Constitucional passa pela influência da jurisprudência da Corte Interamericana de Direitos Humanos, enquanto órgão estratégico do sistema regional de proteção dos direitos humanos. O discurso do Direito Comum Constitucional, escorado nos direitos fundamentais, como apresentado por Armin von Bogdandy[65], é mais fortemente caracterizado pelas graves injustiças e violências, sendo inquestionável que os direitos têm um impacto profundo e transformador na América Latina.

[63] PIOVESAN, Flávia. *Ius Constitutionale em América Latina:* contexto, challenges and perspectives. *In*: Armin von Bogdandy, Eduardo Ferrer Mac-Gregor, Mariela Morales Antoniazzi and Flavia Piovesan (ed), *Transformative Constitutionalism in Latin America:* the emergence of a New Ius Commune, Oxford, Oxford University Press, 2017, p. 49-66.

[64] RAMIREZ, Sérgio Garcia. *The American Human Rights Navigation:* Toward a Ius Commune. *In*: Armin von Bogdandy, Eduardo Ferrer Mac-Gregor, Mariela Morales Antoniazzi and Flavia Piovesan (ed), *Transformative Constitutionalism in Latin America*: the emergence of a New Ius Commune, Oxford, Oxford University Press, 2017, p. 301-320.

[65] BOGDANDY, Armin von. *Ius Constitutionale Commune en America Latina:* Observations on Transformative Constitutionalism. *In*: Armin von Bogdandy, Eduardo Ferrer Mac-Gregor, Mariela Morales Antoniazzi and Flavia Piovesan (ed), *Transformative Constitutionalism in Latin America:* the emergence of a New Ius Commune, Oxford, Oxford University Press, 2017, p. 27-48.

É possível notar que a jurisprudência da Corte Interamericana de Direitos Humanos enfrenta diretamente, dentre as várias linhas temáticas de seus julgados, a questão da proteção de grupos vulneráveis, bem como a questão de seus direitos sociais. As decisões da Corte convergem para realçar que violações de direitos humanos nessa seara atentam contra os princípios da igualdade e da proibição de discriminação, consagrados na Convenção Americana de Direitos Humanos, de 1969, denominada Pacto de São José da Costa Rica, instrumento internacional que compõe o conjunto normativo do sistema regional de proteção dos direitos humanos da Organização dos Estados Americanos. Isso se verifica com clareza em julgamentos paradigmáticos, nos quais a Corte vem responsabilizando sistematicamente Estados da América Latina por violações a diversos direitos humanos, com particular interesse para a decisão exarada na Opinião Consultiva OC 18/03, relativa à condição jurídica e aos direitos trabalhistas dos imigrantes indocumentados.

1.2.2. Fenômeno migratório no Brasil

A partir dos apontamentos feitos em relação ao fenômeno migratório internacional no âmbito da região latino-americana, importante contextualizar o Brasil nesse cenário, de modo que tais informações possam amparar a análise sobre a repercussão do aparato normativo da Organização Internacional do Trabalho na realidade brasileira, conforme reflexão apresentada no Capítulo 5 do presente estudo. A história brasileira sempre revelou a presença de fluxos migratórios internacionais e os processos migratórios, de uma forma ou de outra, sempre envolveram, e ainda hoje envolvem, questões políticas, socioeconômicas, culturais, pessoais e familiares, sendo perceptível a permeabilidade da questão da exclusão e da discriminação em todos os movimentos migratórios. Lená Medeiros Menezes[66] ao apresentar um apanhado histórico do contexto

[66] Menezes, ao discorrer sobre as migrações internacionais no Brasil, aponta quatro fases distintas, dentre as quais, a primeira fase em que se destaca a grande imigração, ocorrida no imperialismo de fins do século XIX até a Primeira Guerra Mundial. A segunda fase, que abarcou o entre-guerras, foi marcada pela tendência mundial do nacionalismo com a proliferação de políticas restritivas. A terceira fase inaugurada com o advento da Guerra Fria, com política ampla no bojo do sistema internacional bipolar e, por fim, a quarta fase, relacionada ao neoliberalismo à globalização, em que se verifica o fluxo de trabalhadores qualificados para empresas multinacionais e também o fluxo de trabalhadores econômicos, numa tendência de

das migrações internacionais no Brasil, apontando diversas fases desse fenômeno, conclui que em todas elas, em maior ou menor grau, a temática da exclusão e da discriminação se fez presente.

O Brasil colônia, ao longo dos séculos XVI, XVII e XVIII, foi palco de intenso uso de mão de obra escrava, bem como do crescente recebimento de portugueses. A decisão de Portugal de transformar a colônia em um grande centro de produção açucareira trouxe a necessidade de ter pessoas que trabalhassem nessa produção. A partir daí se iniciou o tráfico de negros para o Brasil advindos das colônias portuguesas na África. Estima-se, conforme apontamentos feitos por Levy[67] e Baeninger[68], que cerca de três milhões de negros chegaram ao Brasil nesse período, através da migração forçada, além da população de imigrantes portugueses que se transferiam para a colônia.

Com a advento da independência do Brasil, a partir de 1822, mas sem que houvesse a interrupção do tráfico negreiro, o Império brasileiro passa a adotar claramente uma política de recebimento de colonos de origem europeia, no intuito de ocupar estrategicamente as terras do Brasil. Em 1872 são registrados no Império cerca de 389.459 estrangeiros de nacionalidades diversas, conforme descreve Levy. Mas foi a partir da abolição da escravatura que o fluxo migratório internacional em direção ao Brasil ganhou força[69]. O fim do tráfico negreiro, ressalta Tarciso Dal Maso Jardim[70], impactou na legislação migratória que abriu as fronteiras do Brasil, tendo a eugenia como marca para a busca do migrante ideal, isto é, a partir de uma cultura de branqueamento, privilegiou-se o imigrante

regionalização dos deslocamentos. MENEZES, Lená Medeiros. *Movimentos e políticas migratórias em perspectiva histórica:* um balanço no século XX. *In*: CASTRO, Mary G. (coord). *Migrações internacionais – contribuições para políticas*. Brasília: CNPD, 2001, p. 123-136.

67 LEVY, Maria Stella Ferreira. O papel da migração internacional na evolução da população brasileira (1872 a 1972). *Revista de Saúde Pública,* São Paulo, v. 8, supl. Jun. 1974, p. 49-90, p. 50-51.

68 BAENINGER, Rosana. *Fases e faces da migração em São Paulo*. Campinas: Núcleo de Estudos da População – NEPO/UNICAMP, 2012, p. 12-13.

69 BAENINGER, Rosana e SALES, Teresa. Migrações internas e internacionais no Brasil: panorama deste século. *Travessia, Revista do Migrante*. São Paulo, v.13, n. 36, jan./abr. 2000. p. 33-44.

70 JARDIM, Tarciso Dal Maso. A lei migratória e a inovação de paradigmas. *Cadernos de Debates – Refúgio, Migrações e Cidadania*. vol. 12, n. 12, 2017, p. 17-46.

branco, europeu e apto para o trabalho, com uma clara lógica de exclusão e discriminação a outros imigrantes.

Nesse sentido, Giralda Seyferth[71] já alertava para a questão da imigração imaginada como um processo civilizatório, calcada nas doutrinas raciais da superioridade do homem branco, com alto grau de subjetividade para a seleção de imigrantes, apontando, em diferentes momentos da imigração no Brasil, a presença da lógica da exclusão, seja no momento de grande impulso da imigração na República, seja em momentos de diminuição da entrada de estrangeiros, com adoção de política restritiva, em que o discurso do nacionalismo com a proteção dos trabalhadores nacionais se sobressaia.

Em fins do século XIX e início do século XX, a imigração europeia subsidiada pelo Brasil atinge seu ponto culminante, período em que se registra a chegada de cerca de três milhões de imigrantes, com maior expressão entre os italianos, portugueses e espanhóis[72]. A prosperidade da economia nacional desse período contribuiu para o sucesso da política governamental de subsídios à imigração.

É, pois, na República Velha que a imigração subvencionada pelo governo brasileiro faz canalizar para o Brasil, em meio à franca expansão da economia cafeeira, uma forte e regular corrente de trabalhadores provenientes de várias regiões da Europa, solucionando o problema da mão de obra até pouco escravocrata e que representava obstáculo ao desenvolvimento do trabalho livre. No entendimento de Caio Prado Junior[73], esse fluxo considerável de imigrantes foi possível graças, dentre outros fatores, ao grande desenvolvimento econômico que se vivenciava no país.

No período subsequente, em um contexto marcado pela eclosão da Primeira Guerra Mundial e, após, pela crise econômica generalizada – crise de 1929, com sinais de declínio da atividade cafeeira, houve uma clara mudança na política migratória por parte do governo brasileiro, que

[71] SEYFERTH, Giralda. *Imigração e nacionalismo:* o discurso da exclusão e a política imigratória no Brasil. *In*: CASTRO, Mary G. (coord). *Migrações internacionais – contribuições para políticas.* Brasília: CNPD, 2001, p. 137-150.

[72] SEYFERTH, Giralda. *Os estudos da imigração no Brasil:* notas sobre uma produção multidisciplinar. *In*: Seyferth, G. e outros. *Mundos em movimento:* ensaios sobre migrações. Santa Maria: editora UFSM, 2007, p. 20.

[73] PRADO JUNIOR, Caio. *História econômica do Brasil.* São Paulo: Círculo do Livro S.A. por cortesia da Editora Brasiliense S.A., p. 227-228.

passou a impor restrições ao movimento internacional de estrangeiros, incentivando uma política de cotas e de nacionalização. As imigrações internacionais para o Brasil apresentaram queda e o baixo nível do fluxo migratório se manteve até a década de 1980, quando somente então a imigração internacional foi retomada, em especial em São Paulo, em meio à expansão do setor fabril e com deslocamento de mão de obra para essa atividade. Nota-se, na retomada do movimento migratório, algumas modificações relacionadas ao perfil dos imigrantes e aos seus países de origem[74].

Em fins do século XX é notável a entrada no Brasil de imigrantes provenientes da Coréia, da Bolívia e de Angola[75] e mais recentemente, já no século XXI, verifica-se a entrada de haitianos, venezuelanos e sul-americanos, além de árabes, africanos e asiáticos[76], compondo um cenário de imigrantes nem sempre desejados no contexto da globalização, em que discursos nacionalistas e protecionistas do trabalhador nacional se contrapõem à movimentação mundial de trabalhadores migrantes.

A expressão "imigrantes indesejados", utilizada por Menezes[77] e Seyferth[78], é designada para identificar imigrantes que por motivos sanitários, ideológicos, étnicos e até econômicos não correspondem à cultura de assimilação, a qual tenta marcar identidades definidoras de pertencimentos culturais ou raciais em nome da unidade nacional, subsidiada pela pretensão nacionalista de proteção aos nacionais, cujo desdobramento é claramente uma forma de exclusão. Vale dizer, ideias racistas e xenofóbicas, explicitadas em meio ao intenso movimento migratório, fazem

[74] BASSANEZI, Maria S. C. B., SCOTT, Ana Silvia V., BACELLAR C. A. P., TRUZZI, Oswaldo M. S. *Atlas da imigração internacional em São Paulo 1850-1950*. São Paulo: editora Unesp, 2008, p. 20.

[75] BAENINGER, Rosana e SALES, Teresa. Migrações internas e internacionais no Brasil: panorama deste século. *Travessia, Revista do Migrante,* São Paulo, v.13, n. 36, jan./abr. 2000. p. 33-44.

[76] SPRANDEL, Marcia Anita. Leis migratórias e conservadorismo parlamentar no Brasil: o caso da Lei 13.445, de 2017. *Cadernos de Debates – Refúgio, Migrações e Cidadania.* vol. 13, n. 13, 2018, p. 37-59.

[77] MENEZES, Lená Medeiros. *Movimentos e políticas migratórias em perspectiva histórica:* um balanço no século XX. *In:* CASTRO, Mary G. (coord). *Migrações internacionais – contribuições para políticas*. Brasília: CNPD, 2001, p. 123-136.

[78] SEYFERTH, Giralda. *Imigração e nacionalismo:* o discurso da exclusão e a política imigratória no Brasil. *In*: CASTRO, Mary G. (coord). *Migrações internacionais – contribuições para políticas.* Brasília: CNPD, 2001, p. 137-150.

persistir a suspeita contra o estrangeiro, a eugenia e a intolerância, que se retroalimentam por discursos de fortalecimento da segurança nacional e pela tentativa de apresentação de uma agenda de retirada de direitos dos migrantes.

O paradoxo nesse cenário é a recente difusão da preocupação em criar legislação adequada e favorável à proteção dos direitos dos trabalhadores migrantes em todo o mundo e com ela o surgimento de leis, tratados e recomendações, em nível interno e internacional, tendentes a reconhecer a necessidade de promoção e proteção dos direitos humanos desse grupo vulnerável. Assim, em particular no Brasil, houve a promulgação da nova Lei de Migração que teve o condão de substituir o paradigma presente no então Estatuto do Estrangeiro que tratava a questão migratória como assunto atinente à segurança nacional pelo paradigma com viés mais humanitário em que o estrangeiro é visto como sujeito de direitos humanos e não como uma ameaça.

A nova Lei de Migração foi aprovada com a anunciação de uma política migratória voltada ao acolhimento dos estrangeiros e reconhecimento de seus direitos, coincidindo com os ditames constitucionais de construção de uma sociedade mais justa, livre e solidária. Nos dizeres de André de Carvalho Ramos[79], o novo marco jurídico regulatório das migrações representa "na era da intensa mobilidade humana internacional (...) dever de proteção para impedir a construção jurídica de vulnerabilidades e de superexploração de migrantes, em prejuízo à toda a sociedade".

No amplo âmbito dos movimentos migratórios internacionais do século XXI, são notórias a tendência e a intensificação de um processo de regionalização dos deslocamentos, no qual o Brasil tem se tornado destino de trabalhadores imigrantes temporários e pobres provenientes de países latino-americanos. Esses movimentos internacionais de pessoas, inseridos no contexto da globalização, representam, no entendimento de Patarra[80], a contrapartida da reestruturação territorial planetária, a qual

[79] CARVALHO RAMOS, André de. Direitos humanos são o eixo central da nova Lei de Migração. *Revista Consultor Jurídico*, publicado em 26 de maio de 2017. Disponível em: http://www.conjur.com.br/2017-mai-26/andre-ramos-direitos-humanos-sao-eixo-central-lei-migraçao?imprimir=1

[80] PATARRA, Neide Lopes. Migrações internacionais de e para o Brasil contemporâneo: fluxos, significados e políticas. *São Paulo em perspectiva*, São Paulo, v. 19, n. 3, 2005, p. 23-33. http://dx.doi.org/10.1590/S0102-88392005000300002.

está intrinsecamente relacionada à reestruturação econômico-produtiva em escala global.

Pode-se dizer que os movimentos populacionais contemporâneos vêm ocorrendo no sentido de reacomodar uma demanda abundante de mão de obra, em que os trabalhadores, no intuito de buscarem melhores condições de vida e oportunidades de trabalho em outras localidades, acabam sendo absorvidos no mercado de trabalho em meio à lógica da informalidade nas relações laborais. De acordo com Portes e Sassen-Koob, "as várias circunstâncias da crise econômica e os vários esforços para lidar com ela, criaram uma abundante reserva de força de trabalho que, posteriormente, encoraja e facilita a informalização"[81].

O Relatório de 2015, elaborado pelo Centro Global de Análise de Dados da Organização Internacional para as Migrações[82] – OIM, a partir de estudo feito sobre a distribuição de migrantes internacionais de acordo com a origem e o destino, constata o aumento da imigração nos países da América do Sul e informa que esse aumento não significa um fato isolado no contexto global. Nesse sentido, destaca que a migração Sul-Sul representou 37% do estoque total de migrantes internacionais, superando o fluxo tradicional da migração Sul-Norte, que atingiu 35% desse total. É notável, pois, a crescente presença do movimento migratório na região latino-americana em geral, e, em particular, na América do Sul, dando evidências da tendência da intrarregionalidade do fluxo migratório.

A corroborar os dados referidos pela Organização Internacional para as Migrações, Relatório da Organização Internacional do Trabalho[83] indica que o crescimento do número de imigrantes diminuiu na América do Norte a uma taxa anual de 1,2%, no período de 2010 a 2015. Em contrapartida, a migração para os países da América Latina e do Caribe apresentou taxa de crescimento de 2,3% ao ano.

Os motivos que explicam o crescimento da taxa anual de migração intrarregional são apontados no Observatório Demográfico da América

[81] PORTES, A.; SASSEN-KOOB, S. Making it underground: comparative material on the informal sector in Western market economies. *American Journal of Sociology*, 93 (1), 1987, p. 30-61.

[82] Dados obtidos em Comissión Económica para Amperica Latina y el Caribe (CEPAL). *Panorama da migração internacional da América do Sul.* (LC/TS.2018/32), Santiago, 2018, p. 13.

[83] ORGANIZAÇÃO INTERNACIONAL DO TRABALHO. *Relatório da OIT*. Disponível em: https://www.cepal.org/pt-br/publicacoes/tipo/relatorio-cepaloit

Latina e Caribe de 2018 do CEPAL[84] como sendo a combinação de diversos fatores, dentre os quais, o fortalecimento de políticas de segurança e controle levadas a efeito pelos países do Norte, repercutindo em aumento de riscos e custos para o migrante entrar nesses destinos, o que, no entanto, não significa o desencorajamento para os migrantes deixarem seus países de origem, mas, antes, favorece o surgimento de algumas rotas alternativas dentro da sub região do migrante. Nesse contexto, desponta o Brasil como país não necessariamente desejado pelos migrantes, mas como país possível na dinâmica dos movimentos migratórios internacionais.

Outro motivo apontado no Observatório Demográfico de 2018 diz respeito ao processo de integração socioeconômica e política, que trouxe condições mais favoráveis à circulação de pessoas e à possibilidade de residência do migrante no país receptor, como é o exemplo do Acordo sobre Residência para Nacionais dos Estados Partes do Mercosul, Bolívia e Chile,[85] de 2002.

Nos termos do referido Acordo sobre Residência, em seus artigos 1º e 8º, os nacionais de um Estado Parte que desejem residir no território de outro Estado Parte poderão obter residência legal neste último, mediante a comprovação de sua nacionalidade e o cumprimento de requisitos previstos no Acordo. Ainda, as pessoas que tenham obtido sua residência têm direito a entrar, sair, circular e permanecer livremente no território do país de recepção, desde que cumpridas todas as exigências constantes do Acordo, bem como têm direito a exercer qualquer atividade, tanto por conta própria, como por conta de terceiros, nas mesmas condições que os nacionais do país de recepção, respeitadas as normas de cada país.

Nesse cenário, não somente a imigração latino-americana, mas também a imigração de africanos e asiáticos, adquirem, na globalização, maior proporção no Brasil com destaque para a intensificação da imigração

[84] COMISIÓN ECONÓMICA PARA AMÉRICA LATINA Y EL CARIBE (CEPAL), *Observatorio Demográfico 2018,* (LC/PUB.2018/25-P), Santiago, 2019, p. 13.

[85] A busca pela implementação de uma política de livre circulação, visando dentre outros objetivos, solucionar a situação migratória na região do MERCOSUL e dos Países Associados fez com que, em dezembro de 2002, por ocasião da XXIII Reunião do Conselho do Mercado Comum, órgão político do MERCOSUL, fosse celebrado em Brasília o Acordo sobre Residência para Nacionais dos Estados Partes do MERCOSUL, Bolívia e Chile, o qual foi promulgado pelo Decreto nº 6.975 de 7 de outubro de 2009. Disponível em: https://www.planalto.gov.br/ccivil_03/_ato2007-2010/2009/decreto/d6975.htm

indocumentada, ou seja, para a entrada ou permanência de imigrantes no território nacional de forma irregular[86].

São fluxos originados de diversos países, tais como Haiti, Senegal, Gana, Bolívia, dentre outros. Rosana Baeninger[87] enfatiza que em razão do fenômeno da globalização e com a criação de blocos econômicos, a década de1990 é marcada pela nova onda de migrações para o Brasil com a entrada de coreanos e o intenso fluxo de latino-americanos, com destinos para grandes cidades, entre as quais destaca-se São Paulo, onde a forte absorção de mão de obra de imigrantes se fez presente principalmente no setor da indústria têxtil, o que não raro, segundo a autora, significa imigrantes em situação irregular. Importante registrar que a indocumentação dos imigrantes, característica verificada nos fluxos migratórios atuais, dificulta, sobremaneira, aferir a real dimensão da presença desses imigrantes no Brasil[88].

Os trabalhadores imigrantes, na condição de grupo vulnerável, figuram, no entendimento de Patrícia Tavares de Freitas[89], como principais vítimas dos efeitos da globalização que, ao mesmo tempo em que acirra desigualdades regionais em nível mundial, impulsionando movimentos migratórios de massa, igualmente impõe a setores econômicos padrões de competitividade que passam a se sustentar por processos de superexploração da força de trabalho em amplos circuitos de subcontratação. A fragilidade dos imigrantes indocumentados, inerente a sua situação irregular, conduz à invisibilidade, geradora de abusos e desrespeitos aos seus direitos fundamentais básicos, dentre os quais o direito ao trabalho.

[86] SEYFERTH, Giralda. *Os estudos da imigração no Brasil:* notas sobre uma produção multidisciplinar. *In*: SEYFERTH, G. e outros. *Mundos em movimento:* ensaios sobre migrações. Santa Maria: editora UFSM, 2007.

[87] BAENINGER, Rosana. *O Brasil na rota das migrações Latino-Americanas. In*: BAENINGER, Rosana (org.). *Imigração boliviana no Brasil.* Campinas, Núcleo de Estudos de População NEPO/UNICAMP, Fapesp, CNPq, Unfpa, 316 p., 2012, p. 10.

[88] BAENINGER, Rosana. O Brasil na rota das migrações internacionais recentes. *Jornal da UNICAMP*, Campinas, SP, Edição 226, agosto, 2003. Disponível em: http://www.unicamp.br/unicamp/unicamp_hoje/ju/agosto2003/ju226pg2b.html. Acesso em: 18 fev. 2020.

[89] FREITAS, Patrícia Tavares de. *Imigração boliviana para São Paulo e setor de confecção – em busca de um paradigma analítico alternativo. In*: BAENINGER, Rosana (org). *Imigração boliviana no Brasil.* Campinas: Núcleo de Estudos de População – NEPO/Unicamp; Fapesp; CNPq; Unfpa, 2012, p. 155-174, p. 157.

Como afirma André de Carvalho Ramos[90], a violação dos direitos dos trabalhadores estrangeiros indocumentados é situação muito comum no Brasil, sendo notório que esses trabalhadores são submetidos a condições de trabalho subumanas com jornadas excessivas e remuneração aquém dos limites legal e constitucional.

De acordo com dados disponibilizados pela Polícia Federal[91], em 2019 foram contabilizados cerca de 365 mil estrangeiros no Brasil. No ano de 2016 havia cerca de 126 mil imigrantes regulares no país, número mais de três vezes maior que a quantidade de estrangeiros registrados no Brasil em 2006, ocasião em que se apurou cerca de 45 mil imigrantes. Essa estatística, entretanto, como já salientado, não é capaz de refletir a realidade da presença de imigrantes em território nacional, haja vista a expressiva quantidade de imigrantes indocumentados que não são computados nos números oficiais. Importante, pois, frisar que os números oficiais relativos à quantidade de imigrantes no Brasil não traduzem a realidade completa da presença desses imigrantes, cujos números superam em muito às estatísticas oficiais. Tampouco há consenso entre os órgãos do governo sobre o exato fluxo migratório no Brasil.

Em termos quantitativos, em que pese a imigração para o Brasil não refletir números expressivos em relação ao total da população brasileira, visto que no Censo Demográfico[92] de 2010, do Instituto Brasileiro de Geografia e Estatística, a população estrangeira representava um estoque de 592.610 pessoas, isto é, aproximadamente 0,5% da população total do país, não significa dizer que os efeitos do fenômeno migratório não estejam sendo sentidos no país. Ao contrário, reverberam tais efeitos tanto nas relações sociais, em particular nas relações de trabalho, quanto

[90] CARVALHO RAMOS, André. *Direito dos Estrangeiros no Brasil:* imigração, direito de ingresso e os direitos dos estrangeiros em situação irregular. *In*: SARMENTO, Daniel; IKAWA, Daniela; PIOVESAN, Flávia. (Coord.) *Igualdade, diferença e direitos humanos*. Rio de Janeiro: Lúmen Júris, 2008, pp. 721-746, p. 742.

[91] Dados disponibilizados no site da Polícia Federal, Ministério da Justiça e Segurança Pública. Disponível em: www.pf.gov.br/imprensa/estatistica/estrangeiros e http://www.pf.gov.br/servicos-pf/imigracao/Apresentacao_agosto_2019.pdf. Acesso em: 14 fev. 2021.

[92] INSTITUTO BRASILEIRO DE GEOGRAFIA E ESTATÍSTICA. *Censo Demográfico de 2010*. Disponível em: www.ibge.gov.br. Acesso em 20 fev. 2020. Não há registro de censo demográfico de 2020.

na postura governamental frente ao desafio de promover e proteger os direitos dos trabalhadores migrantes.

Nesse sentido, de acordo com informações disponibilizadas no Relatório Anual 2020 sobre imigração e refúgio no Brasil[93] e no Relatório Anual 2018 sobre migrações e mercado de trabalho no Brasil, produzidos pelo Observatório das Migrações Internacionais – OBMigra[94], nota-se que, apesar da imigração no Brasil não alcançar a cifra de 1% da população, o país vem recebendo migrantes de diversas regiões do globo, com especial destaque para a migração Sul-Sul. Os fluxos migratórios dirigidos ao Brasil trazem uma predominância de origens localizadas no Sul Global, invertendo a lógica histórica de migração advinda do hemisfério Norte. É o que se verifica no período de 2010 a 2017, conforme Relatório Anual 2018, em que houve registro da chegada de haitianos, bolivianos, colombianos, argentinos, cubanos, chineses, paraguaios, peruanos e venezuelanos, dentre outras nacionalidades, sobressaindo nos últimos dois anos desse período, a crescente entrada no Brasil dos venezuelanos em razão da crise político-econômica enfrentada na Venezuela. Ainda, de acordo com o Relatório Anual 2020 do OBMigra, no primeiro semestre de 2020 se notabilizou a predominância e consolidação de latino-americanos

[93] CAVALCANTI, Leonardo; OLIVEIRA, Tadeu de; MACEDO, Marília de. *Imigração e Refúgio no Brasil. Relatório Anual 2020*. Série Migrações. Observatório das Migrações Internacionais; Ministério da Justiça e Segurança Pública/ Conselho Nacional de Imigração e Coordenação Geral de Imigração Laboral. Brasília, DF: OBMigra, 2020, p. 9. Disponível em: https://portaldeimigracao.mj.gov.br/images/dados/relatorio-anual/2020/OBMigra_RELAT%C3%93RIO_ANUAL_2020.pdf. Acesso em: 15 fev. 2021.

[94] CAVALCANTI, Leonardo; OLIVEIRA, Tadeu de; MACEDO, Marília de. *Migrações e Mercado de Trabalho no Brasil. Relatório Anual 2018*. Série Migrações. Observatório das Migrações Internacionais; Ministério do Trabalho/ Conselho Nacional de Imigração e Coordenação Geral de Imigração. Brasília, DF: OBMigra, 2018. Disponível em: https://portaldeimigracao.mj.gov.br/pt/dados/1715-obmigra. Informa OBMigra que as informações constantes do mencionado Relatório são fundamentais para traçar o perfil sociodemográfico dos trabalhadores imigrantes. Os dados utilizados foram fornecidos pela Coordenação-Geral de Imigração (CGIg), pelo Conselho Nacional de Imigração (CNIg), pela Relação Anual de Informações Sociais (Rais), pelo Cadastro Geral de Empregados e Desempregados (Caged) com as da Carteira de Trabalho e Previdência Social (CTPS), junto com as bases do Sistema de Tráfego Internacional (STI) e Sistema Nacional de Cadastro e Registro de Estrangeiro (SINCRE) da Polícia Federal (PF).

no Brasil com registros das principais nacionalidades como haitianos, venezuelanos, paraguaios, argentinos e bolivianos.

Importante marca dessa migração, ressaltada no Relatório Anual 2018 do OBMigra, é a presença predominante de adultos jovens, indicando que aproximadamente 90% dos migrantes compõem a população em idade ativa, o que significa reconhecer uma considerável oferta de força de trabalho, evidenciando uma migração tipicamente laboral.

É possível dizer que, no fenômeno das migrações internacionais, o trabalho torna-se, nas palavras de Talita Dartibale Amado[95], a principal força motriz, em que a busca por um emprego, na perspectiva de galgar melhores condições de vida, consiste na principal motivação a impulsionar o fluxo migratório, muito embora, no que diga respeito às causas que justifiquem a decisão de migrar, outras razões também podem estar presentes como eventos naturais catastróficos, guerras, perseguições por fatores políticos, dentre tantos outros fatores. Nesse cenário, justifica a preocupação e a investigação do efetivo reconhecimento e da promoção do direito ao trabalho desse grupo vulnerável, representado pelos trabalhadores imigrantes indocumentados.

Feita a apresentação da problemática – a questão migratória, bem como apresentada a sua contextualização no cenário global, perpassando pelo histórico do movimento migratório latino-americano e, em especial, brasileiro, torna-se perceptível a premente necessidade de se colocar luzes na discussão sobre o reconhecimento e promoção efetiva do direito ao trabalho dos imigrantes indocumentados, enquanto premissa de sustentação para a fruição de tantos outros direitos fundamentais dele decorrentes. Para tanto, segue o estudo com delimitações conceituais que subsidiarão a análise jurídica do direito ao trabalho.

[95] AMADO, Talita Dartibale. *A condição jurídica do trabalhador migrante no âmbito normativo internacional. In*: FREITAS JUNIOR, Antonio Rodrigues de, TORRES, Daniel Bertolucci e BOUCINHAS FILHO, Jorge Cavalcanti (org). *Migração, trabalho e direitos humanos.* São Paulo: LTr, 2017, p. 15-30.

CAPÍTULO 2
O DIREITO AO TRABALHO DOS IMIGRANTES INDOCUMENTADOS: DELIMITAÇÕES CONCEITUAIS

2.1. Quem são os imigrantes indocumentados

O tratamento jurídico relativo ao reconhecimento e proteção de direitos aos estrangeiros no Brasil é delineado a partir da condição que cada estrangeiro ostenta no país, de tal sorte que imigrantes documentados recebem tratamentos distintos daqueles que estão indocumentados e, entre estes, também há tratamento jurídico diferenciado a depender da configuração da condição indocumentada. O espectro de possibilidades que caracterizam a condição indocumentada é amplo e a via migratória para a sua regularização é distinta para cada qual.

De acordo com a Organização Internacional para as Migrações[96], o estrangeiro é a pessoa que não é nacional de um determinado Estado e esse termo deve abarcar, dentre outros, o apátrida, o exilado, o refugiado, o migrante econômico, estejam em situação migratória regular ou irregular.

Por seu turno, migrante é definido, nos termos do glossário elaborado pelo Instituto de Migrações e Direitos Humanos[97] como toda a pessoa

[96] ORGANIZAÇÃO INTERNACIONAL PARA AS MIGRAÇÕES. Disponível em: www.csem.org.br/pdfs/conceitos_basicos_de_migracao_segundo_a_oim.pdf. Acesso em: 3 jun. 2020.

[97] INSTITUTO DE MIGRAÇÕES E DIREITOS HUMANOS. Disponível em: www.migrante.org.br/migrante/index.php?option+com_content&view+article&id+229&Itemid+1227. Acesso em: 3 jun. 2020.

que se transfere de seu lugar habitual, de sua residência, para outro lugar, região ou país, com o objetivo de neste local permanecer de forma temporária ou definitiva. O migrante é emigrante do seu país de origem e imigrante no país de sua nova residência. Migrantes internacionais são definidos como as pessoas que cruzam uma fronteira, mudam seu lugar de residência e ingressam com uma nacionalidade estrangeira no país de imigração. A imigração, compreendida como o movimento de pessoas que entram em determinado país com o intuito de ali permanecer, pode acontecer de forma regular ou irregular.

A imigração irregular refere-se ao movimento de pessoas que entram ou permanecem em território de outro país sem a devida autorização, em desconformidade com as normas de migração. Entram ou permanecem, portanto, inobservando os requisitos exigidos pela legislação do país receptor, tais como apresentação de visto ou outro documento que comprove a permissão de entrada nos termos da legislação interna ou, tendo ingressado no país de forma legal, nele permanece em violação às normas de migração.

Há que se salientar que o glossário do Instituto de Migrações e Direitos Humanos[98] faz distinção nas terminologias "imigrante clandestino", "imigrante ilegal" e "imigrante em situação irregular", também denominado este último de imigrante indocumentado. Assim, para referido instituto, clandestino é o imigrante que entra em outro país sem portar o visto ou a devida autorização. Ilegal é o estrangeiro que se encontra em um país em condições não condizentes com a legislação daquele país, embora não necessariamente tenha entrado de forma clandestina. Já o imigrante em situação irregular, ou indocumentado, é aquele que não providenciou sua documentação nos moldes exigidos pela legislação interna do país receptor ou, ainda, aquele que embora tenha ingressado no país de forma legal, tornou-se irregular por exceder o tempo de permanência permitido naquele país. Vale dizer, imigrantes indocumentados são aqueles que não providenciaram a devida documentação ou após obtê-la não tomaram as providências necessárias para assegurar a sua validade.

Nos termos do glossário do Instituto de Migrações e Direitos Humanos, a indocumentação pode significar a situação de parte da população de um

[98] INSTITUTO DE MIGRAÇÕES E DIREITOS HUMANOS. Disponível em: https://www.migrante.org.br/imdh/glossario/. Acesso em: 5 jun. 2020.

país que, em razão da burocracia, da falta de recursos, da desinformação, acabou por não se documentar, refletindo negativamente na fruição de direitos, circunstância que deixa o indivíduo marginalizado do mercado e do acesso formal ao trabalho, bem como do exercício dos direitos civis e políticos.

Não há, no entanto, uniformidade na literatura internacional quanto às referidas terminologias. A Organização Internacional para as Migrações define o indocumentado como aquele estrangeiro que entra ou permanece em um país sem a documentação, incluindo nessa definição aquele que ingressa clandestinamente sem a documentação para entrar no país ou aquele que após ter ingressado com a documentação legal, permanece no país sem autorização.

Segundo a Convenção Internacional sobre a Proteção de todos os Trabalhadores Migrantes e dos Membros de suas Famílias, aprovada pela Organização das Nações Unidas – ONU em 18 de dezembro de 1990, em seu artigo 5º, consideram-se trabalhadores migrantes indocumentados ou em situação irregular aqueles que não foram autorizados a ingressar, permanecer e a exercer uma atividade remunerada no Estado de emprego, de acordo com as leis desse Estado e os acordos internacionais em que esse Estado seja parte.

Tatiana Chang Waldman elenca, referenciando Franck Düvell[99], as distintas facetas da condição indocumentada que podem se apresentar das seguintes formas: i) saída e/ou ingresso do migrante em um Estado, ocultando-se do controle migratório ou apresentando-se a este sem revelar o real propósito de sua viagem; ii) permanência do migrante no país de destino mesmo sem possuir a permissão adequada para a residência, afastando-se do controle de sua condição migratória ou evitando a exposição em ambientes públicos, por medo de detenção ou deportação, preferindo abrigos segregados; iii) realização de trabalho pelo migrante, na hipótese em que este possui tão somente autorização para residir, esquivando-se o

[99] DÜVELL, Franck. *Clandestine migration in Europe*. Social Science Information, v. 47, n. 4, p. 479-497, 2008, referenciado em Waldman, Tatiana Chang. *Nem clandestinos, nem ilegais:* construindo contornos para uma definição da condição migratória não documentada no Brasil. Tese de Doutorado, Programa de Pós-Graduação em Direitos Humanos, Faculdade de Direito, Universidade de São Paulo, São Paulo, 2016. Orientador Antonio Rodrigues de Freitas Júnior, p. 46.

migrante, por essa razão, das buscas policiais em que se faz a verificação do estatuto jurídico dos trabalhadores em locais de trabalho.

A condição migratória indocumentada, no entendimento de Waldman[100] é um fenômeno que se verifica a partir de um delineamento legal, vale dizer, não é condição autoproduzida ou improvisada de forma aleatória, mas sim, é constituída e regulada por lei, de tal forma que a lei define os requisitos para o exercício e os procedimentos que o Estado deve adotar diante de práticas não documentadas. Nesse sentido, os Estados detêm o domínio de elaborar e transformar o estatuto jurídico dos migrantes, classificando-os como documentados ou não documentados, a partir da adoção de determinada política migratória.

Assim, será considerado imigrante documentado aquele que estiver em conformidade com o processo migratório, elaborado e desenvolvido pelo Estado, que poderá aceitar o estrangeiro em seu território, concedendo-lhe autorização para permanecer, residir e trabalhar, dentro dos limites legais delineados pelo próprio Estado. A *contrario sensu*, a definição de imigrante indocumentado revela que é o estrangeiro que se encontra fora de seu Estado de origem sem, no entanto, observar todos os trâmites e requisitos do processo migratório estabelecido pelo Estado receptor. Martin Baldwin-Edwards[101] define a migração indocumentada como sendo aquela que ocorre à margem do aparato institucional e legal construído pelo Estado.

A condição de imigrante indocumentado se apresenta, portanto, a partir da desconformidade com a definição de imigrante documentado, sendo, pois, um conceito construído com base na negativa, conforme definem D'Vera Cohn e Jeffrey Passel[102], referenciados por Tatiana Chang Waldman, em que consideram migrantes não documentados todos os estrangeiros que não possuem a condição migratória documentada.

[100] WALDMAN, Tatiana Chang. *Nem clandestinos, nem ilegais:* construindo contornos para uma definição da condição migratória não documentada no Brasil. Tese de Doutorado, Programa de Pós-Graduação em Direitos Humanos, Faculdade de Direito, Universidade de São Paulo, São Paulo, 2016, p. 43-45.

[101] BALDWIN-EDWARDS, Martin. *Towards a Theory of Illegal Migration:* historical and structural componentes, Third World Quarterly, v. 29, n. 7, p. 1449-1459. 2008.

[102] COHN, D'vera; PASSEL, Jeffrey S. *U. S. Unauthorized Immigration Flows Are Down Sharply Since Mid-Decade.* Washington, DC: Pew Hispanic Center, set. 2010. Disponível em: http://pewhispanic.org/files/report/126.pdf.

No mesmo sentido, é o entendimento de Maria Beatriz Rocha-Trindade *et al*[103] que definem a migração não documentada como aquela em que o processo migratório não se desenvolve com integral conhecimento e controle das autoridades competentes do Estado envolvido.

As diversas possibilidades de caracterização da condição indocumentada de um imigrante são mencionadas por Friedrich Heckmann[104], que as organiza em três formas. A primeira diz respeito à transposição de fronteira internacional sem que o imigrante se apresente ao controle migratório do país receptor. Nessa forma, podem estar incluídos aqueles imigrantes, vítimas do tráfico internacional de pessoas, que adentram em país estrangeiro de forma oculta, por meio de pessoa intermediária, esquivando-se da fiscalização na zona de fronteira. Essa parcela de imigrantes indocumentados acaba sendo absorvida pelo mercado informal de trabalho, submetendo-se às situações de precariedade e superexploração nas relações laborais. São imigrantes que vivem invisibilizados aos olhos do Estado, no que tange ao acesso a serviços de educação, saúde, dentre outros, e, por vezes, são acolhidos em programas de ações assistencialistas organizados por entidades filantrópicas da sociedade civil.

A segunda forma mencionada por Heckmann faz referência à travessia da fronteira internacional de forma aparentemente regular, mas na essência o imigrante utiliza-se de estratégias ilegais. Isto é, o imigrante entra em território estrangeiro com documentos falsos ou vale-se do artifício da falsificação ideológica ou, ainda, declara falsamente a sua intenção de entrada. A terceira forma de caracterização da condição indocumentada é aquela em que o imigrante, em que pese tenha entrado em território estrangeiro de forma regular, em observância à legislação migratória do país receptor, acaba por permanecer nesse mesmo território por tempo além do permitido na lei, sem que tome as providências necessárias para a regularização dessa situação, alcançando, pois, a condição de indocumentado.

[103] ROCHA-TRINDADE, Maria Beatriz et al. *Sociologia das Migrações*. Lisboa: Universidade Aberta, 1995.

[104] HECKMANN, Friedrich. Ilegal migration: what can we know and what can we explain? The case of Germany. *International Migration Review*, v. 38, n. 3, p. 1103-1125, 2004.

Giuseppe Sciortino[105] destaca o ingresso de imigrantes em território estrangeiro na condição de turistas, cuja entrada é devidamente fiscalizada e autorizada pelas autoridades migratórias competentes do país receptor. Uma parcela desses estrangeiros, muito embora tenha ingressado como turista regular, acaba por permanecer no território do Estado de destino por tempo que excede o prazo determinado em seu visto de entrada, de modo a tornar-se irregular, isto é, indocumentada.

Tatiana Chang Waldman[106] ao analisar os aspectos que determinam a condição migratória indocumentada, considera a possível combinação das variáveis ingresso, residência e trabalho, ao que acrescenta às formas mencionadas por Friedrich Heckmann a situação em que o imigrante, embora tenha ingressado de maneira documentada e tenha obtido autorização de permanência, acaba exercendo atividade laboral em desacordo com os limites legais previstos no visto de entrada, tornando-se, com isso, irregular. Essas circunstâncias, segundo Frank Düvell, são observadas nas situações de residência permitida, mas de trabalho não autorizado pelo tipo de visto dado ao imigrante. Por fim, menciona Waldman aquela parcela de imigrantes que já ao nascer no país estrangeiro é considerada indocumentada na esteira da condição migratória irregular de seus genitores.

Demetrios Papademetriou[107] descreve quatro possibilidades de indocumentação dos imigrantes, quais sejam, o ingresso não autorizado, o ingresso fraudulento, a permanência em território estrangeiro após expiração do tempo permitido e o desrespeito das condições autorizadas

[105] SCIORTINO, Giuseppe. *Between Phantoms and Necessary Evils:* some critical points in the study of irregular migration. Instituts für Migrationsforschung und Interkulturelle studien (IMIS-BEITRÄGE), v. 24, p. 17-44, 2004.

[106] Waldman, ao analisar as variáveis do estatuto documentado ou não documentado no ingresso, residência e trabalho no país de destino, apresenta esquema ilustrativo de Frank Düvell, em *Clandestine migration in Europe,* Social Science Information, v. 47, n. 4, p. 479-497, 2008. Waldman, Tatiana Chang. *Nem clandestinos, nem ilegais:* construindo contornos para uma definição da condição migratória não documentada no Brasil. Tese de Doutorado, Programa de Pós-Graduação em Direitos Humanos, Faculdade de Direito, Universidade de São Paulo, São Paulo, 2016, p. 51.

[107] PAPADEMETRIOU, Demetrius G. *The global struggle with illegal migration: no end in sight.* Set, 2005. Disponível em: http://www.migrationpolicy.org/article/global-struggle-illegal-migration-no-end-sight.

para a permanência. A categoria de imigrantes indocumentados, nota-se, apresenta várias subcategorias, as quais refletem consequências diversas em relação aos direitos e deveres desses imigrantes. Nesse sentido, ressalta Giuseppe Sciortino[108] que a diversidade de categorizações de imigrantes reflete em ações igualmente diversificadas pelo Estado, trazendo implicações em diferentes níveis para as partes envolvidas.

Para a presente pesquisa, considera-se imigrante indocumentado aquele que está em situação irregular no país receptor, seja pela falta de documentação, seja pela não observância das exigências migratórias para a entrada, estada ou exercício de atividade remunerada, seja pela permanência além do tempo permitido em território nacional. Permanência é a autorização concedida pelo país receptor ao estrangeiro para que este possa se estabelecer e residir provisória ou definitivamente no país, de acordo com as hipóteses elencadas na respectiva legislação.

Não faz parte do escopo da presente pesquisa a parcela de imigrantes indocumentados que entra na condição de refugiados, pois para essa categoria de migrantes há proteção legal específica, respaldada em normas internacionais e, também, na legislação nacional. Assim, a Lei brasileira nº 9.474, de 22 de julho de 1997, define refugiado em seu artigo 1º como "todo o indivíduo que devido a fundados temores de perseguição por motivos de raça, religião, nacionalidade, grupo social ou opiniões políticas encontre-se fora de seu país de nacionalidade e não possa ou não queira acolher-se à proteção de tal país; a pessoa que não tendo nacionalidade e estando fora do país onde antes teve sua residência habitual não possa ou não queira regressar a ele, em função de tais circunstâncias; e, a pessoa que devido a grave e generalizada violação de direitos humanos é obrigada a deixar seu país de nacionalidade para buscar refúgio em outro país".

A lei brasileira veio na esteira do que já preconizava a normativa internacional referente aos refugiados, em especial a Convenção Internacional relativa à Proteção dos Refugiados de 1951 da Organização das Nações Unidas, o Protocolo de 1967 relativo ao Estatuto dos Refugiados, bem como a Declaração de Cartagena de 1984 sobre Refugiados da Organização dos Estados Americanos. No plano internacional, nota-se,

108 SCIORTINO, Giuseppe. *Between Phantoms and Necessary Evils:* some critical points in the study of irregular migration. Instituts für Migrationsforschung und Interkulturelle studien (IMIS-BEITRÄGE), v. 24, p. 17-44, 2004.

há um sistema de proteção aos refugiados que vem desde a Declaração Universal de Direitos Humanos, de 1948, ao preconizar em seu artigo XIV que toda a pessoa, vítima de perseguição, tem o direito de procurar e gozar asilo em outros países. Ainda, no âmbito da Organização das Nações Unidas, foi criado em 1950 o Alto Comissariado das Nações Unidas para os Refugiados – ACNUR, cujo objetivo é zelar pela proteção jurídica internacional dos refugiados.

O mesmo, no entanto, não se pode afirmar em relação aos imigrantes indocumentados não considerados refugiados, cuja proteção jurídica internacional é ora omissa, ora representativa de alguns entraves que podem acabar por inviabilizar o reconhecimento de direitos e a proteção dessa parcela de estrangeiros. Vale dizer, os imigrantes indocumentados que não foram reconhecidos como refugiados e que, portanto, não podem se beneficiar da proteção jurídica do refúgio, devem buscar sua regularização no país receptor por meio de outras vias migratórias, correspondendo cada qual a distintos direitos e deveres ao imigrante.

Nesse sentido, Alexander Betts[109], ao apresentar um paralelo da proteção jurídica internacional dos migrantes econômicos com os refugiados, afirma que, embora haja relativa precisão legal para a proteção dos refugiados que fogem da perseguição de seu país de origem, o mesmo não acontece em relação aos migrantes econômicos que, ao fugirem de privações extremas de direitos sociais em seu país de origem, não encontram no país receptor a mesma proteção jurídica. Entende Betts que, no que tange ao cenário de privação de direitos, a proteção legal não é claramente definida e é altamente contestada pelos Estados, o que pode conduzir a situações de omissões ao invés de ações estatais e a situações de acolhida humanitária ao invés de políticas migratórias adequadas, evidenciando, pois, um precário acesso à proteção daqueles que utilizam a migração internacional como último recurso na busca por seus direitos básicos.

De acordo com o Programa de Proteção Legal do Centro de Referência para Refugiados da Caritas Arquidiocesana de São Paulo[110], segundo dados

[109] BETTS, Alexander. *Survival Migration. Failed Governance and the Crisis of Displacement.* Cornell University Press, 2013, p. 19 e 20.

[110] CARITAS ARQUIDIOCESANA DE SÃO PAULO. *Programa de Proteção Legal do Centro de Referência para Refugiados da Caritas Arquidiocesana de São Paulo.* Disponível em: http://caritas.org.br/refugiados-e-migrantes. Acesso em: 13 jun. 2020.

disponibilizados pelo Comitê Nacional para os Refugiados – CONARE, órgão do Ministério da Justiça responsável por analisar os pedidos de refúgio, houve em torno de 5.256 solicitações de refúgio apresentadas pelos imigrantes no ano de 2013 ao CONARE. Desse total de solicitações, apenas cerca de 649 foram deferidas, o que, na prática, significa enquadrar o imigrante, que não teve o reconhecimento do refúgio, em situação irregular, devendo, pois, deixar o país ou tentar regularizar sua situação migratória por meio de outra via, que não o refúgio.

Oportuno frisar que a condição indocumentada dos imigrantes no Brasil se verifica para além das situações em que ocorre o indeferimento da solicitação de refúgio. Há, também, conforme já mencionado, outros meios de se alcançar esse estatuto jurídico.

O reconhecimento da mobilidade humana de grupos de pessoas necessitadas de asilo e proteção internacional, que estão excluídas da estrutura normativa de proteção do refúgio, vem crescendo na comunidade internacional. Trata-se, nas palavras de Betts[111], dos novos condutores de deslocamento, que migram em razão de mudanças ambientais e de fragilidades do Estado de origem, cujo governo mostra incapacidade de solucionar problemas básicos da população como a fome e a pobreza extrema. Nesse cenário, Betts enfatiza que esses migrantes econômicos, quando não têm supridos seus direitos básicos em seu país de origem, valem-se da transposição de fronteiras internacionais como sendo o último recurso para buscar acolhimento e tentar sobreviver em outra localidade. Esse deslocamento é pautado pelo limiar subjacente dos direitos humanos, pelo que conclui Betts que se uma pessoa não pode sobreviver ou manter as condições fundamentais de sua dignidade humana sem que tenha que deixar seu país, então a distinção entre perseguição, contida na normativa do refúgio, e outras causas, excluídas dessa normativa, é normativamente sem sentido.

A partir da constatação da existência de lacuna de consenso em como conceituar aquelas pessoas que cruzam fronteiras internacionais porque estão privadas de seus direitos humanos básicos em seu país de origem, Betts propõe uma definição para a categoria de migrantes que se deslocam como último recurso para sobreviver em outro país, a que denomina de

[111] BETTS, Alexander. *Survival Migration. Failed Governance and the Crisis of Displacement.* Cornell University Press, 2013, p. 15 e 20.

"migrantes de sobrevivência". Segundo o autor "são migrantes de sobrevivência as pessoas que estão fora de seu país de origem por conta de uma ameaça para a qual eles não têm acesso a um remédio ou resolução interna".[112]

Para elucidar a ideia conceitual de migrante de sobrevivência, Betts, utilizando-se de um diagrama apresentado pela então Federação Internacional da Cruz Vermelha[113], ressalta que refugiados são migrantes de sobrevivência, mas nem todos os migrantes de sobrevivência são refugiados, e migrantes de sobrevivência são migrantes internacionais, mas nem todos os migrantes internacionais são migrantes de sobrevivência. Vale dizer, dentro do amplo espectro de migrantes internacionais, há aqueles que são considerados migrantes de sobrevivência, por sua peculiar situação de privação de direitos básicos no seu país de origem. Ainda, dentro do espectro desses migrantes de sobrevivência, estão incluídos um grupo menor de migrantes que são os refugiados. A linha divisória e diferenciadora entre migrante de sobrevivência e migrante internacional é que para aquele as condições fundamentais de dignidade humana simplesmente não podem ser obtidas em seu país de origem, enquanto estes representam um grupo que não estão na premência de obtenção de acolhimento e proteção internacional.

Uma vez que os migrantes econômicos adentram em território estrangeiro ou nele permanecem sem a observância das formalidades migratórias exigidas pelo país receptor, tornam-se irregulares e passam a somar a condição de indocumentados.

Para fins de delimitação do objeto de estudo da presente pesquisa, dá-se ao imigrante econômico o alcance proposto por Betts, no sentido de compreendê-lo como aquele estrangeiro que emigra de seu país de origem para entrar em país estrangeiro, no intuito de galgar melhores condições de vida ou de sobrevivência, condições estas que não foram possíveis de serem alcançadas no país de origem. Dentro do conjunto de

[112] "Survival migrants can be defined as persons who are outside their country of origin because of an existential threat for which they have no access to a domestic remedy or resolution." BETTS, Alexander. *Survival Migration. Failed Governance and the Crisis of Displacement.* Cornell University Press, 2013, p. 23.

[113] O diagrama demonstra a relação conceitual entre a migração de sobrevivência, o refúgio e a migração internacional. BETTS, Alexander. *Survival Migration. Failed Governance and the Crisis of Displacement.* Cornell University Press, 2013, p. 24.

imigrantes econômicos, destaca-se uma parcela formada por imigrantes indocumentados, os quais ao adentrarem em território estrangeiro, o fazem em desacordo com a legislação migratória local por não portarem a documentação exigida ou por, apesar de estarem devidamente documentados, permanecerem no território estrangeiro para além do tempo permitido sem que para tanto haja a correspondente autorização do país receptor.

2.2. O direito ao trabalho

A grande dificuldade dos trabalhadores migrantes econômicos indocumentados refere-se à ausência de normas de proteção de seus direitos fundamentais, haja vista que o Estado receptor sequer reconhece a sua existência, deixando-os à margem do mercado formal de trabalho e do exercício dos direitos civis e sociais. Há consenso na comunidade internacional de que os direitos desses migrantes não são ainda universalmente protegidos e que a aplicação aos migrantes das normas internacionais de direitos humanos é imprecisa e inefetiva[114].

André de Carvalho Ramos[115] ressalta que o Estatuto dos Refugiados trouxe a preocupação tão somente em abarcar a proteção às vítimas de violação de direitos civis e políticos, deixando desamparados da proteção jurídica os migrantes econômicos, que são essencialmente vítimas de violação de direitos sociais básicos. Em razão de tal desproteção, os mesmos ficam expostos à deportação. Entretanto, considera Ramos que a legislação nacional sobre refúgio, a Lei 9.474/97, apresenta, na prática, um mecanismo de proteção adicional que pode conferir aos imigrantes econômicos a salvaguarda do princípio do *non refoulement*, na hipótese de virem a sofrer violação aos direitos de liberdade, vida e integridade física, caso sejam deportados ao território de onde vieram, pois isso significaria ameaça a direitos fundamentais da pessoa humana. Soma-se a essa perspectiva de proteção, no entendimento de Ramos, o direito ao

[114] FARENA, Maritza Natalia Ferretti Cisneros. *Dicionário de Direitos Humanos*. Disponível em: http://escola.mpu.mp.br/dicionario/tiki-index.php?page=Refugiado. Acesso em: 13 jun. 2020.

[115] CARVALHO RAMOS, André de. *Asilo e Refúgio:* semelhanças, diferenças e perspectivas. *In*: CARVALHO RAMOS, André de; RODRIGUES, Gilberto; ALMEIDA, Guilherme Assis de. *60 anos de ACNUR – Perspectivas de futuro*. São Paulo: CLA Editora, 2011, pp. 15-44, p. 28, 33 e 39.

acolhimento, previsto no artigo 22 da Convenção Americana de Direitos Humanos, da qual o Brasil faz parte.

Nesse sentido adverte Erika Feller[116] que a Convenção das Nações Unidas para Refugiados de 1951 não é o instrumento adequado para lidar com o movimento global de pessoas que vem ocorrendo por razões diferentes daquelas que caracterizam o refúgio, tais como mudança climática, colapso financeiro ou crescentes desigualdades sociais. A autora alerta para a ausência de outros instrumentos capazes de lidar com esses riscos mais gerais que forçam as pessoas a se deslocarem no mundo. Entende, no entanto, referenciando Guy Goodwin Gill, que o desafio é estruturar uma rede interconectada de Direito Internacional, que abrange Direito dos Refugiados, Direitos Humanos e Direito Humanitário, em um corpo coerente e complementar de proteções.

A Organização Internacional do Trabalho já afirmava, em 1944, na sua Declaração de Filadélfia que qualquer política nacional ou internacional deve ter como principal objetivo viabilizar o exercício do direito, a todos os seres humanos, de ter assegurado o bem estar material e o desenvolvimento espiritual dentro da liberdade e da dignidade, da tranquilidade econômica e com as mesmas possibilidades, sendo certo que quaisquer planos e medidas adotados devem ser feitos em vista da realização desse objetivo principal.

Escorada na Declaração de Filadélfia de 1944, a OIT, em 1998, adotou a Declaração sobre os Princípios e Direitos Fundamentais no Trabalho que, no intuito de alcançar o trabalho decente, trouxe como pauta a consecução de objetivos estratégicos. A compilação, portanto, desses objetivos sintetizam as diretrizes fundamentais que norteiam toda a atuação da própria OIT e de todos os Estados membros que a integram. Assim, aos trabalhadores, sem distinção entre nacionais e estrangeiros e, entre estes, migrantes documentados ou indocumentados, deve-se respeitar e propiciar os direitos e princípios fundamentais, dentre os quais destaca-se, para o presente estudo, a eliminação da discriminação em matéria de emprego e ocupação. Nessa toada, cabem aos Estados membros da OIT cumprir o compromisso de promover a igualdade de oportunidades e de

[116] FELLER, Erika. A Convenção para Refugiados aos 60 anos: ainda adequada a seu propósito? *Cadernos de Debates – Refúgio, Migrações e Cidadania*. vl. 06, n. 06, 2011, p. 13-51, p. 14 e 24.

tratamento em matéria de emprego e profissão, buscando a eliminação de toda discriminação nas relações laborais.

A busca por soluções da questão da situação migratória irregular de tantos trabalhadores é preocupação que deve ser externalizada pela OIT por meio de suas recomendações e convenções, a fim de reafirmar o marco legal internacional de combate à exploração do trabalho de que são vítimas tantos imigrantes indocumentados. Nesse sentido, a OIT pode desempenhar um papel fundamental, na medida em que a sua produção normativa se torna fonte material do direito, influenciando diretamente, quanto ao âmbito interno de cada Estado, na construção da interpretação do direito, a partir da concepção humanista e social das normas de direitos humanos. Vale lembrar, nesse ponto, que a Constituição Federal brasileira de 1988 traz a manifestação dos princípios humanistas sociais ao destacar em diversas passagens a justiça social, a dignidade da pessoa humana, a valorização do trabalho e emprego e o regime do Estado Democrático de Direito. O direito ao trabalho é princípio amparado na Constituição de 1988, que não se restringe a cada trabalhador individualmente, mas alcança, também, toda a sociedade, enquanto titular de um interesse difuso, coletivamente protegido.

Importante frisar que a tutela do direito ao trabalho e, consequentemente, dos direitos sociolaborais fundamentais deve ser pensada na perspectiva não só dos direitos individuais do trabalhador, mas, também, dos direitos fundamentais coletivos e difusos de toda a sociedade, traduzidos no reconhecimento do direito fundamental e universal ao trabalho. É nesse sentido que o trabalho decente é percebido. Vale dizer, trata o trabalho decente da possibilidade de promover oportunidades para que homens e mulheres obtenham um trabalho produtivo e de qualidade, em condições de igualdade, equidade, segurança e dignidade humana. De acordo com a OIT, e nesse sentido ressalta Otavio Pinto e Silva[117], o trabalho decente significa o ponto de convergência dos objetivos estratégicos por ela traçados, quais sejam: o respeito aos direitos no trabalho, a promoção do emprego, a extensão da proteção social e o fortalecimento do diálogo social. Significa, também, a condição fundamental para a superação da pobreza, a redução das desigualdades sociais, a garantia

[117] SILVA, Otavio Pinto e. *Subordinação, autonomia e parassubordinação nas relações de trabalho.* São Paulo: LTr, 2004, p. 150.

da governabilidade democrática e o desenvolvimento sustentável[118], o que, em última instância, são objetivos atinentes aos interesses e direitos difusos de toda a sociedade.

A agenda do trabalho decente representa, pois, uma construção engenhosa, capaz de demostrar a possibilidade de conciliação da declaração dos princípios fundamentais com a efetiva implementação das normas protetivas de direitos humanos. Nessa agenda, indubitavelmente, se encaixa a problemática do direito ao trabalho dos imigrantes indocumentados. Otavio Pinto e Silva[119] aponta para a necessidade de que a OIT, ao ampliar sua atuação, centre atenções para quem trabalha à margem do mercado de trabalho formal e, lembra Silva, que a promoção do emprego, como um objetivo central da OIT, pressupõe, para a defesa dos direitos no trabalho, a anterior obrigação de promover as possibilidades de trabalho propriamente dito.

É nesse sentido a afirmação de que o direito ao trabalho precede e não se confunde com os direitos laborais decorrentes da própria relação de trabalho. O reconhecimento do direito ao trabalho a todas as pessoas parte da premissa do princípio da igualdade conferido a todo o ser humano para fruição de direitos fundamentais que representam o mínimo para uma existência digna.

Sobre o trabalho, como elemento estruturante da sociedade, pensado sob a perspectiva sociológica, entende Ricardo Antunes[120] que o trabalho é elemento ontologicamente essencial e fundante da existência humana. Antunes, ao analisar a nova configuração da classe trabalhadora no mundo contemporâneo, heterogênea e multifacetada, defende a centralidade do trabalho enquanto categoria explicativa da existência humana, bem como enquanto categoria responsável pela formação da sociedade contemporânea.

[118] ORGANIZAÇÃO INTERNACIONAL DO TRABALHO. *Perfil do trabalho decente no Brasil:* um olhar sobre as unidades da Federação, 2012. Relatório da OIT. Disponível em http://www.oit.org.br/node/876 Acesso em 26 jun. 2020.

[119] SILVA, Otavio Pinto e. *Subordinação, autonomia e parassubordinação nas relações de trabalho.* São Paulo: LTr, 2004, p. 150.

[120] ANTUNES, Ricardo. *Os Sentidos do Trabalho:* Ensaio sobre a afirmação e negação do trabalho, São Paulo: Boitempo, 2000, p. 13.

Nessa linha de pensamento, Sergio Lessa[121] conceitua trabalho como sendo a atividade humana que transforma a natureza nos bens necessários à reprodução social. Para Lessa, é o trabalho a categoria fundante do mundo dos homens e é através do trabalho que se efetiva o salto ontológico que retira a existência humana das determinações meramente biológicas, sendo, pois, impossível haver existência social sem trabalho.

Nota-se que o trabalho, enquanto categoria fundante, torna-se indispensável à constituição do homem enquanto ser social, propiciando a satisfação de suas necessidades ao mesmo tempo em que permite a transformação do próprio homem em ser social. Isto é, na medida em que o homem transforma e domina a natureza através do trabalho para dela extrair suas necessidades, transforma-se nesse processo, ele próprio, em um ser social, rompendo a condição do homem como um ser meramente natural.

O homem, na condição de ser social, utiliza-se do trabalho para reproduzir sua existência em múltiplas facetas das relações sociais. Nesse sentido, o trabalho serve como ponte para se alcançar um lugar na sociedade, influenciando para que o processo de integração na comunidade se realize de forma efetiva, conferindo autonomia a cada ser humano na construção de sua identidade social. O reconhecimento e a proteção do direito ao trabalho é, assim, o ponto inicial para o desenvolvimento de cada pessoa na sociedade, possibilitando a cada qual galgar seu lugar enquanto ser social. Caso contrário, o lugar a ser ocupado pelo homem na comunidade será de um ser sobrevivente, dependente de ações assistencialistas que tenham o condão de suprir suas necessidades mais prementes.

A partir da compreensão de que o trabalho é a categoria fundante do ser social, torna-se possível afirmar que o direito ao trabalho é um direito humano fundamental que deve preceder e servir de base jurídica para fundamentar qualquer política pública de Estado tendente a regulamentar a presença de estrangeiros em seu respectivo território. Assim, o imigrante, ainda que esteja em situação indocumentada, deve ser considerado, antes de ser imigrante, pessoa titular do direito fundamental ao trabalho, onde quer que se encontre.

[121] LESSA, Sergio. *Mundo dos homens:* trabalho e ser social. São Paulo: Instituto Lukács, 2012, p. 27.

Parte considerável dos imigrantes indocumentados emigram de seu país de origem em busca de melhores condições de vida, na esperança de encontrar emprego e sobreviver em outro Estado. As razões para a decisão de emigrar são de cunho preponderantemente econômico, mas outras razões podem estar presentes, tais como perseguições de diversas ordens, ameaças de violência generalizada, agressão estrangeira, conflitos internos, violação massiva de direitos humanos ou outras circunstâncias que tenham afetado gravemente a ordem pública. Fato é que, seja qual for a razão que motiva a decisão de emigrar, ao adentrar em território estrangeiro, o imigrante tem a premente necessidade de acolhimento para garantir a sua sobrevivência, seja por meio de ações assistencialistas, levadas a efeito por iniciativas governamentais ou por iniciativas de organizações da sociedade civil e organismos internacionais, seja por meio de um processo de integração que possibilite ao imigrante residir e trabalhar para construir sua autonomia e prover suas necessidades básicas que lhe permitirão viver com dignidade na nova comunidade.

Nesse sentido, Helisane Mahlke[122] entende que o processo de integração vai muito além de iniciativas assistencialistas, embora reconheça a necessidade e adequação dessas iniciativas em um primeiro momento de acolhimento dos imigrantes. O assistencialismo dissociado de ações afirmativas e de políticas públicas que visem a construção de laços do imigrante na comunidade local, não promove a autonomia deste, mas tão somente oferece uma integração não inclusiva. A integração efetiva, por seu turno, ressalta Mahlke, é um processo multidimensional, que engloba as dimensões legal, econômica e social, e que oferece ao imigrante a possibilidade de ter uma vida digna e autônoma. A verdadeira integração significa a possibilidade para o imigrante de gozar direitos em igualdade com os nacionais.

Embora Mahlke faça uma análise particular em relação ao imigrante refugiado, nada obsta sua extensão ao imigrante econômico, com fundamento assentado no Direito Internacional dos Direitos Humanos. No que tange ao acesso a direitos básicos no Brasil, tal como o é o direito ao trabalho, afirma a autora ser este essencial à construção de uma vida

[122] MAHLKE, Helisane. *Direito internacional dos refugiados:* novo paradigma jurídico. Belo Horizonte: Arraes, 2017, p. 248, 263 e 267.

digna e autônoma, nos termos garantidos pelo artigo 6º da Constituição Federal de 1988. O acesso ao direito ao trabalho pode contribuir para evitar situações de exploração de mão de obra que geralmente atingem aqueles que se encontram em condição de vulnerabilidade, evidenciada pelo enfrentamento da barreira do idioma e da discriminação social para ingressar no mercado de trabalho.

No que diz respeito ao Direito Internacional dos Direitos Humanos, a Convenção sobre o Direito dos Trabalhadores Migrantes e Membros de sua Família de 1990 e o Protocolo Adicional ao Pacto dos Direitos Econômicos, Sociais e Culturais são instrumentos jurídicos que garantem, o primeiro, o direito das pessoas em mobilidade, com expressa menção àquelas que se encontram indocumentadas e, o segundo, os direitos sociais aos indivíduos em caráter universal, vale dizer, a qualquer cidadão, seja nacional, imigrante econômico ou refugiado. Mahlke ressalta, entretanto, a ausência de ratificação de tais instrumentos pelo Estado brasileiro.

Nesse ponto, há que se mencionar a Convenção nº 143 da Organização Internacional do Trabalho, de 1975, relativa às Migrações em Condições Abusivas e à Promoção da Igualdade de Oportunidades e de Tratamento dos Trabalhadores Migrantes. Referida Convenção determina a necessidade de cada Estado membro da OIT de averiguar sistematicamente a presença de imigrantes empregados de forma irregular em seu território nacional e que estejam sendo submetidos, seja no deslocamento migratório, seja na chegada ou estada no país de destino ou durante a relação de emprego, a condições contrárias àquelas previstas nos instrumentos internacionais aplicáveis e na legislação nacional.

Embora a Convenção nº 143 da OIT represente importante instrumento de combate às práticas ilícitas relacionadas à questão migratória e apesar de haver no Brasil a presença de imigrantes indocumentados que diuturnamente são submetidos à exploração laboral e têm suprimidos seus direitos sociais fundamentais e sua dignidade humana, ainda assim o Brasil não procedeu à ratificação dessa Convenção, contrariando o compromisso assumido internacionalmente com a Organização Internacional do Trabalho de conduzir-se no intuito de promover os princípios e objetivos preconizados na Declaração de Filadélfia, já anteriormente mencionada. Entretanto, em que pese a não ratificação da Convenção nº 143, o Brasil, enquanto Estado membro da OIT, está atrelado à observância dos princípios da Organização, a teor do que dispõe a Declaração sobre Princípios e Direitos Fundamentais no Trabalho, adotada pela OIT em 1998.

Em que pese a Convenção nº 143 enunciar a tendência da OIT de promover a defesa dos imigrantes, reconhecendo a eles os direitos trabalhistas básicos, independentemente da situação migratória em que se encontrem, regular ou irregular, a teor do disposto no artigo 9º da Convenção, segundo o qual "nenhuma disposição da presente Convenção impedirá os Estados membros de conceder às pessoas que residem ou trabalham ilegalmente no país o direito de nele permanecerem ou serem legalmente empregadas"[123], limita, no entanto, a igualdade de oportunidades e de tratamento, conforme previsão na Parte II, apenas à parcela de imigrantes que se encontra legalmente no território estrangeiro.

Por óbvio que eventual decisão por não implementação do direito ao trabalho aos imigrantes indocumentados traz como consequência inevitável o desprezo por aspectos que circundam esse direito humano fundamental, contribuindo para a intensificação da lógica da exclusão social e da não integração efetiva à nova comunidade no país estrangeiro. O não reconhecimento do direito ao trabalho aos imigrantes indocumentados é conduta que retroalimenta a exclusão social, acirrando ainda mais as condições de vulnerabilidade desses imigrantes como em um círculo vicioso.

É possível mencionar, a título de elucidação, inúmeros direitos sociolaborais que decorrem da própria fruição do direito ao trabalho, tais como o direito de participação e a liberdade de associação em sindicatos que possam representar os interesses de um grupo específico de trabalhadores. Nesse sentido, a Conferência Internacional do Trabalho, na sua 108ª sessão realizada em 2019, produziu o Documento Final do Centenário da OIT, o qual reafirma no item IV-B do Projeto de Declaração para a consideração da Conferência Internacional do Trabalho[124], ao enfrentar

[123] ORGANIZAÇÃO INTERNACIONAL DO TRABALHO. *Convenção nº 143 relativa às Migrações em Condições Abusivas e à Promoção de Igualdade de Oportunidade e de Tratamento dos Trabalhadores Migrantes*. Disponível em: http://www.ilo.org/brasilia/convencoes/WCMS_242707/lang--pt/index.htm Acesso em: 18 jun. 2020.

[124] A Conferência Internacional do Trabalho declara no Documento Final do Centenário da OIT que: IV-B: *Compete à OIT reforçar a capacidade dos seus constituintes tripartidos para participar em todos os processos relevantes, ao nível nacional e transnacional, e promover a representação coletiva*

as questões atinentes ao mundo do trabalho, o princípio da liberdade sindical e negociação coletiva como um diálogo que contribui para a coesão global. A liberdade sindical é um direito humano que diz respeito a toda a coletividade e permite que as pessoas se agrupem em organizações para a defesa de seus interesses e direitos.

Otavio Pinto e Silva[125] ressalta que o diálogo social é concebido como meio para conseguir a proteção dos trabalhadores contra situações de vulnerabilidade no trabalho e lembra que para o diálogo social acontecer faz-se necessária a participação e a liberdade de associação.

Como dar voz aos trabalhadores imigrantes indocumentados, possibilitando a eles um efetivo processo de integração se a eles é negado, por via oblíqua, o essencial direito de se associarem em sindicatos, uma vez que não lhes é reconhecido o direito ao trabalho. Essas organizações podem representar uma forma eficaz de governança migratória, na medida em que promove e fortalece o diálogo social, na condição de ator social importante e estratégico para a defesa dos direitos sociolaborais dessa parcela da população, viabilizando, portanto, um processo efetivo de integração dos imigrantes na comunidade em que se encontram.

2.3. A universalidade dos direitos humanos e a discussão sobre soberania estatal e nacionalidade

Quando se fala em universalidade de direitos humanos, parte-se da ideia de indivisibilidade dos direitos humanos, tal qual se evidencia na complementariedade entre direitos civis e políticos e direitos econômicos, sociais e culturais. Pensar em direitos humanos em uma perspectiva universal significa considerar um espectro comum de valores que, independentemente de quaisquer condições, decorrentes de sexo, raça, cor, etnia, nacionalidade, religião ou classe social, delimitam os contornos da dignidade de toda pessoa humana.

no trabalho através de mecanismos fortes e influentes de diálogo social, com pleno respeito pela liberdade sindical e o direito à negociação coletiva, na convicção de que tal representação e diálogo contribuem para a coesão geral das sociedades e servem o interesse público. ORGANIZAÇÃO INTERNACIONAL DO TRABALHO. Disponível em: https://www.ilo.org/wcmsp5/groups/public/---europe/---ro-geneva/---ilo-lisbon/documents/publication/wcms_706928.pdf. Acesso em: 25 jun. 2020.

125 SILVA, Otavio Pinto e. *Subordinação, autonomia e parassubordinação nas relações de trabalho*, São Paulo: LTr, 2004, p. 150.

Maria Victoria de Mesquita Benevides[126] entende que os direitos humanos são tomados a partir do reconhecimento de valores historicamente situados, relacionados à liberdade, à igualdade e à fraternidade – frutos da Revolução Francesa, porém tidos como valores universais. Para a autora, pensar globalmente os direitos humanos implica colocar em primeiro plano a abrangência de valores éticos enraizados nas noções de justiça e igualdade. Implica, ainda, enfatizar a criação e o funcionamento efetivo de mecanismos internacionais de controle ostensivo, para garantir a proteção interna dos direitos humanos, mesmo rompendo a competência reservada de soberanias.

Na perspectiva da Filosofia do Direito, os direitos humanos são resultantes de um processo de objetivação histórica, cujo nascedouro está no consenso entre os homens em um dado momento da história da humanidade. São os direitos humanos fruto de conquista histórica e política, não constituindo, nas palavras de Celso Lafer, um absoluto transcendente, inato ao ser humano, mas sim um construído, inerente à dignidade da pessoa humana[127]. O valor universal dos direitos humanos exprime seu alcance a toda e qualquer pessoa, porque imanente à condição digna humana.

A Declaração e Programa de Ação de Viena, originada da Conferência Mundial sobre Direitos Humanos, de 1993, traz importantes considerações a respeito da universalidade dos direitos humanos. A natureza universal dos direitos e liberdades contemplados pela Declaração é reafirmada na determinação da promoção do respeito universal, da observância e da proteção de todos os direitos humanos e liberdades fundamentais para todos, atrelados à própria condição humana.

A comunidade internacional, ante a universalidade dos direitos humanos, deve apoiar a proteção e promoção desses direitos em todas as localidades do globo, e as especificidades nacionais e regionais dos

[126] BENEVIDES, Maria Victoria de Mesquita. Os direitos humanos como valor universal. *Lua Nova* [online]. 1994, n.34, p.179-188. https://doi.org/10.1590/S0102-64451994000300011.

[127] LAFER, Celso. *A reconstrução dos direitos humanos:* um diálogo com o pensamento de Hannah Arendt. São Paulo: Companhia das Letras, 2001, p. 124. Na perspectiva do jusnaturalismo, os direitos humanos são considerados inatos ao ser humano e incontestáveis, pois relacionados à essência da natureza humana. O jusnaturalismo compreende o homem como um ser que possui direitos imanentes à sua espécie e constitutivos de sua condição natural. Lafer apresenta a crítica à fundamentação jusnaturalista dos direitos humanos.

Estados não devem representar óbices ao alcance da proteção para todas as pessoas. Nessa esteira, reafirma a Declaração de Viena que o respeito aos direitos humanos e liberdades fundamentais, a nível nacional e internacional, deve ser universal e sua promoção e proteção devem ser conduzidas sem restrições. A universalidade dos direitos humanos alcança o direito inalienável ao desenvolvimento, sendo a pessoa humana o sujeito central do desenvolvimento e este um pressuposto para a fruição de todos os direitos humanos.

A proteção do direito ao trabalho, enquanto um direito humano e universal, representa um instrumento de viabilidade do exercício das liberdades fundamentais, as quais são vetores para a dignidade humana. O direito ao trabalho engloba a possibilidade a toda pessoa de buscar um nível de vida adequado para si e sua família com base nos parâmetros do mínimo existencial. O imigrante, cuja perspectiva do direito ao trabalho lhe é retirada, fica à mercê de políticas assistenciais e das tendências circunstanciais do Estado em que se encontra, sendo-lhe subtraídas a autonomia e a autodeterminação ao seu desenvolvimento, em clara inobservância ao caráter universal do direito que lhe assiste. Nesse sentido, a promoção e proteção do direito ao trabalho para a massa de trabalhadores em circulação pelo globo torna-se o principal desafio à dignidade humana na época contemporânea[128]. Já dizia Arendt[129] que nada poderia ser pior do que a possibilidade de uma sociedade de trabalhadores sem trabalho, sem a única atividade que lhes resta.

Em que pese a universalidade ser uma característica essencial dos direitos humanos, não está ela atrelada à ideia de uma proteção absoluta no direito. Isso se deve em razão da existência de situações de colisão de direitos e da constatação de que não há direitos ilimitados. Sobre essa questão, discorre Luís Renato Vedovato[130] ao analisar a relação entre universalidade, nacionalidade, direito de livre circulação e direito dos Estados de proibir acesso de estrangeiro ao seu território. A partir do pensamento de que a aplicação da universalidade dos direitos humanos fica limitada

[128] COMPARATO, Fabio Konder. *Rumo à justiça*. São Paulo: Saraiva, 2010, p. 63.

[129] ARENDT, Hannah. *A condição humana*. Tradução de Roberto Raposo, posfácio de Celso Lafer, 10 ed. Rio de Janeiro: Forense Universitária, 2008, p. 13.

[130] VEDOVATO, Luís Renato. *O direito de ingresso do estrangeiro:* a circulação das pessoas pelo mundo no cenário globalizado. (livro eletrônico). São Paulo, Atlas, 2013, p. 97.

pelo direito dos Estados de dispor sobre o direito de livre circulação pelo mundo, busca o autor compatibilizar a ideia de restrição ao direito universal de livre circulação de migrantes com a coexistência do direito dos Estados de controlar a entrada de pessoas pelas suas fronteiras. Para tanto, lança mão do uso das escolhas trágicas, como um caminho possível na identificação de causas que pudessem legitimar a decisão de um Estado no sentido de proibir a entrada de um migrante em seu território em detrimento da aplicação da universalidade do direito de livre circulação.

Em verdade, assevera Vedovato que a limitação ao direito de livre circulação, externada pelo Estado em uma análise de caso concreto, não deve significar inobservância da universalidade contida nesse direito, mas tão somente demonstra uma não aplicação do direito de livre circulação em uma situação específica, tal como pode ocorrer entre colisão de direitos fundamentais, em que a autorização para fruição de um direito fundamental reflete diretamente na impossibilidade de exercício de outro, sem que lhe seja retirado a característica da fundamentalidade. Exprime apenas que em um dado espaço e tempo um direito fundamental não será passível de fruição na sua plenitude, em razão da prevalência de outro direito fundamental. Daí a afirmação de Vedovato[131] no sentido de que "a limitação recai sobre o direito fundamental, nunca sobre a universalidade nele contida". Não fosse assim, qualquer limitação a um direito humano universal poderia significar a retirada de seu caráter essencial[132], o que representaria um desvirtuamento e esvaziamento de seu próprio conceito.

Há que se ressaltar, entretanto, que eventual decisão tomada por um Estado no sentido de proibir o acesso de um imigrante em seu território deve ser levada a efeito com base em fundamentação que preserve o princípio da igualdade e da não discriminação, caso contrário estar-se-ia diante de uma indevida limitação da universalidade e não propriamente de uma limitação de um direito humano. Nesse sentido, afirma Vedovato que o exercício do direito do Estado há que ser balizado pelas diretrizes protetivas do Direito Internacional dos Direitos Humanos. Vale dizer, os

[131] VEDOVATO, Luís Renato. *O direito de ingresso do estrangeiro:* a circulação das pessoas pelo mundo no cenário globalizado. (livro eletrônico). São Paulo, Atlas, 2013, p. 98.

[132] CARVALHO RAMOS, André de. *Teoria Geral dos Direitos Humanos na ordem internacional.* São Paulo, Saraiva, 2014, p.179.

limites ao direito do Estado são impostos pelo caráter cogente da proteção, em nível internacional, dos direitos humanos.

Nesse sentido, Antonio Augusto Cançado Trindade[133] enfatiza que o *corpus juris* de Direito Internacional dos Direitos Humanos tem ampliado o conteúdo material do *jus cogens*, abarcando os princípios da igualdade e da não discriminação e menciona, como exemplo disso, a decisão da Corte Interamericana de Direitos Humanos, exarada na Opinião Consultiva 18/03, em que se discute a condição jurídica e direitos dos imigrantes indocumentados. Nessa decisão a Corte, ao discorrer sobre os princípios da igualdade e da não discriminação, parte do pressuposto de que tais princípios, bem como as obrigações que deles decorrem possuem o caráter de *jus cogens*, sendo, portanto, normas imperativas do Direito Internacional que devem ser reconhecidas e aceitas por todos os Estados. Nesse caso, a Corte reconhece a situação das pessoas imigrantes indocumentadas que se encontram vulneráveis como sujeitos de direitos humanos com uma condição desigual em relação aos nacionais ou mesmo aos estrangeiros legalizados. Reconhece, também, que tais circunstâncias aumentam as dificuldades de integração dos imigrantes que acabam sendo vítimas de constantes violações de direitos humanos.

A análise do caso dos imigrantes indocumentados apresentada por Cançado Trindade, evidencia a posição da Corte Interamericana de que a qualidade migratória de uma pessoa não pode constituir, de nenhuma maneira, uma justificativa para privá-la do desfrute e do exercício de seus direitos humanos, ressaltando que a situação regular de uma pessoa em um Estado não é condição necessária para que este Estado respeite e garanta o princípio da igualdade e não discriminação, posto o caráter fundamental desse princípio[134].

[133] CANÇADO TRINDADE, Antônio Augusto. *El acceso a la justicia em su amplia dimension*. Librotecnia, 2012.

[134] ORGANIZAÇÃO DOS ESTADOS AMERICANOS. Corte Interamericana de Direitos Humanos. *Opinião Consultiva OC 18/03, de 17 de setembro de 2003*. Disponível em: www.corteidh.or.cr/docs/opiniones/seriea_21_por.pd. A Corte Interamericana considera que o processo de globalização, com uma crescente disparidade econômica e social entre os Estados, contribui diretamente para a intensificação do fenômeno da migração internacional e acentua a marginalização de direitos dos imigrantes, com destaque para aqueles em situação irregular. No entanto, ressalta que a situação regular de uma pessoa em um Estado não deve ser

O caráter cogente das normas de direitos humanos, contidas em diversos diplomas internacionais, implica a determinação de critérios objetivos a nortear a decisão dos Estados. O critério objetivo atrela ao necessário cumprimento dos instrumentos internacionais pelos Estados, sem que estes prescindam do exercício de seu poder soberano, haja vista que a prévia adesão a um instrumento internacional é ato de soberania de cada Estado.

O conteúdo trazido nos tratados e declarações internacionais de direitos humanos gera, no Direito Internacional dos Direitos Humanos, uma vigilância internacional das decisões dos Estados outrora livres, de forma que os Estados não mais possuem a liberdade de interpretar livremente um instrumento internacional do qual estão vinculados, mas, antes, devem seguir a interpretação internacionalista. Nessa esteira, sustenta André de Carvalho Ramos[135] que a discricionariedade nacional passa a ser regrada pelos órgãos internacionais, os quais podem rechaçar eventual fundamentação do Estado que não esteja escorada nas diretrizes do Direito Internacional dos Direitos Humanos.

Os instrumentos internacionais de Direitos Humanos, segundo afirma Rossana Rocha Reis[136], interferem na autonomia soberana dos Estados, no que diz respeito ao controle de fronteiras, de modo a superar o paradigma do direito internacional tradicional para colocar o ser humano como sujeito no direito internacional. A discussão trazida pela autora concerne à soberania dos Estados frente aos direitos individuais relativos às migrações internacionais, em que o reconhecimento do indivíduo como titular de direitos independentemente de sua nacionalidade vem tomando espaço no cenário internacional.

O fortalecimento do Direito Internacional dos Direitos Humanos com sobressalência da ideia de universalidade dos direitos individuais, implica, no entendimento de Reis, o enfraquecimento da soberania frente aos

condicionante para que este Estado tenha que respeitar e garantir o princípio da igualdade e não discriminação.

[135] CARVALHO RAMOS, André de. *Asilo e Refúgio:* semelhanças, diferenças e perspectivas. *In*: CARVALHO RAMOS, André de; RODRIGUES, Gilberto; ALMEIDA, Guilherme Assis de. *60 anos de ACNUR – Perspectivas de futuro*. São Paulo: CLA Editora, 2011, p. 15-44.

[136] REIS, Rossana Rocha. Soberania, Direitos Humanos e Migrações Internacionais. *Revista Brasileira de Ciências Sociais* – vol. 19 Nº. 55, disponível em: http://www.scielo.br/pdf/rbcsoc/v19n55/a09v1955.pdf

cidadãos, diante da necessidade de se atribuir direitos em função da dignidade da pessoa humana, e não em função de sua nacionalidade, de modo que haja transferência de direitos do cidadão para o indivíduo, fazendo com que os Estados percam controle de suas fronteiras pelo surgimento de uma cidadania transnacional.

Nessa perspectiva dos direitos humanos, que consiste em situar o ser humano no centro da questão, aponta Cançado Trindade[137] para o novo desafio do mundo globalizado, qual seja, colocar o ser humano no ápice, acima de capitais financeiros, bens e serviços, a partir de considerações de ordem humanitária. Cançado Trindade ressalta que apesar do aparato normativo de proteção dos direitos humanos, ainda prevalece a lógica de Estados soberanos, mais preocupados em proteger seus mercados internos do que promover políticas populacionais sob a ótica dos direitos humanos, tendendo, com isso, a criminalizar a migração ilegal. Entende o autor, ao considerar a responsabilidade dos Estados na produção dos fluxos migratórios, que esses fluxos devem ser tratados como uma questão global na comunidade internacional com obrigações *erga omnes*, assentadas em conceitos de *jus cogens*, para o que menciona a necessidade de observância de algumas diretrizes, tais como a obrigação de impedir a deterioração dos direitos humanos, a obrigação de garantir a proteção de todos os trabalhadores migrantes, a obrigação de ratificar instrumentos internacionais e a obrigação de coibir diferenças com base na cidadania ou *status* migratório. Nessa esteira, conclui que a consciência humana deve guiar as relações entre os seres humanos e a consciência jurídica universal deve guiar o direito internacional, devendo, pois, o poder discricionário dos Estados ser limitado pelas normas imperativas do direito internacional.

A busca da plena proteção e prevalência dos direitos humanos, em quaisquer circunstâncias, corresponde ao novo valor da atualidade, a que Cançado Trindade[138] denomina ser a manifestação da consciência jurídica universal. A partir dessa consciência, a dinâmica internacional

[137] CANÇADO TRINDADE, Antonio Augusto. Deslocados e a proteção dos migrantes na legislação internacional dos Direitos Humanos. *Cadernos de Debates – Refúgio, Migrações e Cidadania*. vol. 03, n. 03, 2008, p. 52 e seguintes.

[138] CANÇADO TRINDADE, Antônio Augusto. *El Nuevo Reglamento de la Corte Inter-americana de Derechos Humanos (2000) y Su Proyección Hacia el Futuro: La Emancipación del Ser Humano como Sujeto del Derecho Internacional de los Derechos Humanos*, 28 Curso de Derecho Internacional Organizado por el Comité Jurídico Interamericano, OAS (2001).

contemporânea tem desautorizado o entendimento tradicional de que as relações internacionais se reduzem e se regem por regras derivadas inteiramente da livre vontade dos Estados. O processo de humanização do direito internacional se ocupa da identificação e realização de valores e metas comuns superiores, de modo que nenhum Estado pode se considerar acima do Direito, cujas normas têm como destinatários os seres humanos. Ressalta Cançado Trindade que a razão de Estado tem limites no respeito dos direitos inerentes a todos os seres humanos, na satisfação das necessidades e aspirações da população e no tratamento equânime das questões que afetam toda a humanidade, de modo que a base das relações deve ser pautada não pela soberania estatal, mas sim pela solidariedade humana, a fim de que os Estados exerçam a garantia coletiva dos direitos humanos.

Para Octavio Ianni[139], o Estado-nação tem se visto obrigado a aceitar decisões e diretrizes provenientes de centros de poder regionais e mundiais, em que os espaços de cidadania e soberania nacional devem ser redimensionados em um contexto de emergência de sociedades globais. Para o autor, a força de trabalho, enquanto um vetor de desenvolvimento, tem atuado em escala mundial e o desenvolvimento global deve trazer a compreensão de que os direitos e deveres também seguem a lógica global, transcendendo o nacional e reverberando, nessa escala mundial, na formação de uma sociedade global.

No que tange ao direito ao trabalho, a universalidade não deve ser relativizada ou mitigada a qualquer trabalhador do globo, seja qual for a localidade onde se encontre ou o estatuto político que ostente. Isso porque o direito ao trabalho é imanente à condição digna humana, na medida em que possibilita a construção da inserção da pessoa na comunidade, enquanto um ser social, a partir do exercício da liberdade de escolha e da igualdade de oportunidades, em um contexto de não discriminação.

Os trabalhadores imigrantes indocumentados são tidos como não autorizados pelo Estado receptor a estarem ou permanecerem no território estrangeiro devido a sua situação irregular e, como consequência, em razão da condição indocumentada, a essa categoria são bloqueados os acessos aos mais básicos direitos humanos. Esses imigrantes, quando não

[139] IANNI, Octavio. *Globalização e diversidade*. *In*: PATARRA, Neide (org.), *Migrações Internacionais: herança XX, agenda XXI*. Campinas: FNUAP; SP: Oficina Editorial, 1996, p. 01-15.

obrigados a deixar o território estrangeiro, entram para as estatísticas de estrangeiros contemplados por programas assistencialistas, sem que lhes sejam dadas as oportunidades para a inserção integral na comunidade através do trabalho ou, em um cenário ainda mais desalentador, são inseridos na massa invisível de trabalhadores que, colocados às margens da proteção do Estado, acabam por ser absorvidos em relações informais de trabalho, onde a exploração e a precarização aviltam a sua dignidade humana.

A partir da constatação de que os imigrantes compõem uma classe de excluídos de direitos e sendo premente a discussão sobre a proteção de direitos fundamentais, em especial de direitos sociais, Vedovato[140] questiona se a nacionalidade de um indivíduo pode ser o fundamento para impedir que o mesmo seja recebido pelo Estado receptor. Para responder a esse questionamento, traz considerações a respeito da nacionalidade em si, apontando que a nacionalidade é tida como o vínculo jurídico-político que une o indivíduo a um Estado. Esse vínculo confere ao indivíduo o *status* de cidadão, sendo, pois, a nacionalidade, em uma concepção clássica, um pressuposto para a cidadania. Entretanto, entende o autor[141] que a limitação ao acesso à nacionalidade expressa uma restrição que viola direitos fundamentais, uma vez que fere o princípio da igualdade, servindo a nacionalidade, nesse sentido, como um elemento para a diferenciação, tal qual ocorre na limitação da cidadania ao estrangeiro que, pelo fato de não ser um nacional, vê-se privado de direitos fundamentais no local onde vive. Nesse sentido, afirma que a nacionalidade, enquanto um elemento de conexão com um Estado, serve como mecanismo de restrições a direitos, ainda que de forma velada. E acrescenta que a construção do Estado nacional enfatizou os antagonismos entre migração e cidadania, de modo a legitimar o não reconhecimento de cidadania ao estrangeiro, autorizando a não aplicação do princípio da igualdade, muito embora seja este princípio do domínio de *jus cogens*.

140 VEDOVATO, Luís Renato. *O direito de ingresso do estrangeiro:* a circulação das pessoas pelo mundo no cenário globalizado. (livro eletrônico). São Paulo, Atlas, 2013, p. 105.

141 VEDOVATO, Luís Renato. *A nacionalidade no Direito Internacional Privado brasileiro:* elemento de exclusão. *In*: CARVALHO RAMOS, André de [org.]. *Direito Internacional Privado:* questões controvertidas. São Paulo: Arraes, 2016, pp. 176-186.

Esse paradoxo é apontado por André de Carvalho Ramos[142], na medida em que afirma que o Estado de Direito é balizado constitucionalmente pela liberdade e igualdade entre os cidadãos, mas, apesar disso, o próprio Estado lança mão da figura do nacional cidadão para excluir o outro que não tenha a nacionalidade, especialmente os indocumentados que, por sua condição vulnerável, acabam sendo alvo de abusos e desrespeito aos seus direitos humanos. Vale dizer, em que pese haver a universalidade dos direitos humanos, os Estados resistem em deferir direitos aos estrangeiros por não serem nacionais.

Para Natália Medina Araujo[143] a exclusão dos migrantes indocumentados de seus direitos básicos está diretamente relacionada ao controle exercido pelo Estado na gestão dos fluxos migratórios. É notório que o monopólio do controle documental, em que o Estado identifica e categoriza os indivíduos por meio de documentos, fazendo surgir os documentados e os indocumentados, não tem o condão de impedir a migração indocumentada, mas a categorização de indocumentado autoriza o direito soberano do Estado a excluir direitos básicos dessa parcela da população. A contradição, afirma a autora, é que se trata do mesmo Estado que deve garantir direitos humanos universais, restando evidenciado, pois, que a universalidade dos direitos humanos é inacessível a esse grupo de seres humanos.

Em contraponto à discussão da nacionalidade como um vetor limitador ao acesso a direitos humanos universais, importante trazer considerações a respeito da superação da concepção clássica de cidadania, cujo corolário é a nacionalidade, dando lugar à concepção contemporânea da cidadania, na qual o substrato está na ideia de direitos universais inerentes à pessoa humana[144].

142 CARVALHO RAMOS, André. *Direito dos Estrangeiros no Brasil:* imigração, direito de ingresso e os direitos dos estrangeiros em situação irregular. *In*: SARMENTO, Daniel; IKAWA, Daniela; PIOVESAN, Flávia. (Coord.) *Igualdade, diferença e direitos humanos.* Rio de Janeiro: Lúmen Júris, 2008, p. 721-746.

143 ARAUJO, Natália Medina. *Migrantes indocumentados:* histórias e aporias. *In*: GALINDO, George B (org). *Migrações, deslocamentos e direitos humanos.* Brasília: Instituto Brasiliense de Direito Civil, Grupo de Pesquisa Crítica e Direito Internacional, 2015, pp. 25-34.

144 CAMPOS, Bárbara Pincowsca Cardoso; SILVA, João Guilherme Lima Granja Xavier da. *Igualdade, Não-Discriminação e Política Para Migrações no Brasil:* Antecedentes, Desafios e Potencialidades para o acesso da Pessoa Migrante a Direitos e Serviços. *In* GALINDO, George B

Nesse cenário, é possível aferir a significativa contribuição da Declaração Universal de Direitos Humanos de 1948 que, ao elencar os direitos civis e políticos juntamente com os direitos econômicos, sociais e culturais, situou os direitos humanos em um complexo integral, único, indivisível e de alcance para todos em que os direitos se apresentam interdependentes e inter-relacionados. Segundo Piovesan[145], a combinação de um discurso liberal de cidadania, o qual contempla apenas os direitos civis e políticos, com um discurso social de cidadania, que abarca os direitos econômicos, sociais e culturais, fez surgir na Declaração Universal de Direitos Humanos a concepção contemporânea de cidadania, que posteriormente foi reafirmada pela Declaração de Viena de 1993 ao dispor que os direitos humanos são universais, indivisíveis, interdependentes e inter-relacionados e que a comunidade internacional deve tratá-los globalmente de forma justa e equitativa. Para a autora, a concepção contemporânea da cidadania encerra três elementos essenciais, que podem ser traduzidos pela indivisibilidade dos direitos humanos, pela universalidade dos direitos humanos e pelo processo de especificação do sujeito de direito. Nas palavras de Piovesan, "o processo de especificação do sujeito de direito, conjugado com a indivisibilidade e universalidade dos direitos humanos, vem a doar a tônica contemporânea da concepção de cidadania".

A indivisibilidade dos direitos humanos concerne à conjugação dos valores liberdade e igualdade em um único corpo de normas que buscam, em última instância, a existência digna da pessoa humana. Tais normas se inter-relacionam em uma dinâmica em que a efetividade de um direito depende do respeito e observância de outro. Segundo Piovesan, a liberdade contém os direitos civis e políticos enquanto a igualdade está relacionada à justiça social atrelada aos direitos econômicos, sociais e culturais. Quanto à universalidade dos direitos humanos, o pilar legitimador dessa concepção está no princípio da dignidade humana, inerente a toda pessoa sem

(org.). *Migrações, deslocamentos e direitos humanos.* Brasília: Instituto Brasiliense de Direito Civil, Grupo de Pesquisa Crítica e Direito Internacional, 2015, p. 50-63. Campos defende que para enfrentar a questão migratória, é preciso que o Estado desenvolva capacidades para promover a inclusão social e afirma que, embora haja direitos reconhecidos no Direito Internacional dos Direitos Humanos, ainda há que conciliar o conflito entre direitos e fronteiras e levanta a questão se há contradição entre garantias de direitos aos migrantes e a prerrogativa soberana dos Estados para gerir fluxos migratórios.

[145] PIOVESAN, Flávia. *Temas de direitos humanos.* São Paulo: Saraiva, 10 ed. 2017, p. 565 e 566.

qualquer discriminação. A extensão universal da cidadania encerra a ideia de que, a partir da premissa da igualdade e não discriminação, a todos deve ser garantida a inviolabilidade de seus direitos humanos. Já, no processo de especificação do sujeito de direito, este passa a ser considerado a partir de suas especificidades e peculiaridades, de forma concreta, não mais sendo visto sob a ótica da abstração e generalidade. Essa especificação possibilita uma estruturação da tutela jurídica de direitos de minorias, tal como é o caso dos imigrantes indocumentados.

Observa Erika Feller[146] que a nacionalidade, apesar de parecer um direito universal de nascimento, contrasta com um número estimado de 12 milhões de pessoas ao redor do mundo que estão lutando para viver sem ela, o que pode evidenciar, na prática, a constante luta do migrante por legitimidade, não somente para estabelecer uma residência legal, mas, também, para ter reconhecido o direito de livre circulação, para encontrar um emprego e para ter acesso aos serviços básicos como educação e saúde para si e sua família.

Carmen Tiburcio[147], ao analisar a dimensão sociológica da nacionalidade, afirma que ela está ligada à identidade e ao sentimento de pertença de um povo, aspecto que contribui para reforçar a ideia de que a integração na nova comunidade deve significar a possibilidade de construção de novos laços com a comunidade local, sem que ao imigrante seja exigido cortar laços estabelecidos com a sua origem. Essa exigência se aproximaria de um indevido processo de assimilação do imigrante para ser aceito na nova comunidade.

Nesse sentido, lembra Hannah Arendt[148], ao tratar da história de luta dos judeus, a tentativa inglória destes de seguir as expectativas de

[146] FELLER, Erika. A Convenção para Refugiados, aos 60 anos: ainda adequada a seu propósito? *Cadernos de Debates – Refúgio, Migrações e Cidadania*. vol. 06, n. 06, 2011, p. 13-51, p. 16.

[147] TIBURCIO, Carmen. *The human rights os aliens under international and comparative law*. Haia: Martinus Nijhoff Publishers, 2001. Carmen Tiburcio apresenta uma análise sobre a nacionalidade e discorre sobre a coexistência das dimensões política, sociológica e jurídica, afirmando que essas dimensões determinam a garantia de direitos, a partir da lei nacional de cada país. Em relação ao aspecto político-jurídico, a nacionalidade é o *status* natural que vincula formalmente o indivíduo ao Estado. Referências feitas por Helisane Mahlke em *Direito internacional dos refugiados:* novo paradigma jurídico. Belo Horizonte: Arraes, 2017, p. 249.

[148] ARENDT, Hannah. *We refugees in Altogether elsewhere*. Boston: Faber and Faber, 1968.

assimilação em novo país. Observa Arendt que o homem é um ser social e que a vida não é fácil quando laços sociais são cortados e que poucos indivíduos têm força para conservar sua integridade se seu *status* social, legal e político está completamente confuso. Vale dizer, a tentativa de ajustamento, através de um processo de assimilação, fere a identidade do imigrante e contraria a proteção internacional primária dos direitos humanos, que se assenta na condição de ser humano, e não na condição de ser nacional de determinado Estado.

O não pertencimento do imigrante a uma determinada comunidade pode ser traduzido pela não identificação de questões culturais, o que desemboca na sua condição de vulnerabilidade no país receptor. Nesse sentido, Jorge Bustamante[149] indica que os obstáculos para integrar o imigrante na sociedade receptora é a tentativa equivocada de enquadrá-lo no tipo ideal, tal como dominar a língua dos nacionais ou não praticar costumes de seu país de origem ou, ainda, negar sua identidade étnica. Entende o autor que a integração deve implicar a aceitação do pluralismo cultural.

Para Bustamante, a vulnerabilidade é o maior fator associado aos abusos aos migrantes, sendo causas da vulnerabilidade a distância do país de origem do migrante e os poucos recursos para a defesa de seus direitos. Com base na construção social da vulnerabilidade, convencionou-se que os imigrantes não devem ter igualdade completa de direitos com os nacionais, o que, ressalta o autor, está congruente com o padrão internacional de soberania em que os Estados legitimam as diferenças entre imigrantes e nacionais e essa diferença se torna um poder, na medida em que as relações sociais são moldadas a partir da distribuição de poderes aceitos na natureza estrutural da sociedade. Assim, a noção de vulnerabilidade vem da noção de privilégios legitimados pelos Estados aos seus nacionais, excluindo os não nacionais. Essa exclusão se torna a base da formação do

149 BUSTAMANTE, Jorge A. Immigrants' Vulnerability as Subjects of Human Rights. *International Migration Review IMR* Volume 36 Number 2 (Summer 2002), p. 333-354. Bustamante traz uma análise sobre a vulnerabilidade dos migrantes, admitindo, de início, que o problema dos direitos humanos dos migrantes existe em todo o mundo e que há uma consciência desse problema, derivada de um padrão internacional acordado entre países membros da Nações Unidas e questiona qual a razão de haver um abismo entre o que os Estados dizem e o que eles efetivamente fazem para lidar com o problema.

processo social e o critério da nacionalidade se torna de fato um abuso de poder contra os excluídos. Esse é o paradoxo, diante do qual o desafio dos Estados é conciliar o direito soberano para instituir privilégios e proteção aos nacionais e cumprir com os padrões internacionais de direitos humanos dos migrantes.

A ideia de pertencimento, a partir de sentimento originado de questões identitárias comuns, a que Eric Hobsbawm[150] denomina de critério subjetivo da nacionalidade associado a critérios objetivos formal e previamente estabelecidos, tais como a língua, a cultura e o território, não se mostra satisfatória para se buscar uma definição a respeito de nação. Segundo o autor, é possível pensar na construção de uma concepção de nação a partir da ideia de um corpo de pessoas que possuem o pertencimento porque consideram-se como membros de uma nação.

A globalização alargou o sentimento de pertencimento a uma nação, na medida em que trouxe subjacente a promessa de integração entre os povos em uma sociedade móvel em que o fluxo de pessoas é constantemente estimulado, muito embora esse mesmo fluxo encontre seu principal óbice na questão da nacionalidade. Nesse ponto, importa indagar sobre possíveis mudanças de paradigmas, no que tange ao reconhecimento de direitos aos imigrantes, de forma a substituir as premissas do pertencimento, construídas formalmente com base nos critérios subjetivos e objetivos, como apontado por Hobsbawm, para premissas assentadas na universalidade dos direitos humanos e na concepção contemporânea e ampliada de cidadania. Resta saber se a gramática dos direitos humanos pode substituir a nacionalidade?

[150] HOBSBAWM, Eric J. *Nações e Nacionalismo*. 5 ed. São Paulo: Paz e Terra, 2008, p. 11-61. O autor, ao analisar o termo nação, afirma não haver nenhum critério satisfatório para se decidir quais coletividades humanas deveriam ser chamadas de nação. Aponta que os critérios objetivos, tais como a língua, o território comum, a história comum, os traços culturais comuns, que foram estabelecidos para explicar a existência de nacionalidade, não se mostraram suficientes. O mesmo ocorreu com a tentativa de definir nação a partir de critério subjetivo, qual seja o voluntarismo para criar uma nação, isto é, a consciência de seus membros de a ela pertencer, ao que conclui que nações são fenômenos duais, cuja construção não pode prescindir da participação do alto conjuntamente com a participação de baixo, entendida esta como necessidades, aspirações e interesses das pessoas comuns, as quais não são necessariamente nacionais ou nacionalistas.

No entendimento de Mahlke[151], a nacionalidade, em que pese ser um direito, nos termos expressos no artigo 15 da Declaração Universal dos Direitos Humanos[152] de 1948, não deve ela própria ser um vetor legitimador para suprimir direitos humanos do imigrante ou mesmo ser um obstáculo para a sua integração na comunidade local. Segundo a autora, para superar a barreira da nacionalidade, deve-se afirmar a universalidade dos direitos humanos e o princípio da igualdade.

Quanto ao processo de integração na nova comunidade, menciona Mahlke pesquisa realizada pelo Ministério da Justiça e pelo Instituto de Pesquisa Econômica Aplicada – IPEA[153], a qual aponta que um dos obstáculos estruturais enfrentados por quem não possui a nacionalidade local, caso dos imigrantes, se verifica na falta de acesso ao trabalho, somado a outras dificuldades como o idioma, a falta de documentação necessária e de informações a respeito da existência de direitos.

O caráter universal do direito ao trabalho deve conduzir ao entendimento de que qualquer cidadão, aqui tomado o termo pela concepção contemporânea de cidadania, é titular legítimo desse direito, independentemente do lugar onde se encontre. Esse entendimento precede a análise sobre a qualidade de cada cidadão, se nacional ou estrangeiro, se imigrante documentado ou indocumentado. A cidadania perpassa pela ideia da constituição de um direito a ter direitos, que no entendimento de Hannah Arendt, elucidado por Celso Lafer[154], trata-se de um direito humano, do qual derivam todos os demais e os quais só podem ser exigidos através do pertencimento a uma sociedade organizada. Esse pertencimento se dá pela cidadania. Daí a compreensão da cidadania como um direito a ter direitos.

[151] MAHLKE, Helisane. *Direito internacional dos refugiados:* novo paradigma jurídico. Belo Horizonte: Arraes, 2017, p. 249.

[152] De acordo com o artigo 15 da Declaração Universal dos Direitos Humanos, "1 – Todo o indivíduo tem direito a ter uma nacionalidade. 2 – Ninguém pode ser arbitrariamente privado da sua nacionalidade nem do direito de mudar de nacionalidade." ORGANIZAÇÃO DAS NAÇÕES UNIDAS. *Declaração Universal dos Direitos Humanos.* Disponível em: https://nacoesunidas.org/artigo-15-direito-a-nacionalidade/. Acesso em 24 jun. 2020.

[153] MAHLKE, Helisane. *Direito internacional dos refugiados:* novo paradigma jurídico. Belo Horizonte: Arraes, 2017, p. 249, nota 19.

[154] LAFER, Celso. *A reconstrução dos direitos humanos:* um diálogo com o pensamento de Hannah Arendt. Companhia das Letras, 2001, p. 166.

Lafer, ao dialogar com o pensamento de Arendt, questiona em que medida existe a possibilidade da incorporação dos direitos humanos a um indivíduo independentemente de seu estatuto político. Embora a análise de Lafer se dê pela perspectiva do apátrida, trazendo à discussão o problema daqueles desprovidos de vínculo de nacionalidade com a ordem jurídica interna e internacional, em alguma medida é possível transpor essa análise para a peculiar situação dos imigrantes indocumentados, os quais, igualmente, não pertencem à ordem interna do Estado receptor onde se encontram e, por isso, se veem privados da condição de sujeitos de direitos em igualdade com os demais indivíduos do corpo social.

No entendimento de Hannah Arendt[155], a igualdade entre os membros de uma comunidade política não é inerente à condição humana, mas, antes, deriva de uma decisão construída pela coletividade organizada, a qual resolve reconhecer direitos iguais a todos. No entanto, tais direitos são, paradoxalmente, garantidos e protegidos por meio da cidadania. O paradoxo repousa na ideia de que os direitos humanos, enquanto um valor universal, pressupõem, para a sua proteção, a condição de cidadania, a qual, por sua vez, na concepção clássica, não é universal, mas sim uma contingência precária de uma organização política. Nesse sentido, um valor universal acaba por depender de uma contingência. Por isso, Arendt afirma que os direitos humanos pressupõem a cidadania não apenas como um meio, mas, antes, como um princípio, visto que a privação da cidadania afeta o essencial da condição humana, que é ser tratado pelos outros como um semelhante.

A cidadania garante a inserção do indivíduo com suas peculiaridades, enquanto sujeito de direitos humanos, na comunidade política organizada, a que Arendt denomina esfera do público e onde se pressupõe o princípio da igualdade. É nessa esfera, do pertencimento pela cidadania a um corpo social e político, que não necessariamente aquele de origem e de nascimento do indivíduo, que deve ser reconhecido o direito a ter direitos. E conclui a autora que a cidadania só pode ser assegurada por meio da construção de um acordo que transcende os limites de uma comunidade política, alcançando, pois, âmbito internacional.

155 ARENDT, Hannah. *The origins of totalitarianism*, New ed with added prefaces. New York, Harvester Book, 1973, *apud* LAFER, Celso. *A reconstrução dos direitos humanos:* um diálogo com o pensamento de Hannah Arendt. Companhia das Letras, 2001, p. 151.

É nesse sentido que, com base no princípio da proteção internacional, vários instrumentos internacionais sobre direitos humanos vem externando a preocupação em tutelar os direitos dos indivíduos, na condição primeira de indivíduos, e não na condição de nacionais de determinado Estado, a exemplo do que se verifica no Pacto Internacional sobre Direitos Civis e Políticos[156], bem como na Convenção Internacional sobre a Proteção dos Direitos de Todos os Trabalhadores Migrantes e Membros de suas Famílias de 1990[157].

2.4. Os limites do mínimo existencial e a dignidade da pessoa humana

Apresentadas as considerações a respeito do direito ao trabalho como ponto inicial para o desenvolvimento de cada pessoa na sociedade, viabilizando que cada qual busque seu lugar na comunidade enquanto ser social e a partir das reflexões de que é o trabalho o meio condutor adequado a propiciar a efetiva integração da pessoa na sociedade, visto conferir-lhe autonomia não só para a satisfação de suas necessidades biológicas, mas igualmente para a construção de sua identidade social, e, ainda, com base na ideia de que o reconhecimento do direito ao trabalho a todas as pessoas parte da premissa do princípio da igualdade conferido a todo o ser humano para fruição de direitos fundamentais que representam o mínimo para uma existência digna, independentemente da condição migratória ou do *status* político que ostente, segue o estudo com algumas ponderações a respeito da dignidade da pessoa humana, para o que faz-se inevitável tecer considerações quanto ao mínimo existencial.

[156] Artigo 26 do Pacto Internacional sobre Direitos Civis e Políticos de 1966: "Todas as pessoas são iguais perante a lei e têm direito, sem discriminação alguma, a igual proteção da lei. A este respeito, a lei deverá proibir qualquer forma de discriminação e garantir a todas as pessoas proteção igual e eficaz contra qualquer discriminação por motivo de raça, cor, sexo, língua, religião, opinião política ou de outra natureza, origem nacional ou social, situação econômica, nascimento ou qualquer outra situação."

[157] A Convenção sobre o Direito dos Trabalhadores Migrantes e Membros de suas Famílias, de 1990, assegura o direito das pessoas em mobilidade, com expressa menção àquelas que se encontram indocumentadas. O artigo 7º prevê que todos os trabalhadores imigrantes que se encontrem em território de determinado Estado e, portanto, estejam sujeitos à sua respectiva jurisdição, devem ter respeitados e garantidos os direitos previstos na Convenção, sem distinção por razão de origem nacional, nacionalidade ou por qualquer outra situação.

A ideia de mínimo existencial está indissociada da ideia de dignidade da pessoa humana. É possível afirmar que o mínimo existencial perfaz um conjunto de direitos fundamentais sociais que se destina a formar um patamar básico sobre o qual o indivíduo deve se apoiar para ter uma vida digna. Vale dizer, o atendimento do princípio da dignidade da pessoa humana pressupõe o acesso a direitos fundamentais, sem os quais não é possível o indivíduo buscar inserção no corpo social e determinar-se com autonomia para a realização de suas vontades e necessidades. Entretanto, dentre os direitos fundamentais, há aqueles que compõem o patamar elementar para a garantia de uma existência digna. Nesse sentido, a ideia de mínimo existencial relaciona-se à presença de condições essenciais para que o indivíduo possa buscar satisfação física e social na localidade em que vive.

Segundo Claudia Toledo[158], os elementos centrais que compõem o conceito de mínimo existencial são os direitos fundamentais sociais mínimos e a dignidade humana. Ressalta a autora que os direitos fundamentais não estão inseridos na sua integralidade no mínimo existencial, mas, antes, este abarca tão somente um núcleo essencial contido dentro dos próprios direitos sociais. Daí a controversa discussão relativa ao alcance do conteúdo desse mínimo existencial. Se o mínimo existencial é composto por direitos fundamentais sociais, mas nem todo o direito fundamental social representa necessariamente o mínimo existencial, a questão que se coloca é identificar quais direitos fundamentais sociais são essenciais a ponto de integrar o mínimo existencial. A fragilidade e indefinição em torno do conteúdo do mínimo existencial demonstra a forte carga discricionária para determinação de seu alcance, o que, no entendimento de Toledo, acaba por comprometer a cientificidade do conceito, ocasionando insegurança jurídica. O desafio é a identificação de qual é o conteúdo do mínimo existencial em dada localidade e em dado momento histórico, haja vista que as condições socioeconômicas de um país, o grau de desenvolvimento humano e a presença de desigualdades sociais interferem diretamente na definição do seu conteúdo[159].

[158] TOLEDO, Claudia. Mínimo existencial*:* a construção de um conceito e seu tratamento pela jurisprudência constitucional brasileira e alemã. Revista de Propriedade Intelectual – Direito Contemporâneo e Constituição – *PIDCC,* Aracaju, Ano VI, Volume 11 nº 01, p. 102-119, Fev/2017. www.pidcc.com.br

[159] Exemplo disso se evidencia na doutrina alemã de Robert Alexy, conforme apontado por Claudia Toledo. Enquanto na Alemanha prevalece o entendimento de que o conteúdo

Entretanto, para além da discussão sobre o real alcance dos direitos fundamentais sociais, enquanto núcleo essencial do mínimo existencial, discussão esta que extrapola o objeto de análise do presente estudo, importa ressaltar a ideia de que o mínimo existencial não se limita, de forma alguma, ao mínimo vital, o qual diz respeito às condições materiais mínimas indispensáveis para a sobrevivência do indivíduo, no que tange a sua existência física.

Nesse sentido, afirma Toledo[160] que a garantia do mínimo vital, em que pese ser requisito necessário, não é suficiente para a mínima formação do indivíduo como ser humano, visto que este deve ter igualmente garantidas as condições básicas que viabilizem sua participação na vida social e cultural na localidade em que vive, sob pena de não se alcançar o grau mais elementar de dignidade humana.

No mesmo sentido, Ingo Wolfgang Sarlet[161], apoiado na doutrina alemã de Heinrich Scholler e Volker Neumann, aponta para a importante distinção relativa ao conteúdo e alcance do mínimo existencial. Segundo o autor, o mínimo existencial se desdobra no chamado mínimo fisiológico,

do mínimo existencial é formado pelo direito à educação, compreendida nesta a de nível fundamental, médio e profissionalizante, no Brasil o núcleo essencial do direito à educação é integrado apenas pela educação infantil e pelo ensino fundamental. TOLEDO, Claudia. Mínimo existencial: a construção de um conceito e seu tratamento pela jurisprudência constitucional brasileira e alemã. *PIDCC*, Aracaju, Ano VI, Volume 11 nº 01, p. 102-119, fev/2017, p. 104. www.pidcc.com.br

160 TOLEDO, Claudia. Mínimo existencial: a construção de um conceito e seu tratamento pela jurisprudência constitucional brasileira e alemã. *PIDCC,* Aracaju, Ano VI, Volume 11 nº 01, p. 102-119, Fev/2017. www.pidcc.com.br

161 SCHOLLER, Heinrich. Die Störung des Urlaubsgenusses eines 'empfindsamen Menschen' durch einen Behinderten. *In*: *JZ 1980*, p. 676 ("wo ein Dasein möglich ist, welches sich grundrechtlich entfalten kann, insbesondere wo die Möglichkeit der Persönlichkeitsentfaltung besteht") e VOLKER, Neumann. Menschenwürde und Existenzminimum. *In*: *NVwZ, 1995*. p. 428 e seguintes, *apud* SARLET, Ingo Wolfgang. Dignidade (da pessoa) humana, mínimo existencial e justiça constitucional: algumas aproximações e alguns desafios. *Revista do CEJUR/TJSC: Prestação Jurisdicional,* v. 1, n. 01, p. 29-44, dez. 2013. O autor traz apontamentos da doutrina alemã, citando Heinrich Scholler. Ressalta que na Alemanha o conteúdo essencial do mínimo existencial encontra-se diretamente fundado no direito à vida e na dignidade da pessoa humana, o que abarca prestações básicas em termos de alimentação, vestimenta, abrigo, saúde ou os meios indispensáveis para a sua satisfação. Já, o mínimo sociocultural encontra-se fundado no princípio do Estado Social e no princípio da igualdade no que diz respeito ao seu conteúdo material.

a compreender as condições materiais mínimas para a proteção contra necessidades de cunho existencial físico básico para uma vida digna, e no chamado mínimo existencial sociocultural, que visa garantir ao indivíduo um mínimo de inserção na vida social e cultural, parametrizado nos princípios da igualdade e do Estado Social.

É possível identificar uma clara correspondência entre a efetiva promoção de direitos sociais e o papel que o Estado assume, enquanto ente intermediário e garantidor da viabilidade desses direitos. Nesse sentido, a menção de alguns aspectos do constitucionalismo moderno[162] pode subsidiar a compreensão da questão do dever prestacional relacionado aos direitos sociais.

A inauguração de um Estado absenteísta, nos moldes do pensamento liberal do século XVIII, cuja finalidade precípua, segundo Sarlet[163], consistiu na garantia dos direitos de liberdade do indivíduo, não trouxe respostas adequadas a sua plena realização na sociedade. As distorções produzidas pelo ideário liberal burguês eram sentidas, na medida em que a consagração formal dos direitos de liberdade e de igualdade não garantia o gozo efetivo desses direitos a todos os indivíduos, em especial a uma parcela expressiva da população – a classe trabalhadora, que sofria a carência de direitos básicos sociais, o que em última instância prejudicava o próprio gozo das liberdades em sua plenitude.

Paulo Bonavides[164] afirma que o “velho liberalismo não pode resolver o problema da ordem econômica das vastas camadas proletárias da sociedade, e por isso entrou irremediavelmente em crise. Não dava nenhuma solução às contradições sociais, mormente daqueles que se achavam à margem da vida, desapossados de quase todos os bens.”

Neste contexto surge o constitucionalismo social, fruto de reivindicações relacionadas à questão social, culminando com a conquista de direitos

[162] PADOVANI, Daniela Wernecke e MISAILIDIS, Mirta Lerena. Direitos Fundamentais Sociais dos Imigrantes no Neoconstitucionalismo: Eficácia Jurídica e Social. *Conpedi Law Review*, Braga / Portugal, v. 3, n. 2, p. 1-20 / jul./dez. 2017. Disponível em: https://www.indexlaw.org/index.php/conpedireview/article/view/3702/pdf

[163] SARLET, Ingo Wolfgang. *A eficácia dos direitos fundamentais:* uma teoria geral dos direitos fundamentais na perspectiva constitucional. 12 ed. Porto Alegre: livraria do Advogado Editora, 2015, p. 47.

[164] BONAVIDES, Paulo. *Curso de direito constitucional.* 12. ed. São Paulo: Malheiros, 2002, p. 188.

sociais a partir de uma postura estatal mais intervencionista. Pode-se dizer que esse movimento representou o pacto da luta e do diálogo entre os distintos setores sociais, como foi o exemplo da Constituição mexicana[165] de 1917 e da Constituição de Weimar de 1919.

No entanto, apesar do constitucionalismo social ter como mote a tentativa de garantia de direitos sociais para todos, ainda assim a sociedade não conseguiu atingir um estado de justiça social. Surge então o movimento neoconstitucionalista, com expressão a partir de fins do século XX, que apresenta uma releitura do direito com base na modificação da interpretação e da aplicação das normas jurídicas, visando ao reposicionamento das normas constitucionais como elementos centrais da ordem jurídica, na busca por resultados concretos e efetivos na realização dos direitos fundamentais.

No âmbito estatal, as promoções de políticas públicas traduzem-se em decisões concretas que visam a efetiva aplicação das normas de direitos fundamentais sociais. Nesse sentido, a fruição dos direitos fundamentais de cunho social e, portanto, sua efetividade, demanda atuação positiva do Estado para que o direito, no entendimento de Celso Lafer[166], "desempenhe uma função de promoção dos indivíduos na sociedade, através da ampliação dos serviços públicos".

Em um Estado Social de Direito, a satisfação de direitos fundamentais, em especial de cunho prestacional como é o caso dos direitos sociais, está intrinsecamente relacionada com a própria razão de ser do Estado constituído nesses moldes. Resta saber, no que diz respeito à efetividade, como bem assevera Sarlet[167], "até onde vai a obrigação dos poderes públicos no que diz respeito com a realização da justiça social". A indagação

[165] De acordo com Comparato, "a Carta Política mexicana de 1917 foi a primeira a atribuir aos direitos trabalhistas a qualidade de direitos fundamentais, juntamente com as liberdades individuais e os direitos políticos". No mesmo sentido seguiu a Constituição de Weimar de 1919 com a declaração de novos direitos de conteúdo social ao lado das clássicas liberdades individuais. COMPARATO, Fábio Konder. *A afirmação histórica dos direitos humanos.* 2 ed. São Paulo: Saraiva, 2001, p. 184 e 199.

[166] LAFER, Celso. *A reconstrução dos direitos humanos:* um diálogo com o pensamento de Hannah Arendt. São Paulo: Companhia das Letras, 2001, p. 129.

[167] SARLET, Ingo Wolfgang. *A eficácia dos direitos fundamentais:* uma teoria geral dos direitos fundamentais na perspectiva constitucional. 12 ed. Porto Alegre: Livraria do Advogado Editora, 2015, p. 420.

apresentada pelo autor nos direciona para o seguinte questionamento: qual o limite do mínimo existencial aceitável para a promoção efetiva dos direitos fundamentais sociais? De início, é perceptível que ao Estado cabe o dever de certificar-se que políticas sejam realizadas para viabilizar os direitos reconhecidos na ordem jurídica, ao menos dentro do patamar do mínimo existencial.

Em uma configuração de Estado Democrático de Direito, em que o Estado está vinculado aos limites impostos pela lei, não deve este limitar-se a reconhecer os direitos estampados no ordenamento, aferindo assim tão somente a sua eficácia jurídica[168], mas deve concomitantemente oferecer mecanismos que garantam a plena fruição desses direitos e, para tanto, torna-se imprescindível a adequação de políticas públicas, tendentes a assegurar a integração do indivíduo na sociedade. Nesse sentido, a garantia das condições mínimas para uma existência digna está diretamente relacionada à realização do princípio do Estado Social de Direito.

A limitação de um direito fundamental não pode privá-lo de um mínimo de eficácia e mesmo quando o legislador está constitucionalmente autorizado a editar normas restritivas, ele permanece vinculado a salvaguarda do núcleo essencial dos direitos fundamentais sociais, núcleo este blindado contra toda e qualquer intervenção por parte do Estado e, também, da sociedade[169].

É dessa forma que o reconhecimento do direito ao trabalho a todas as pessoas, sejam estas nacionais ou imigrantes, e dentre estes, documentados ou indocumentados, parte da premissa do princípio da igualdade conferido a todo o ser humano para a fruição de direitos fundamentais que representam o mínimo para uma existência digna. A partir da compreensão de que o trabalho é indispensável à constituição do homem

[168] Ingo Sarlet define a eficácia jurídica como a possibilidade de a norma jurídica ser aplicada aos casos concretos, não se confundindo com a eficácia social, que significa a decisão pela efetiva aplicação da norma como resultado concreto decorrente dessa aplicação. Ressalta que a eficácia do Direito, ou seja, a realização integral do direito, não pode estar dissociada dessas duas noções de eficácia. SARLET, Ingo Wolfgang. *A eficácia dos direitos fundamentais:* uma teoria geral dos direitos fundamentais na perspectiva constitucional. 12 ed. Porto Alegre: Livraria do Advogado Editora, 2015, p. 248.

[169] MARTINS, Patrícia do Couto V. A. *A proibição do retrocesso social como fenômeno jurídico. In*: GARCIA, Emerson (Coord.). *A efetividade dos direitos sociais*. Rio de Janeiro: Lumen Juris, 2004. p. 412 e seguintes.

enquanto ser social, como já analisado, é possível sustentar que o direito ao trabalho é direito humano fundamental que deve preceder e servir de base jurídica para fundamentar qualquer política pública de Estado que vise regulamentar a entrada e permanência de imigrantes em seu respectivo território.

Vale dizer, o direito ao trabalho oportuniza a cada indivíduo a possibilidade de autodeterminação e autonomia para condução de sua vida e para a inserção na comunidade em que vive. A liberdade de escolha e de condução da vida é pressuposto para a integração do indivíduo com dignidade. Oportuno é o entendimento de José Afonso da Silva[170] ao afirmar que "a liberdade é conquista constante e que o homem se torna cada vez mais livre na medida em que amplia seu domínio sobre as relações sociais". Ao indivíduo deve ser concedido o aparato material necessário para que ele possa exercer sua liberdade externa, resguardadas as limitações legais a todos impostas, de modo que o possibilite ter o domínio de sua inserção nas relações sociais, se autodeterminando com independência e autonomia.

Para tanto, o Estado reveste-se do dever não somente de se abster de praticar atos que atentem contra a dignidade da pessoa humana, de modo a não interferir na esfera da autodeterminação de cada indivíduo, mas, também, reveste-se do dever de promover a dignidade humana por meio de iniciativas concretas, de modo a garantir o mínimo existencial para cada indivíduo em seu território. Dito isto, assevera Daniel Sarmento[171] haver duas situações em que a pessoa pode ter a sua dignidade aviltada: quando

[170] SILVA, José Afonso da. *Curso de direito constitucional positivo*, Malheiros, São Paulo, 2001, p. 234 e 235. José Afonso da Silva apresenta uma distinção importante em relação à liberdade. O autor compreende a liberdade a partir de duas perspectivas: a primeira diz respeito à liberdade interna, também denominada de liberdade subjetiva, que é a manifestação da vontade no mundo interior do indivíduo, no exercício do seu direito de livre arbítrio, isto é, trata-se de um poder de escolha conferido a cada indivíduo que o exercerá em conformidade com a sua consciência e vontade, independentemente de qualquer outra pessoa. A segunda perspectiva da liberdade diz respeito à liberdade externa, também referida pelo autor como liberdade objetiva, a qual afina-se com a possibilidade de realização concreta do querer interno, da manifestação do livre arbítrio, o que implica dizer que consiste na possibilidade de agir livremente, superando eventuais obstáculos na busca da satisfação da escolha feita anteriormente no plano interno.

[171] SARMENTO, Daniel. *A ponderação de interesses na Constituição*. Rio de Janeiro: Lúmen Júris, 2000, p. 71.

fica privado de algumas das suas liberdades fundamentais e quando não tem acesso a direitos sociais básicos, dentre os quais se inclui o direito ao trabalho. Nessa esteira, defende Luís Roberto Barroso[172] que passar fome ou não conseguir emprego são evidentemente situações ofensivas à dignidade humana.

Se não houver a garantia do mínimo necessário à existência do ser humano, a sua sobrevivência fica comprometida e, por conseguinte, as condições iniciais da liberdade desaparecem. Essa a razão para Ricardo Lobo Torres[173] afirmar que o fundamento do direito ao mínimo existencial está nas condições para o exercício da liberdade, assentado nos princípios da igualdade e do respeito à dignidade humana. Informa Torres que o mínimo existencial, tal como o direito de liberdade, é inerente à pessoa humana, sendo um direito público subjetivo do cidadão com validade *erga omnes*, de forma que não é outorgado pela ordem jurídica, mas, antes, é condicionante desta, visto que a precede. Ressalva, entretanto, ser o mínimo existencial tocado pelos interesses fundamentais, dentre os quais, no entendimento do autor, não estão incluídos os sociais[174].

Esse não é o entendimento, entretanto, de Gomes Canotilho[175], o qual abarca no conjunto de direitos que compõem o mínimo existencial os direitos sociais e os concebe como direitos públicos subjetivos, ainda

[172] BARROSO, Luís Roberto. *O direito constitucional e a efetividade de suas normas*. Rio de Janeiro: Renovar, 2000, p. 296.

[173] TORRES, Ricardo Lobo. O mínimo existencial e os direitos fundamentais. *Rev. Dir. Administrativo*, Rio de Janeiro, 177: p. 29-49, jul./set., 1989.

[174] Ricardo Lobo Torres entende que apesar dos direitos sociais terem importante relevância na equação liberdade/igualdade, no que diz respeito à temática da justiça social, os mesmos não se revestem da natureza de direitos fundamentais, possuindo lógica e garantias diferentes daquelas relacionadas aos direitos da liberdade. Argumenta que o mínimo existencial, como condição da liberdade, tem proteção estatal através do *status negativus*, que significa o poder de autodeterminação do indivíduo sem qualquer constrangimento por parte do Estado, e através do *status positivus libertatis*, em que o Estado garante as liberdades com a polícia e as forças armadas, o que não se confunde com o *status positivus socialis*, constituído este pelas prestações estatais entregues para a proteção dos direitos econômicos, sociais e para a seguridade social, não inseridos na categoria de direitos fundamentais. TORRES, Ricardo Lobo. O mínimo existencial e os direitos fundamentais. *Rev. Dir. Administrativo*, Rio de Janeiro, 177: p. 29-49, jul./set., 1989, p. 34 e seguintes.

[175] CANOTILHO, José Joaquim Gomes. *Constituição dirigente e vinculação do legislador*. Coimbra, Coimbra Ed. 1982, p. 371.

que os mesmos pressuponham prestações do Estado. Para Canotilho, os direitos sociais são direitos originários a prestações, cujo fundamento se extrai da lei maior, e não direitos a prestações derivados da lei.

Os parâmetros que delineiam o mínimo existencial ligam-se, em última instância, a dignidade da pessoa humana. Assim, os direitos sociais que integram o rol desse patamar mínimo estão relacionados à promoção e efetiva fruição de uma vida com dignidade, ou seja, todo aquele direito sem o qual não se pode usufruir de uma vida digna é compreendido como o mínimo existencial. É nesse sentido que, para Sarlet[176], o mínimo existencial está atrelado à noção de dignidade da pessoa humana, como critério essencial. Há, pois, uma relação estreita entre os direitos vinculados ao mínimo existencial com o direito à vida e com o princípio da dignidade da pessoa humana. Não se trata, como já dito, de garantir a existência física do indivíduo, mas sim de proporcionar a cada pessoa uma existência digna que permita a própria condução da vida de forma autônoma e de acordo com as livres escolhas de cada um. No entendimento do autor, o princípio da dignidade humana pressupõe um "certo grau de autonomia do indivíduo, no sentido de ser capaz de conduzir sua própria existência, de tal sorte que a liberdade pessoal constitui exigência indeclinável da própria dignidade".

A possibilidade de uma existência fundada na plena fruição dos direitos fundamentais, de forma a viabilizar o desenvolvimento da personalidade do indivíduo no meio social, é condição que assegura a dignidade da pessoa humana[177]. Vale dizer, o indivíduo, enquanto ser social, necessita de um patamar mínimo de direitos que lhe assegure não somente sua integridade física, mas igualmente sua integridade social, a qual só é possível a partir de mecanismos que garantam a liberdade para inserção no meio social com autonomia e autodeterminação.

176 SARLET, Ingo Wolfgang. *A eficácia dos direitos fundamentais:* uma teoria geral dos direitos fundamentais na perspectiva constitucional. 12 ed. Porto Alegra: Livraria do Advogado Editora, 2015, p. 364.

177 SCHOLLER, Heinrich. Die Störung des Urlaubsgenusses eines 'empfindsamen Menschen' durch einen Behinderten. In: *JZ 1980*, p. 676 ("wo ein Dasein möglich ist, welches sich grundrechtlich entfalten kann, insbesondere wo die Möglichkeit der Persönlichkeitsentfaltung besteht"), *apud* SARLET, Ingo Wolfgang. Dignidade (da pessoa) humana, mínimo existencial e justiça constitucional: algumas aproximações e alguns desafios. *Revista do CEJUR/TJSC: Prestação Jurisdicional*, v. 1, n. 01, p. 29-44, dez. 2013, p. 34.

Nessa esteira, a dignidade da pessoa humana está atrelada a um complexo de direitos e deveres fundamentais que visam assegurar o indivíduo contra atos de cunho degradante e desumano, bem como visam garantir as condições existenciais mínimas para uma vida saudável, propiciando uma participação ativa nos destinos da própria existência e da vida em sociedade. É, nas palavras de Sarlet[178], a dignidade da pessoa humana a "qualidade intrínseca e distintiva de cada ser humano que o faz merecedor de respeito e consideração por parte do Estado e da comunidade".

A partir da Declaração Universal dos Direitos Humanos que traz contornos universalistas à dignidade da pessoa humana, na medida em que proclama que todos os seres humanos nascem livres e iguais em dignidade e direitos, Jorge Miranda[179] enfatiza que a dignidade humana não é um conceito abstrato, pois reporta-se a todas as pessoas de forma individual e concreta, sendo certo que o caráter universalista da atribuição de direitos coloca a proteção da dignidade das pessoas para além da cidadania e pressupõe autonomia vital e autodeterminação em relação ao Estado e a todas as pessoas da sociedade.

[178] SARLET, Ingo Wolfgang. *Dignidade da pessoa humana e direitos fundamentais*. Porto Alegre: Livraria do Advogado, 2001, p. 60.

[179] MIRANDA, Jorge. *Manual de direito constitucional*. Tomo IV. Coimbra: Coimbra, 1991, p. 169.

CAPÍTULO 3

DIREITO AO TRABALHO NO SISTEMA DE PROTEÇÃO DA ORGANIZAÇÃO INTERNACIONAL DO TRABALHO

3.1. O propósito da Organização Internacional do Trabalho: Constituição da OIT e Declaração de Filadélfia de 1944

A Conferência de Paz de Paris, realizada em 1919, em decorrência do armistício assinado em 1918 que selou o fim da Primeira Guerra Mundial, teve como objetivo repensar uma nova organização do território europeu, cuja reconstrução colocaria no centro do debate a acomodação da questão econômica e seu necessário alinhamento com a questão social. Nessa oportunidade, aventou-se criar um organismo internacional capaz de uniformizar uma normatização que trouxesse equilíbrio entre as relações de trabalho e o desenvolvimento da atividade econômica. Havia a necessidade de estabelecer diretrizes legais tendentes a criar patamares mínimos de direitos dos trabalhadores a ponto de propiciar condições adequadas para a realização da atividade econômica concorrencial.

Pois dessa Conferência de Paz originou-se o Tratado de Versalhes, no bojo do qual foi criada, na sua Parte XIII, a Organização Internacional do Trabalho, concebida como uma instituição permanente destinada a assegurar a paz universal, a partir de preceitos assentados na justiça social, propensos a garantir um regime de trabalho realmente humano com a melhoria das condições laborais a todos os trabalhadores. Assim, a Organização Internacional do Trabalho foi constituída em 1919 como órgão da então Liga das Nações, essa criada, também, pelo Tratado de Versalhes, a qual mais tarde, em 1946, foi substituída pela Organização das Nações Unidas, passando a OIT a compor o quadro de agência especializada da ONU.

Em um contexto de desolação frente às atrocidades vividas no período da guerra e diante de tantas desigualdades sociais produzidas e acentuadas nos anos antecedentes, foi aprovada a Constituição da Organização Internacional do Trabalho com o claro propósito de atender às reivindicações do movimento operário em meio ao fomento da produção econômica, conferindo, assim, um mínimo de proteção à classe trabalhadora.[180] Referida Constituição atualmente vigora com as alterações inseridas em seu texto quando da 29ª Reunião da Conferência Internacional do Trabalho, realizada em Montreal, em 1946.

O próprio Preâmbulo da Constituição da OIT, conforme salienta Edward Phelan[181], já demonstra com clareza que o objetivo principal da Organização é a perseguição da justiça social, sem a qual a busca da paz universal fica comprometida. Assim, proclama o Preâmbulo da Constituição da OIT que para enfrentar a injustiça, a miséria e as privações no âmbito laboral, situações que comprometem a paz e a harmonia universais, é indispensável buscar melhorias nas condições de trabalho, busca esta que só pode estar baseada na justiça social. Dentre as condições de trabalho, vale destacar como um dos objetivos da OIT a defesa dos interesses dos trabalhadores no estrangeiro.

Assim, aponta expressamente o Preâmbulo da Constituição da OIT a necessidade de que as nações adotem um regime de trabalho verdadeiramente humano, sob pena de obstarem, em eventual omissão, os esforços das demais nações que se empenham em determinar melhores condições de vida aos trabalhadores presentes em seus territórios. Em relação a esse objetivo, Arnaldo Süssekind[182] ressalta a importância do sentimento de justiça social, do perigo da injustiça social, bem como da similaridade

[180] INTERNATIONAL LABOUR ORGANIZATION. *Constituição da OIT*. Disponível em: www.ilo.org/brasilia/conheca-a-oit/historia/lang--pt/index.htm. Acesso em: 29 maio 2020.

[181] PHELAN, Edward J. *The commission on international labour legislation*. *In*: SHOTWELL, James T. (Ed.). *The origins of the International Labour Organization*. New York: Columbia University Press, 1934, v. I, p. 132.

[182] SÜSSEKIND, Arnaldo. *Direito internacional do trabalho*. 3 ed. São Paulo: LTr, 2000, p. 124.

das condições de trabalho na ordem internacional, sendo tais diretrizes imprescindíveis para que o desempenho das nações no propósito de valorizar o trabalho humano não seja neutralizado ou mesmo prejudicado por outras nações que não mostrem semelhante preocupação, isto é, que não adotem em seus territórios regimes de trabalho realmente humanos.

Em 1944 foi adotada na 26ª Reunião da Conferência Geral da Organização Internacional do Trabalho a Declaração de Filadélfia, a qual trouxe a carta de princípios, objetivos e metas da OIT que, anexada à sua Constituição, dela passou a fazer parte, reafirmando, nessa oportunidade, os princípios fundamentais da Organização.

Assim, de acordo com o parágrafo primeiro do Anexo da Constituição da OIT, as premissas sobre as quais se intenta alcançar a justiça social referem-se, dentre outras, às ideias de que o trabalho humano não pode ser considerado ou tratado como uma mercadoria, de que a penúria constitui um perigo para a prosperidade geral e de que a luta contra a carência deve ser um esforço internacional contínuo e conjugado para promover o bem-estar comum. A partir dessas premissas, a Declaração de Filadélfia[183] reafirma, no parágrafo segundo, que todos os seres humanos de qualquer raça, crença ou sexo, têm o direito de assegurar o bem-estar material e o desenvolvimento espiritual dentro da liberdade e da dignidade, da tranquilidade econômica e com as mesmas possibilidades. Reafirma, ainda, que qualquer política nacional ou internacional deve ter como principal objetivo viabilizar o exercício do referido direito, sendo certo que quaisquer planos e medidas adotados devem ser feitos em vista da realização desse objetivo principal.

É certo que não há textualmente, tampouco subliminarmente, qualquer menção na Declaração de Filadélfia que autorize a exclusão de seres humanos que se encontrem na condição de migrantes indocumentados do alcance principiológico dessa Declaração. Dessa forma, quando políticas restritivas migratórias em relação a indocumentados são aventadas no cenário internacional, significa permitir a diferenciação de uma categoria de migrantes para o fim de excluí-los das condições de igualdade de oportunidades, de segurança econômica, de liberdade e de dignidade,

[183] ORGANIZAÇÃO INTERNACIONAL DO TRABALHO. *Declaração de Filadélfia*. Disponível em: http://www.ilo.org/public//portuguese/region/amparo/brasilia/info/dowload/constituicao_oit.pdf Acesso em: 29 maio 2020.

impedindo-os, pois, de alcançarem o direito ao bem-estar material e ao desenvolvimento espiritual.

Diante de tais premissas apresentadas na Declaração de Filadélfia, é notável que a Organização Internacional do Trabalho condena a coisificação do homem, na medida em que repudia as relações de trabalho que se assentem em condições exploratórias, aquém do patamar mínimo exigido para a dignidade de qualquer trabalhador. Nesse sentido, é oportuno o entendimento de Fabio Konder Comparato ao considerar que

> a transformação das pessoas em coisas (...) realizou-se com o desenvolvimento do sistema capitalista de produção. (...) Enquanto o capital é personificado e elevado à dignidade de sujeito de direito, o trabalhador é aviltado à condição de mercadoria, de mero insumo no processo de produção[184].

Não foi por outra razão, senão pela realidade perversa das relações de trabalho no sistema capitalista e pelas distorções nele produzidas que a Organização Internacional do Trabalho afirmou, como premissa para a justiça social, a impossibilidade de se tomar o trabalho humano como mercadoria. Nesse sentido, o homem não deve ser considerado um meio para servir à vontade de terceiros, mas sim, de acordo com o princípio da ética kantiana, "o ser humano existe como um fim em si mesmo"[185] e sua vontade racional pode torná-lo capaz de se autodeterminar.

Ainda, a Declaração de Filadélfia, no parágrafo terceiro, reconhece, como objetivo central da política internacional da OIT, a promoção de programas que permitam, dentre outras metas, elevar o padrão de vida através do emprego, empregar trabalhadores em ocupações que lhes possibilitam satisfazer suas habilidades e seus conhecimentos, contribuindo para o bem-estar comum, bem como assegurar condições adequadas e meios para transferência de trabalhadores, incluindo expressamente aqueles provenientes do movimento migratório.

O bem-estar comum consubstancia-se em interesse de toda a sociedade que pode ser traduzido como um direito difuso de respeito ao pleno

[184] COMPARATO, Fabio Konder. *A afirmação histórica dos direitos humanos*, 2 ed. São Paulo: Saraiva, 2001, p. 23.

[185] COMPARATO, Fabio Konder. *A afirmação história dos direitos humanos*, 2 ed. São Paulo: Saraiva, 2001, p. 20.

desenvolvimento da pessoa humana, direito este que, diga-se, somente se realiza com a possibilidade do imigrante, ainda que em situação indocumentada, encontrar trabalho em localidade diversa do seu país de origem, com base no necessário reconhecimento de que o direito ao trabalho pertence a toda pessoa, sem qualquer distinção de origem ou nacionalidade. E, nesse sentido, a Declaração de Filadélfia afirma, em seu parágrafo quinto, que os princípios nela estabelecidos são plenamente aplicáveis a todos os povos e interessam a todo o mundo civilizado.

Importante enfatizar que para além da incumbência de cuidar de padrões mínimos na seara laboral para assegurar o bem-estar e a dignidade dos trabalhadores, à Organização Internacional do Trabalho foi atribuída especificamente a competência para tratar de questões atinentes ao trabalho dos migrantes. Conforme observa Maria Rita Fontes Faria[186], as migrações internacionais constituíam um dos temas chaves da Organização Internacional do Trabalho, desde a sua criação em 1919. Desde a sua fundação, a OIT tem, como um de seus principais problemas, o enfrentamento da questão migratória[187]. Nessa esteira, a Declaração de Filadélfia enfatizou, dentre as obrigações da OIT, o fornecimento de instalações para treinamento e transferência para o trabalho, incluindo a migração para emprego e assentamento.

A Organização Internacional do Trabalho, no período entre guerras, assumiu um papel de destaque na organização da migração e empreendeu esforços para expandir suas atividades relacionadas à coleta de informações e compilação de estatísticas e legislação[188].

Assim, em 1938, a OIT realizou Conferência, na qual intencionou ressaltar a colaboração internacional da Organização para além dos acordos bilaterais para o desenvolvimento da migração em larga escala. Nessa Conferência foi constituído o Comitê Permanente de Migração, instância

[186] FARIA, Maria Rita Fontes. *Migrações internacionais no plano multilateral:* reflexões para a política externa brasileira. Brasília: FUNAG, 2015, p. 149.

[187] Rieko Karatani faz uma análise da trajetória da questão migratória na Organização Internacional do Trabalho (Ref.: doc. MIG 1/61/3, 31 de dezembro de 1942). KARATANI, Rieko. How history separatedrefugee and migrant regimes: in search of their institutional origins. *International Journal of Refugee Law,* v. 17, n, 3, p. 517-541, jun, 2005. DOI: 10.1093/ijrl/eei019.

[188] OIT.MIG/1009/2/406. *Estado atual das Migrações,* Conferência sobre Migração, Nápoles 1951.

pertencente à Organização Internacional do Trabalho, cujo objetivo era fortalecer o trabalho de organização da migração, especialmente através da elaboração de diretrizes e normativa pertinentes à temática migratória[189].

De acordo com o posicionamento oficial da Organização Internacional do Trabalho era de sua responsabilidade atacar a injustiça social e a miséria humana. Segundo Rieko Karatani[190], a Organização Internacional do Trabalho seguia na convicção de que a migração abrangia questões para além da gestão de emprego e assentamentos, incluindo, também, o deslocamento dos migrantes, vale dizer, a questão migratória demandava a administração para ordenar o fluxo e a distribuição das pessoas, em observância aos objetivos constitutivos da própria OIT de busca pela realização da paz e da justiça social. Nessa toada, o Comitê Permanente de Migração, em sua 1ª Conferência em 1946, teve sua competência ampliada para abranger todos os aspectos da migração. Das conferências realizadas pelo Comitê Permanente de Migração nos anos subsequentes, frutificaram debates que vieram a sedimentar a responsabilidade da OIT pela coordenação internacional da questão migratória, propiciando discussões que inclusive vieram a influenciar na elaboração da Convenção 97 da OIT e da Recomendação 86 da OIT, ambas sobre trabalhadores migrantes, analisadas adiante em tópico próprio.

Com a criação da Organização das Nações Unidas, em 1946, passando a OIT a constituir um organismo especializado da ONU, nos termos do artigo 57 da Carta das Nações Unidas[191], a atuação oficial da OIT continuaria

[189] Rodrigo de Souza Rodrigues discorre sobre a história da Organização Internacional do Trabalho, com enfoque na questão migratória, apresentando em sua análise, a estrutura normativa e de competência da OIT, atinentes à migração. RODRIGUES, Rodrigo de Souza. *O trabalhador migrante indocumentado como sujeito de direitos na Organização Internacional do Trabalho.* Dissertação de Mestrado apresentada no Programa de Pós-graduação em Direito do Trabalho da Faculdade de Direito da Universidade de São Paulo. São Paulo, 2019, p. 34.

[190] KARATANI, Rieko. How history separatedrefugee and migrant regimes: in search of their institutional origins. *International Journal of Refugee Law*, v. 17, n, 3, p. 517-541, jun, 2005. DOI: 10.1093/ijrl/eei019.

[191] Artigo 57 da Carta das Nações Unidas: 1. As várias agências especializadas, criadas por acordos intergovernamentais e com amplas responsabilidades internacionais, definidas em seus instrumentos básicos, nos campos 39 econômico, social, cultural, educacional, sanitário e conexos, serão vinculadas às Nações Unidas, em conformidade com as disposições do artigo 63. 2. Tais agências assim vinculadas às Nações Unidas serão designadas, daqui por diante, como agências especializadas. ORGANIZAÇÃO DAS NAÇÕES UNIDAS. *Carta das Nações*

vinculada ao tema da migração, uma vez que cada agência especializada assumiria o papel e a responsabilidade de dar encaminhamento aos temas destacados para sua específica área de atuação.

Assim, os debates ajustados entre a OIT e a ONU sobre a melhor solução para lidar com a questão migratória, resultaram no plano para divisão de responsabilidades, no qual a atuação da OIT abarcaria questões relativas aos direitos e à situação dos migrantes trabalhadores, enquanto a atuação da ONU se restringiria aos direitos e à situação dos estrangeiros[192]. Destaca Karatani[193], que este acordo entre a OIT e a ONU manteve o engajamento da OIT em suas atividades anteriores, ampliando seu alcance quanto à responsabilidade na migração e ressaltando sua competência na cooperação com os Estados para o enfrentamento dos problemas da migração. A expansão da OIT, baseada na defesa do internacionalismo e da questão humanitária, no contexto social do pós Segunda Guerra Mundial, conferiu à Organização papel proeminente na liderança do debate sobre a coordenação internacional da migração. Lembra Faria[194] que esse papel

Unidas. Disponível em: https://nacoesunidas.org/wp-content/uploads/2017/11/A-Carta-das--Na%C3%A7%C3%B5es-Unidas.pdf Acesso em: 20 maio 2020.

[192] OIT, *Nota relativa à coordenação da responsabilidade internacional no campo da migração, acordado em nível de Secretariado entre as Nações Unidas e a Organização Internacional do Trabalho*, 1947, 30 Boletim Oficial, 417-420. "I – A competência da Organização Internacional do Trabalho deve incluir: (a) os direitos e a situação dos migrantes em sua qualidade de trabalhadores, como por exemplo: (i) recrutamento e seleção; (ii) formação profissional; (iii) cuidados durante o transporte; (iv) emprego; (v) condições de trabalho; (vi) seguro social; (vii) formalidades relacionadas com a partida do país de residência e a admissão no país de destino; (b) assistência e aconselhamento aos Governos sobre os temas da migração a partir de sua experiência. II – A competência das Nações Unidas deve incluir: (a) o problema migratório do ponto de vista da população (necessidades demográficas, consequências e possibilidades); (b) direitos e situação dos migrantes em sua qualidade como estrangeiros, como por exemplo: (i) condições de residência; (ii) expulsão, deportação e repatriação; (iii) naturalização; (iv) alívio em caso de indigência; (vii) cumprimento das obrigações alimentares; (c) aspectos econômicos e financeiros da migração; (d) aspectos políticos e legais dos movimentos migratórios em relação aos seus aspectos sociais e econômicos." Disponível em: https://www.ilo.org/public/libdoc/ilo/P/09604/09604(1947-30).pdf. Acesso em: 20 maio 2020.

[193] KARATANI, Rieko. How history separatedrefugee and migrant regimes: in search of their institutional origins. *International Journal of Refugee Law*, v. 17, n, 3, p. 517-541, jun, 2005. DOI: 10.1093/ijrl/eei019.

[194] FARIA, Maria Rita Fontes. *Migrações internacionais no plano internacional:* reflexões para a política externa brasileira. Brasília: FUNAG, 2015, p. 209.

estratégico da Organização Internacional do Trabalho no tratamento das migrações, referendado pela ONU, reafirmou as atribuições da OIT derivadas do seu próprio mandato original.

Não por outra razão, reafirmou a OIT, na Conferência de Nápoles sobre Migrações[195], realizada em 1951, sua convicção de que medidas internacionais em matéria de migração deveriam ser coordenadas por uma única organização internacional, que a assistência internacional deveria ter o condão de complementar a ação nacional dos Estados e que a questão migratória se relaciona diretamente com o programa de paz e justiça social.

No entanto, a despeito do arranjo institucional sobre a divisão de competências e responsabilidades quanto à questão migratória, a Organização Internacional do Trabalho sofreu um esvaziamento de suas atribuições, justificado pelo receio de alguns Estados de que a OIT pudesse interferir sobremaneira em suas políticas migratórias nacionais, avançando indevidamente em suas respectivas soberanias. Dessa forma, o propósito da OIT de apresentar uma planificação internacional das migrações, no intuito de auxiliar no recrutamento, seleção, formação, financiamento de transporte e assentamento de trabalhadores nos países de destino, foi enfraquecido em razão da colisão de interesses com nações receptoras de migrantes trabalhadores, em especial dos Estados Unidos, os quais encabeçaram, na Conferência Intergovernamental de Bruxelas[196] de 1951, a ideia de que a OIT deveria se dedicar exclusivamente ao seu trabalho tradicional de promover normas trabalhistas e sociais, agindo tão somente como um centro de informações e conselhos[197].

[195] ILO doc. MIG 1009/2/411/1. Migration Conference, Naples 1951, 'UN Report on Methods of International Financing of European Emigration'. 513th meeting of ECOSOC, Official Records, 22 Aug. 1951 (Statement by the Director-General of the ILO, Mr Morse). *Apud* Karatani, Rieko. How history separatedrefugee and migrant regimes: in search of their institutional origins. *International Journal of Refugee Law*, v. 17, n, 3, p. 517-541, jun, 2005. DOI: 10.1093/ijrl/eei019. P. 533.

[196] IOM doc. MCB/SR/2. Migration Conference, Brussels. 26 Nov 1951. *Apud* KARATANI, Rieko. How history separatedrefugee and migrant regimes: in search of their institutional origins. *International Journal of Refugee Law*, v. 17, n, 3, p. 517-541, jun, 2005. DOI: 10.1093/ijrl/eei019. P. 537.

[197] RODRIGUES, Rodrigo de Souza. *O trabalhador migrante indocumentado como sujeito de direitos na Organização Internacional do Trabalho.* Dissertação de Mestrado apresentada no Programa de Pós-Graduação em Direito do Trabalho da Faculdade de Direito da Universidade de São Paulo. São Paulo, 2019, p. 36-37.

Nesse particular, ressalta Maria Rita Fontes Faria[198] que o debate sobre a questão migratória se polarizou em torno das seguintes posições, de um lado o multilateralismo, com viés universalista e humanitário, defendido pela Organização Internacional do Trabalho em que o tratamento da migração deveria estar baseado na cooperação internacional, sob a liderança e coordenação de uma única organização internacional, voltado para a busca da paz e da segurança internacionais. De outro lado, o unilateralismo defendido pelos Estados Unidos, com abordagem calcada na predominância das legislações migratórias nacionais, de forma a evitar interferências internacionais nas políticas nacionais, especialmente no direito de selecionar imigrantes de acordo com os padrões internos de cada país, desprivilegiando, assim, a adoção de princípios multilaterais, bem como propondo a fragmentação de instituições voltadas para o trato da questão migratória.

O êxito da estratégia norte-americana influenciou sobremaneira no andamento das atividades da Organização Internacional do Trabalho que, sem o recebimento de uma importante fonte de financiamento advinda dos Estados Unidos, somada à perda de apoio de outros Estados que se puseram alinhados à proposta unilateralista, como o Reino Unido e a Austrália, teve que recuar no seu propósito de liderança na cooperação internacional da migração. É certo que a prevalência do regime unilateralista sobre migrantes desenhado no período entre guerras e sedimentado no pós Segunda Guerra Mundial, com o predomínio de acordos bilaterais e a promoção da fragmentação no tratamento da questão migratória, através da criação e substituição sucessivas de instituições responsáveis por aspectos parciais da migração, acabou por definir a trajetória da defesa dos direitos dos migrantes no período subsequente, dando os contornos e os reflexos dos desafios das migrações nos dias atuais[199].

[198] FARIA, Maria Rita Fontes. *Migrações internacionais no plano internacional:* reflexões para a política externa brasileira. Brasília: FUNAG, 2015, p. 206-207.

[199] A prevalência da estratégia norte-americana, que deu os contornos do regime internacional sobre migrantes significou a efetiva fragmentação no tratamento da questão migratória, através da criação e substituição sucessivas de instituições responsáveis por aspectos parciais da migração. Dessa forma, em 1946, por proposta dos Estados Unidos, foi criada pela ONU a Organização Internacional para Refugiados – OIR, para tratar especificamente, e de forma provisória, da mobilidade e acolhida dos refugiados europeus, tendo suas atividades encerradas em 1952. Duas outras instituições tratariam separadamente das questões de refugiados e de

Esse cenário desfavorável ao protagonismo da Organização Internacional do Trabalho quanto às questões atinentes à migração, cuja lógica foi calcada na criação de múltiplas entidades com fracionamento de responsabilidades e competências, representou a corrosão progressiva dos poderes da OIT, a qual viu-se compelida a flexibilizar sua abordagem, readaptando suas iniciativas frente ao arranjo político internacional do momento. Desse modo, a OIT passou a centrar esforços em uma postura predominantemente recomendatória, oferecendo cooperação técnica e defendendo preceitos para a criação de uma consciência internacional.

As décadas que se seguiram, no que tange ao enfrentamento da condição dos trabalhadores migrantes internacionais, foram marcadas pela elaboração de normas advindas tanto da Organização Internacional do Trabalho, quanto da Organização das Nações Unidas, de modo a formar uma sobreposição de preceitos legais sobre o mesmo tema, em franca inobservância ao acordo celebrado em 1947 entre essas organizações acerca da divisão de competências no trato da questão migratória. Essa dinâmica levou a OIT a considerar que o conjunto de normas aprovado pela ONU, acarretando a coexistência de padrões distintos de proteção dos trabalhadores migrantes, certamente traria interferência na interpretação e aplicação das normas, bem como nos procedimentos de supervisão de cada organização, enfraquecendo, assim, a defesa dos direitos dessa parcela da população[200].

migrantes. Assim, em 1951, por iniciativa dos Estados Unidos e derivação da Conferência de Bruxelas, foi criado o Comitê Provisório Intergovernamental para o Movimento de Migrantes da Europa – CPIMME, cujo mandato e composição eram limitados, não representando ameaça à política soberana migratória dos países. Em 1953 o CPIMME foi substituído pelo Comitê Intergovernamental para a Migração Europeia – CIME para tratar da categoria dos migrantes em contraposição ao Alto Comissariado das Nações Unidas para Refugiados – ACNUR, criado em 1950, cuja função estaria voltada apenas para a questão dos refugiados, sendo na sequência adotada, em 1951, a Convenção das Nações Unidas Relativa ao Estatuto dos Refugiados. O CPIMME significou o fim das pretensões da Organização Internacional do Trabalho de implementar seu programa para a coordenação internacional dos temas migratórios. FARIA, Maria Rita Fontes. *Migrações internacionais no plano internacional:* reflexões para a política externa brasileira. Brasília: FUNAG, 2015, p. 166.

[200] O diretor-geral da Organização Internacional do Trabalho, em 1984, por meio de relatório, externalizou a posição institucional da Organização sobre a sobreposição de normas advindas da ONU em questões de competência da OIT afirmando que tais normas causariam

Nessa conjuntura, a Organização Internacional do Trabalho, atenta aos precedentes de esvaziamento de suas atribuições, mas preocupada em estabelecer condições para a garantia dos direitos sociais dos trabalhadores migrantes, de modo a satisfazer as necessidades humanas fundamentais e o desenvolvimento com dignidade, aprovou, em 1975, a Convenção nº 143 relativa às Migrações em Condições Abusivas e à Promoção da Igualdade de Oportunidades e de Tratamento dos Trabalhadores Migrantes. Tal Convenção, objeto de análise em tópico posterior, ficou aquém das expectativas dos Estados, visto que, se de um lado concedeu ao trabalhador a livre escolha do emprego e o direito à mobilidade no território, descontentando os Estados receptores de imigrantes, de outro, ao empreender esforços no combate à imigração indocumentada, acabou por interferir na remessa de dividendos dos trabalhadores aos Estados de origem, o que desagradou também os Estados emissores de imigrantes. Essa repercussão levou a um cenário propício no âmbito da Organização das Nações Unidas para a criação de uma abordagem voltada aos direitos de migrantes indocumentados, o que, anos mais tarde, em 1990, deu origem à adoção da Convenção Internacional sobre Proteção de Todos os Trabalhadores Migrantes e dos Membros de suas Famílias. Esta Convenção da ONU, ao lado das Convenções 97 e 143 da OIT, acabou por formar o arcabouço normativo mais significativo, no nível internacional, no que tange especificamente à questão dos trabalhadores migrantes, evidenciando mais uma dinâmica de complementariedade do que de contradição entre as normas.

"inevitavelmente sobreposição com os padrões existentes da OIT e também variações consideráveis desses padrões" e que "uma vez que a convenção das Nações Unidas seja adotada e entre em vigor, haverá dois conjuntos distintos de normas sobre essa importante questão, com procedimentos de supervisão separados, nas Nações Unidas e na OIT, respectivamente" e conclui que "a existência dos padrões das Nações Unidas pode, na prática, restringir o exercício pela OIT de sua competência institucional neste campo nos próximos anos". Conforme RODRIGUES, Rodrigo de Souza. *O trabalhador migrante indocumentado como sujeito de direitos na Organização Internacional do Trabalho.* Dissertação de Mestrado apresentada no Programa de Pós-graduação em Direito do Trabalho da Faculdade de Direito da Universidade de São Paulo. São Paulo, 2019, p. 43, 44 e 45.

3.2. A trajetória da Organização Internacional do Trabalho na busca do trabalho decente

A internacionalização dos direitos humanos, com o desenvolvimento de um sistema jurídico assentado em patamar de mínimo existencial que confira um padrão internacional de proteção aos direitos, a partir da diretriz universalizante dos direitos fundamentais e fundado na dignidade da pessoa humana, é reflexo direto do processo de globalização que, sob o ponto de vista jurídico, reforça a necessidade de formulação de políticas públicas de âmbito e alcance supranacional, extrapolando as arenas restritas de cada Estado[201]. Os impactos da globalização econômica que impulsionam o fluxo migratório internacional fazem com que milhares de migrantes se desloquem em busca de melhores condições de vida, as quais somente podem ser almejadas pela possibilidade de obtenção de um trabalho em patamares minimamente protegidos.

A esse propósito, a regulação da situação migratória e das condições de trabalho de todo migrante, de modo a conferir uniforme e progressiva proteção a seus direitos, tem o condão de favorecer a efetiva integração social do trabalhador, onde quer que se encontre, esteja este regular ou indocumentado. Nesse contexto, dando prosseguimento ao seu principal objetivo de promover a justiça social, a Organização Internacional do Trabalho direcionou esforços para a necessidade de reafirmar a centralidade do trabalho decente como um ponto crucial para o digno desenvolvimento humano, preocupação que justificou a adoção, nos anos subsequentes, de Declarações que ratificassem e fortalecessem sua missão institucional.

3.2.1. Declaração sobre Princípios e Direitos Fundamentais no Trabalho

No entendimento de que o desenvolvimento integral do trabalhador migrante pressupõe, para a realização de sua dignidade humana, a convergência de um conjunto de direitos e de que a justiça social é

[201] AMADO, Talita Dartibale. *A condição jurídica do trabalhador migrante no âmbito normativo Internacional. In*: Freitas Junior, Antonio Rodrigues de; Torres, Daniel Bertolucci; Boucinhas Filho, Jorge Cavalcanti (Organizadores). *Migração, trabalho e direitos humanos*, São Paulo: LTR, 2017, p. 17.

premissa para garantir a paz universal, bem como na convicção de que a Organização Internacional do Trabalho possui a função primordial de promover políticas sociais, através de sua produção normativa, de cooperação técnica e de investigação em todos os âmbitos de sua competência, foi adotada, em 1998, na 86ª Reunião da Conferência Geral da OIT, a Declaração sobre Princípios e Direitos Fundamentais no Trabalho.

Nessa Declaração a OIT, ao enfatizar que é a organização internacional com mandato constitucional e o órgão competente para estabelecer normas internacionais do trabalho, vem reafirmar, com base no apoio e reconhecimento universais a ela concedidos para a promoção dos direitos fundamentais no trabalho, a permanência dos princípios e direitos anunciados na sua própria Constituição e na Declaração de Filadélfia de 1944. Em meio a um contexto global de interdependência econômica, em que não se deve perder de vista o vínculo entre o progresso social e o crescimento econômico, ao adotar a Declaração de 1998, a OIT considera que a garantia dos princípios e direitos fundamentais no trabalho tem a função precípua de assegurar a liberdade e a igualdade de oportunidades, possibilitando aos trabalhadores a justa participação na vida social, bem como a busca pelo pleno desenvolvimento de seu potencial humano.

A Declaração da OIT de 1998 é pautada pela observância de quatro objetivos estratégicos que, sintetizados na atuação integrada da OIT com os Estados membros, buscam alcançar o trabalho decente. A partir de convenções que foram consideradas fundamentais para a Organização Internacional do Trabalho, a saber, as Convenções 87 e 98 que tratam da questão da liberdade sindical; as Convenções 29 e 105, referentes à proibição de trabalhos forçados; as Convenções 138 e 182, que dizem respeito à erradicação do trabalho infantil e as Convenções 100 e 111, relativas ao combate à discriminação em matéria de emprego e profissão, foi elaborado um conjunto de direitos e princípios fundamentais da OIT que compõem as denominadas *core obligations*[202], ou seja, diretrizes fundamentais que norteiam toda a atuação da própria OIT e de todos os Estados membros que a integram. As *core obligations* representam os

[202] ORGANIZAÇÃO INTERNACIONAL DO TRABALHO. Disponível em: http://www.ilo.org/public/enghish/standards/declaration_portuguese.pdf

quatro objetivos estratégicos da OIT e significam verdadeiramente novas fronteiras para o direito do trabalho associadas à dignidade da pessoa humana.

A Declaração de 1998 enfatiza o compromisso de cada Estado membro da OIT observar e implementar os princípios e os direitos fundamentais nas relações de trabalho, na medida em que declara que todos os Estados membros, ainda que não tenham ratificado as oito convenções inseridas nas *core obligations*, têm, mesmo assim, a obrigação de respeitar, promover e tornar realidade os princípios e direitos fundamentais mencionados anteriormente, quais sejam, a liberdade sindical e o reconhecimento efetivo do direito de negociação coletiva, a eliminação de todas as formas de trabalho forçado ou obrigatório, a abolição efetiva do trabalho infantil e a eliminação da discriminação em matéria de emprego e ocupação, de tal sorte que cada Estado membro, independentemente de ter ratificado ou não uma determinada convenção da OIT, está atrelado ao cumprimento de seus objetivos, enquanto parte da Organização.

Segundo Márcia Barroso e Elina Pessanha[203], o compromisso em relação a essas oito convenções representa uma redefinição de padrões mínimos a serem considerados no mundo do trabalho, obedecendo a princípios que estariam acima de qualquer necessidade econômica e, nesse sentido, a proteção social, que abarca os direitos no mundo do trabalho, é apresentada como um princípio a ser mantido.

Importante mencionar que a livre incorporação à Organização Internacional do Trabalho consubstancia-se em ato de soberania por parte de cada Estado. Entretanto, uma vez que o Estado tenha se incorporado à Organização e aceitado os termos inscritos em sua Constituição, fica selado o compromisso com a OIT de cumprir com os seus objetivos e princípios, devendo o Estado membro, quando não os incorporar na íntegra, ao menos demonstrar o empenho efetivo na busca de uma incorporação progressiva. Nesse sentido, a constatação de eventuais políticas restritivas

[203] BARROSO, Márcia Regina Castro; PESSANHA, Elina Goncalves da Fonte. *A Imigração no Direito Internacional do Trabalho*. Cadernos de Direito, Piracicaba, v. 17(32): 101-115, jan.-jun. 2017 • ISSN Impresso: 1676-529-X, p. 108. Disponível em: http://www.mpsp.mp.br/portal/page/portal/documentacao_e_divulgacao/doc_biblioteca/bibli_servicos_produtos/bibli_informativo/bibli_inf_2006/Cad-Dir_n.32.06.pdf. Acesso em: 03 jul. 2020.

nacionais tendentes ao não reconhecimento de direitos aos imigrantes trabalhadores indocumentados sinaliza uma postura dissonante dos intentos da OIT e fere, pois, o compromisso assumido.

A fim de se buscar a plena efetividade da Declaração de 1998, a OIT estimula esforços e concede cooperação técnica aos Estados membros, na intenção de fazer concretizar, o quanto possível e guardadas as particularidades de cada realidade nacional, os princípios e direitos fundamentais inscritos na sua Constituição e ora reiterados na Declaração.

A Organização Internacional do Trabalho, ao afirmar no item 1.b da Declaração de 1998 que os seus princípios e objetivos são observados e concretizados na forma de direitos e obrigações específicos constantes das convenções, a própria OIT reforça a ideia de que a liberdade, a igualdade de oportunidades e o combate à pobreza, enquanto princípios e objetivos, devem permear seus dispositivos convencionais. Vale dizer, o reconhecimento de um direito deve perpassar necessariamente pelo crivo dos princípios constitucionais da OIT e o contrário também deve ser verdadeiro, isto é, o não reconhecimento de um determinado direito deve estar assentado nos princípios da OIT, sob pena de encerrar uma contradição entre o prometido pela Organização e o assegurado por sua norma convencional.

Entretanto, nesse ponto é possível indagar se o reconhecimento e a determinação de tratamentos e direitos diferenciados entre trabalhadores migrantes regulares e aqueles indocumentados, inscritos em normas convencionais da OIT, não demonstram uma inconformidade entre o preconizado nas diretrizes principiológicas da Organização e sua efetiva atuação normativa. Dito de outra forma, como viabilizar os princípios da liberdade e da igualdade de oportunidades em preceito convencional que expressamente exclui direitos de trabalhadores migrantes pelo fato destes se encontrarem na condição de indocumentados?

A esse respeito, a Convenção nº 97 da OIT sobre Trabalhadores Migrantes, quando dispõe em seu artigo 6º sobre imigrantes que se encontrem legalmente em território de algum Estado membro, acaba por discriminar e excluir os imigrantes que estão indocumentados. Essa posição parece contrastar com a própria função institucional da OIT de dar encaminhamento às questões dos trabalhadores migrantes sem fazer distinção entre eles, bem como parece contradizer os princípios e objetivos consagrados na sua Constituição e nas posteriores Declarações, em especial no que tange à igualdade de oportunidades e à busca do pleno desenvolvimento humano por meio do trabalho.

No entendimento de Yara Maria Pereira Gurgel[204], as oito convenções internacionais que compõem o corpo de princípios fundamentais no trabalho dispõem sobre temas que carregam o *status* de *jus cogens*, sendo, pois, essenciais à dignidade da pessoa humana e ao progresso da humanidade. Para a autora, o respeito ao conjunto de preceitos das convenções da Organização Internacional do Trabalho, com destaque para aquelas mencionadas na Declaração de 1998, no seu item 2, compõe o arcabouço jurídico do que se entende por trabalho decente.

Sobre trabalho decente, a Organização Internacional do Trabalho, em 1999, por ocasião da 87ª Reunião da Conferência Internacional do Trabalho, formalizou, no Relatório do Diretor Geral para essa Conferência, o seu conceito como uma síntese de sua missão histórica de promover oportunidades para que homens e mulheres obtenham um trabalho produtivo e de qualidade, em condições de liberdade, equidade, segurança e dignidade humana. De acordo com a OIT, o trabalho decente significa o ponto de convergência dos quatro objetivos estratégicos por ela traçados, quais sejam, o respeito aos direitos no trabalho, a promoção no emprego, a extensão da proteção social e o fortalecimento do diálogo social. Significa, também, condição fundamental para a superação da pobreza, a redução das desigualdades sociais, a garantia da governabilidade democrática e o desenvolvimento sustentável[205].

O trabalho decente, assim definido por José Cláudio Monteiro de Brito Filho[206] é aquele em que se realiza um conjunto mínimo de direitos do trabalhador que corresponde à existência de trabalho, à liberdade de trabalho, à igualdade no trabalho, ao trabalho em condições justas que possam preservar sua saúde e segurança, incluindo a remuneração, à proibição do trabalho infantil, à liberdade sindical e à proteção contra os riscos sociais.

[204] GURGEL, Yara Maria Pereira. *Direitos humanos, princípio da igualdade e não discriminação:* sua aplicação às relações de trabalho. São Paulo: LTr, 2010, p. 20.

[205] ORGANIZAÇÃO INTERNACIONAL DO TRABALHO. *Perfil do trabalho decente no Brasil:* um olhar sobre as unidades da Federação, 2012. Relatório da OIT. Disponível em: http://www.oit.org.br/node/876. Acesso em: 15 maio 2020.

[206] BRITO FILHO, José Cláudio Monteiro de. *Trabalho decente*. LTr, 2004, p. 61.

A noção de trabalho decente abrange, segundo Laís Abramo[207], aspectos quantitativos e qualitativos do emprego, na medida em que, para além da proposição de geração de postos de trabalho, traz à discussão as formas de realização do trabalho e acrescenta as noções de direitos, proteção social, voz e representação, pressupondo que todas as pessoas que vivem do seu trabalho são sujeitos de direito, compreendidas estas como o conjunto de trabalhadores, ainda que trabalhem à margem do mercado de trabalho estruturado, e não apenas como aquelas que possuem um trabalho regular no setor formal da economia.

Para Abramo[208], o conceito de trabalho decente está estreitamente vinculado à construção de uma agenda de trabalho decente, na qual deve-se ter em vista a determinação de um patamar mínimo comum de direitos que diga respeito a direitos e princípios universais por todos observados, como um marco geral que a precede e a fundamenta. Nesse marco geral insere-se, segundo a autora, a noção de equidade, na medida em que o trabalho decente é tido como aquele livre de qualquer discriminação, entendida esta como as diversas formas de desigualdade e exclusão que afetam grupos humanos baseadas, por exemplo, na origem ou na nacionalidade. A equidade deve estar contida de maneira transversal nas quatro áreas estratégicas fundamentais traçadas pela OIT na Declaração de 1998.

O conceito de trabalho decente foi formulado pela OIT, como observa Arion Sayão Romita[209], no intuito de assinalar as prioridades da Organização, atualizando seu enfoque para o século XXI, tendo como base o reconhecimento de que o trabalho é fonte de dignidade pessoal, estabilidade familiar, paz na comunidade, democracia para as pessoas e crescimento econômico, sendo o emprego produtivo e o trabalho decente imprescindíveis para o combate à pobreza. Entende o autor que o trabalho decente reflete as prioridades da agenda social, econômica e política do sistema internacional, com destaque para a globalização justa, atenuação da pobreza, segurança, inclusão social, dignidade e diversidade. Para

[207] ABRAMO, Laís. Trabalho decente: o itinerário de uma proposta. *Bahia análise & dados*. Salvador, v. 20, n. 2/3, p. 151-171, jul./set. 2010, p. 152. ISSN 0103 8117.

[208] ABRAMO, Laís. Trabalho decente: o itinerário de uma proposta. *Bahia análise & dados*. Salvador, v. 20, n. 2/3, p. 151-171, jul./set. 2010, p. 155. ISSN 0103 8117.

[209] ROMITA, Arion Sayão. *Direitos fundamentais nas relações de trabalho*, 5 ed. São Paulo: LTr, 2015, p. 270.

Luiz Eduardo Gunther[210], o trabalho decente se sobressai como um novo paradigma da humanidade para o século XXI.

3.2.2. Declaração sobre Justiça Social para uma Globalização Equitativa

Com vistas a enfatizar os princípios e os objetivos estratégicos da Organização Internacional do Trabalho, em 2008 foi adotada a Declaração sobre Justiça Social para uma Globalização Equitativa. Nessa Declaração, a OIT, considerando um contexto mundial marcado por mudanças aceleradas, reforça a necessidade de que cada Estado membro direcione seus compromissos e esforços no sentido de colocar em prática o mandato constitucional da Organização, em busca do trabalho decente como elemento central de suas políticas econômicas e sociais. Para tanto, há que se ter constantemente em vista a perseguição dos objetivos estratégicos da OIT, com base nos quais a agenda do trabalho decente se articula.

Nos termos do parágrafo 1, item B, da Declaração de 2008, os objetivos estratégicos da Organização Internacional do Trabalho são indissociáveis, interdependentes e se reforçam mutuamente, devendo haver uma estratégia global e integrada da Organização em prol do trabalho decente, sendo a não discriminação uma questão que permeia todos os seus objetivos estratégicos. Nesse contexto de busca de uma globalização equitativa, reitera a OIT a afirmação de que os Estados membros devem assumir a responsabilidade fundamental de contribuir, mediante suas políticas econômicas e sociais, para a realização da justiça social de forma global e integrada, colocando em prática os objetivos estratégicos da Organização, o que necessariamente inclui a agenda do trabalho decente.

Nesse sentido, ressalta Candy Thome[211] que a Declaração de 2008 institucionalizou o conceito de trabalho decente, situando-o no cerne das políticas da OIT para alcançar seus objetivos constitucionais, bem como

[210] GUNTHER, Luiz Eduardo. *O trabalho decente como novo paradigma da humanidade no século XXI*. *In*: GARCIA, Gustavo Filipe Barbosa; ALVARENGA, Rúbia Zanotelli (Org.). *Direito do trabalho e direito empresarial sob o enfoque dos direitos fundamentais*. São Paulo: LTr, 2015, p. 31.

[211] THOME, Candy. *A questão de gênero do centro do trabalho decente: a declaração de 1998 sobre princípios e direitos fundamentais no trabalho da OIT e a igualdade de gênero no âmbito do trabalho*. *In*: GOMES, Ana Virgínia Moreira; FREITAS JUNIOR, Antonio Rodrigues de. *A declaração de 1998 da OIT sobre princípios e direitos fundamentais no trabalho:* análise do seu significado e efeitos. São Paulo: LTr, 2014.

sinalizando aos Estados membros que pautem suas políticas em estrita observância aos objetivos estratégicos constantes dessa agenda, sendo certo que a falta de promoção de qualquer deles significa prejuízo ao alcance dos demais. No contexto da globalização, o caráter universalizante da agenda do trabalho decente se impõe. Esse é o posicionamento claro da OIT no bojo da Declaração de 2008.

Na lógica do mundo globalizado, com a intensificação da circulação de trabalhadores para além das fronteiras de seu país de origem, o enfrentamento das desigualdades de ingresso e oportunidade de trabalho, da pobreza elevada e do trabalho precário são desafios que não podem ser ignorados pelos Estados envolvidos. É com base nessas circunstâncias que a Organização Internacional do Trabalho reconhece a necessidade de buscar uma distribuição equitativa dos resultados da integração econômica global, no sentido de atingir o pleno emprego, assegurar a sustentabilidade das sociedades e conquistar a coesão social. Essas diretrizes, quando alcançadas, podem responder à aspiração universal de justiça social.

A Declaração de 2008 teve o importante papel de resgatar e reafirmar a função fundamental da OIT na promoção da justiça social, trazendo à baila a pertinência da Declaração de Filadélfia de 1944 para as relações de trabalho no século XXI, enfatizando, mais uma vez, que o trabalho não pode ser considerado uma mercadoria e que a pobreza constitui um perigo para a prosperidade de todos, persistindo na convicção de que os princípios e direitos fundamentais no trabalho, estes declarados pela Organização em 1998, devem permear todas as políticas econômicas nacionais e internacionais. Não por outra razão, a OIT reconhece que o trabalho decente, sendo a síntese do cumprimento dos objetivos estratégicos da Organização, é o meio eficaz para enfrentar os desafios da globalização.

A partir das considerações preliminares da OIT, assentadas na Declaração de 2008, a Organização assume o dever de adotar um enfoque coerente na elaboração de um roteiro global e integrado, em conformidade com a agenda do trabalho decente. Assume, ainda, o dever de promover a sua política normativa como pedra angular das atividades da OIT, onde realça a pertinência da Organização para o mundo do trabalho e a garantia do papel das normas na realização dos seus objetivos constitucionais.

Indaga-se, entretanto, neste ponto, se há coerência consistente na elaboração de norma, por parte da OIT, que exclui, peremptoriamente, os trabalhadores migrantes indocumentados da agenda do trabalho decente, na medida em que a norma reconhece direitos tão somente aos migrantes que se encontram regularizados no território estrangeiro. Vale dizer, como justificar a existência de normas convencionais que trazem em seu bojo tratamento e direitos diferenciados entre trabalhadores migrantes regulares e indocumentados? Diferenças estas que significam verdadeiramente restrições e proibições de acesso a direitos contemplados no patamar do mínimo existencial, cuja observância é pressuposto para a realização da dignidade da pessoa humana.

Delimitar os contornos do mínimo existencial aceitável para a promoção efetiva dos direitos fundamentais sociais, como já discutido em tópico anterior, é tarefa que diz respeito com o compromisso de realização da justiça social. Certificar-se que normas sejam produzidas para legitimar e viabilizar os direitos fundamentais na ordem jurídica internacional é tarefa que influi diretamente, em especial para os Estados membros comprometidos com os princípios e objetivos constitucionais da OIT, na elaboração de políticas nacionais migratórias, as quais, espera-se, sejam construídas com base no patamar do mínimo existencial.

Ainda que um Estado membro esteja constitucionalmente autorizado a editar normas restritivas que venham a atingir um direito fundamental, ele permanece, contudo, atrelado à observância da salvaguarda do núcleo essencial dos direitos fundamentais sociais. Por isso a afirmação de que a limitação de um direito fundamental não pode privá-lo de um mínimo de eficácia[212].

É nesse sentido que o direito ao trabalho, enquanto um direito universal que deve alcançar nacionais e imigrantes, sejam estes últimos documentados ou indocumentados, se assenta no princípio da igualdade de oportunidades para a fruição de direitos fundamentais que representam o mínimo para uma existência digna. A convicção de que o direito ao trabalho é direito fundamental que deve preceder e servir de base jurídica para fundamentar qualquer política pública de Estado que vise regulamentar a entrada, permanência e acolhimento de imigrantes em seu respectivo território sustenta-se no entendimento de que o trabalho é indispensável à inserção do homem no meio social e à sua construção

[212] SARLET, Ingo Wolfgang. *A eficácia dos direitos fundamentais:* uma teoria geral dos direitos fundamentais na perspectiva constitucional. 12 ed. Porto Alegre: Livraria do Advogado Editora, 2015, p. 420.

como um ser social, de tal forma a propiciar o exercício da autodeterminação e da autonomia para a condução de sua vida. Oportunizar trabalho é, pois, pressuposto para a integração social com dignidade.

Nesse contexto, um ponto importante da Declaração de 2008 que merece destaque diz respeito à defesa pela OIT da promoção do diálogo social e do tripartismo como métodos apropriados para adaptar a aplicação dos objetivos estratégicos às necessidades e circunstâncias de cada país, bem como para facilitar a formação de consenso sobre as políticas nacionais e internacionais pertinentes que incidem nas estratégias e programas de emprego e trabalho decente.

Por certo que ao se admitir a existência de norma convencional, cuja construção e reconhecimento de direitos se assentam na adoção de tratamento diferenciado entre migrantes regulares e indocumentados, permanece a indagação se é possível adaptar os objetivos estratégicos traçados pela OIT em normas cujas premissas aceitam a adoção de tratamento diferenciado entre os próprios imigrantes. Nesse sentido, sob essa premissa, a facilitação do consenso sobre políticas nacionais e internacionais fica prejudicada, comprometendo a aplicação uniforme dos princípios e direitos fundamentais no trabalho pregados pela OIT. Vale dizer, a existência de normas convencionais produzidas pela OIT que venham a admitir o não reconhecimento de direitos aos imigrantes indocumentados, apesar da coexistência dos princípios e objetivos constitucionais da Organização em sentido contrário, acaba por autorizar e legitimar a formulação de políticas nacionais embasadas nessas normas convencionais, ainda que não guardem estrita observância aos propósitos da OIT, que é proteger, em última instância, todos os trabalhadores migrantes.

É certo que qualquer diferença trazida no tratamento dado aos migrantes regulares e indocumentados deve estar baseada em critérios objetivos jurídicos, baseados na proteção internacional dos direitos humanos, de modo que o tratamento diferenciado não signifique na essência um tratamento discriminatório, conforme já ressaltado por Luís Renato Vedovato[213] quando da análise dos critérios utilizados em eventual política migratória de um país receptor de imigrantes para justificar a proibição de

213 VEDOVATO. Luís Renato. *O direito de ingresso do estrangeiro:* a circulação das pessoas pelo mundo no cenário globalizado. (livro eletrônico). São Paulo, Atlas, 2013, p. 51.

entrada ou de permanência em seu território daqueles imigrantes que se encontram indocumentados. Assim, a linha divisória entre o tratamento diferenciado e o tratamento discriminatório é demarcada pelos próprios direitos humanos, cuja universalidade lhe serve de parâmetro.

É notório que os direitos humanos ocupam, de forma crescente, importante papel na internacionalização da política de migração, sendo certo que as proibições específicas contidas nos diversos instrumentos internacionais de direitos humanos traduzem e estão fundamentadas no princípio da não discriminação. Como ressalta Vedovato[214], a proteção internacional dos direitos humanos exige que se justifique eventual diferenciação em política migratória que venha a proibir a entrada de estrangeiro em determinado território, pois, apesar do Estado deter a prerrogativa de impedir que o não nacional entre em seu território, esse deve pautar sua decisão pela busca de uma sistematização lógica na conduta. Afirma o autor, no tocante à proteção de direitos fundamentais aos migrantes em circulação transfronteiriça, ser necessário encontrar um raciocínio lógico jurídico que embase tal decisão. Significa dizer que o elemento político da decisão não deve ser absoluto e que o grau de discricionariedade deve ser diminuído pela presença do elemento jurídico objetivo, traçado pela lógica da proteção internacional dos direitos humanos, os quais envolvem as ideias de universalidade, de não discriminação e de normas de natureza de *ius cogens*.

Nesse sentido, o acolhimento dos imigrantes indocumentados se justifica, no plano jurídico, pelos princípios da igualdade e da liberdade de circulação e pelo direito universal e fundamental ao trabalho, reforçados pela transversalidade do princípio da não discriminação. As normas internacionais de direitos humanos, dentre as quais se incluem as normas convencionais produzidas pela Organização Internacional do Trabalho são fontes jurídicas que podem influenciar na atuação do Estado quando da elaboração de sua política migratória, delimitando, pois, sua liberdade aos contornos da proteção internacional[215]. Daí a importância das normas

[214] VEDOVATO. Luís Renato. *O direito de ingresso do estrangeiro:* a circulação das pessoas pelo mundo no cenário globalizado. (livro eletrônico). São Paulo, Atlas, 2013, p. 48.

[215] RUBENSTEIN, Kim; ADLER, Daniel. International Citizenship: The Future of Nationality in a Globalised World (2000). *Indiana Journal of Global Legal Studies*, Spring 2000. Available at SSRN: https://ssrn.com/abstract=231675 or http://dx.doi.org/10.2139/ssrn.231675 Acesso em: 06 jun. 2020.

convencionais da OIT buscarem constante convergência com os princípios e objetivos constitucionais da própria Organização.

Em síntese, a Declaração de 2008, em seu item B, determina que a não discriminação deve ser considerada questão transversal no marco dos objetivos estratégicos da OIT, de modo a permear toda a atuação dos Estados membros e da própria Organização no atendimento de sua finalidade. Nessa esteira, eventuais normas convencionais, cujo conteúdo não se mostre consonante com essa diretriz, colocam-se em contradição em relação ao objetivo primeiro da OIT que é a busca da paz universal pela realização da justiça social, a partir da observância dos princípios da igualdade de oportunidades, da liberdade e da não discriminação.

O direito ao trabalho ultrapassa a esfera individual de cada migrante, pois, por tratar-se igualmente de um direito difuso, o seu reconhecimento e respeito acabam por atingir toda a coletividade. Nesse sentido, considera a OIT, no item A, i, da Declaração de 2008, que o desenvolvimento da sustentabilidade de um entorno institucional e econômico requer necessariamente a promoção do emprego, de forma que os indivíduos tenham a possibilidade de adquirir e exercer suas capacidades para, por meio do trabalho produtivo, obter a sua própria realização pessoal, bem como construir o bem-estar coletivo. O alcance de um bom nível de vida com desenvolvimento econômico e progresso social, enquanto objetivo almejado pelas sociedades, pressupõe, pois, a promoção do emprego e, portanto, o acesso ao direito ao trabalho.

3.3. A proteção dos trabalhadores migrantes pela Organização Internacional do Trabalho

Trazidas às considerações a Declaração sobre Princípios e Direitos Fundamentais no Trabalho de 1998 e a Declaração sobre Justiça Social para uma Globalização Equitativa de 2008, ambas alinhadas com os preceitos constitucionais da Organização Internacional do Trabalho e com a Declaração de Filadélfia de 1944, a qual passou a ser parte integrante da própria Constituição da OIT, não restam dúvidas quanto ao posicionamento oficial da Organização, no que tange à proteção do trabalho para todos os trabalhadores, incluindo nessa proteção a categoria dos migrantes.

No entanto, a proteção do trabalho, assentada nos diversos princípios e objetivos defendidos pela OIT, se faz efetiva na medida em que suas proposições transcendem o nível dos instrumentos declaratórios e tomam assento em normas internacionais vinculativas, das quais os Estados membros obrigam-se a cumprir ou porque as ratificaram ou pelo fato de terem aderido aos princípios constitucionais da OIT quando de suas respectivas decisões soberanas de pertencer à Organização, como é o caso das oito convenções sobre direitos fundamentais contempladas na Declaração de 1998 da OIT.

A própria OIT, em sua página oficial na internet[216], ao trazer informações sobre as normas aplicáveis ao trabalhador migrante, afirma que as diversas normas internacionais do trabalho, adotadas pela Conferência Internacional do Trabalho da OIT ao longo dos anos, são de suma importância para garantir a dignidade e os direitos do trabalhador migrante, incluindo expressamente as mencionadas oito convenções sobre direitos fundamentais, as quais, como já exposto em tópico anterior, são as denominadas *core obligations* que independem para a sua observância e cumprimento que os Estados membros as tenham ratificado, uma vez que expressam os princípios e objetivos constitucionais da Organização, para os quais os Estados membros assumiram o compromisso de respeitar e tornar realidade.

A Organização Internacional do Trabalho afirma que todas as normas internacionais do trabalho, produzidas em seu âmbito, são, salvo disposição em contrário, aplicáveis aos trabalhadores migrantes. Em que pese não fazer, neste ponto, qualquer ressalva quanto à migração indocumentada, torna-se perceptível, entretanto, no decorrer da análise de suas normas, que a Organização adotou tratamento diferenciado para trabalhadores migrantes documentados e indocumentados, deixando à margem e aquém de suas promessas constitucionais a proteção e promoção do direito ao trabalho para a parcela indocumentada de migrantes. Dentre essas normas internacionais, há destaque para aquelas de caráter específico, que contemplam a situação peculiar do trabalhador migrante, a saber a Convenção sobre Trabalhadores Migrantes nº 97 e sua respectiva Recomendação nº 86, ambas de 1949, e a Convenção Sobre as Imigrações

[216] Na página oficial da Organização Internacional do Trabalho há disponibilização de banco de dados pelo Sistema de Informação sobre Normas Internacionais do Trabalho – NORMLEX. Disponível em: https://www.ilo.org/global/topics/labour-migration/standards/lang--en/index.htm Acesso em: 09 jun. 2020.

Efectuadas em Condições Abusivas e Sobre a Promoção da Igualdade de Oportunidades e de Tratamento dos Trabalhadores Migrantes nº 143 e sua respectiva Recomendação nº 151, ambas de 1975, as quais passam a ser objeto de análise em tópico próprio.

3.3.1. A Convenção nº 97 e a Recomendação nº 86 da Organização Internacional do Trabalho

A Organização Internacional do Trabalho aprovou na sua 32ª Conferência Internacional do Trabalho, em 01 de julho de 1949, a Convenção nº 97 sobre Trabalhadores Migrantes. Essa norma foi elaborada no contexto do pós Segunda Guerra Mundial, em um momento em que o debate internacional se voltava para temas como o restabelecimento da paz mundial e a construção de pautas baseadas nos direitos humanos. A OIT, atenta à necessidade de reorganização populacional oriunda do continente europeu e à intensa circulação de pessoas que ocorria para além das fronteiras nacionais dos Estados, reforçou, nesse cenário, seu papel institucional de promoção da justiça social, com especial enfoque para os trabalhadores migrantes. Responsabilizou-se, pois, por regulamentar a mão de obra do migrante e os diversos aspectos das condições de trabalho, atinentes ao alcance das políticas públicas para a proteção social, à saúde, à habitação e à liberdade de circulação desses trabalhadores migrantes.

Assim, logo em seu artigo 1º, a Convenção externaliza sua preocupação em relação ao acesso às informações pertinentes tanto à política migratória e à respectiva legislação nacional dos Estados membros que a ratificaram, quanto ao movimento de trabalhadores migrantes e às suas condições de trabalho e de vida, determinando aos Estados que disponibilizem tais informações à Repartição Internacional do Trabalho, bem como a qualquer outro membro da Organização. Esse preceito torna visível que a questão migratória não é assunto restrito ao âmbito interno de cada Estado, mas, antes, transcende as fronteiras nacionais, consubstanciando em interesse internacional de promoção e proteção dos direitos dos imigrantes, interesse esse que não se limita à esfera individual de cada trabalhador que migra, mas caracteriza também interesse difuso de toda a coletividade. O reconhecimento do direito fundamental e universal ao trabalho é direito coletivo e difuso de toda a sociedade.

Conforme já analisado em tópico anterior, o desafio que se apresenta diante da questão migratória diz respeito à conciliação do debate atinente aos limites da soberania nacional, em que os Estados estabelecem suas políticas migratórias para controlar entrada, permanência e trabalho de imigrantes em seu território, com o debate relacionado aos direitos humanos fundamentais dos migrantes, dentre os quais o direito de migrar e o direito ao trabalho. A garantia do direito ao trabalho a quem migra é, pois, inerente à garantia dos direitos humanos, independentemente da situação migratória em que se encontra o migrante e, portanto, sob essa premissa, e considerando os objetivos constitucionais da OIT, é que devem assentar os preceitos convencionais da Organização.

A Convenção nº 97 segue com disposições que reconhecem diversos direitos ao trabalhador migrante, dentre os quais o de ter acesso a serviço gratuito para obter informações exatas e seguras e a serviços médicos adequados que lhe garantam proteção no momento de sua saída, durante sua viagem e no momento de chegada ao país de destino. Ainda, determina o artigo 6º da Convenção que não poderá haver tratamento discriminatório ao imigrante no que tange à nacionalidade, raça, religião ou sexo, bem como deverá haver tratamento igualitário, em relação aos próprios nacionais, para direitos trabalhistas como remuneração, duração de trabalho, horas extraordinárias, férias remuneradas, restrições do trabalho a domicílio, idade para admissão no emprego, aprendizagem e formação profissional, trabalho das mulheres e dos menores, filiação à organizações sindicais e habitação. Direitos à seguridade social e ao acesso à justiça também foram reconhecidos no mencionado artigo 6º.

Ocorre, entretanto, que o rol de direitos previstos neste artigo 6º contempla, específica e exclusivamente, os imigrantes que se encontrem legalmente no território do país receptor, o que significa dizer que todos os imigrantes indocumentados estão expressamente excluídos dessa proteção. Essa exclusão é reforçada no artigo 11 da Convenção, quando, ao trazer a definição de trabalhador migrante[217], a OIT deixa a cargo da subjetividade e da discricionariedade de cada Estado membro enquadrar uma pessoa como trabalhador migrante, na medida em que condiciona a expressão de "trabalhador migrante" a qualquer pessoa

[217] Artigo 11 da Convenção 97 da Organização Internacional do Trabalho: "1. Para os efeitos da presente Convenção, a expressão 'trabalhador migrante' designa toda pessoa que emigra de um país para outro com o fim de ocupar um emprego que não seja exercido por sua própria conta, e compreende qualquer pessoa normalmente admitida como trabalhador migrante."

que como tal seja admitida pelo país em que o imigrante intenta ocupar um emprego que não seja exercido por sua própria conta. Vale dizer, se o país receptor não admitir a pessoa como trabalhador migrante, esta não será considerada 'trabalhador migrante' para os efeitos da Convenção nº 97.

Há no artigo 8º do Anexo I e no artigo 13 do Anexo II da Convenção nº 97 a previsão de aplicação de sanções a qualquer pessoa que promova a imigração clandestina ou ilegal. É certo que condutas de intermediários e aliciadores no intuito de promover a entrada e permanência de migrantes em território estrangeiro com a promessa de lhes oferecer trabalho e melhores condições de vida devem ser combatidas e rechaçadas pela legislação. Isso, no entanto, não significa punir os próprios trabalhadores imigrantes que se veem premidos pela necessidade de migrarem para outro país em busca de reestruturação de suas vidas e de sobrevivência. Ao exercerem uma atividade laboral modelada pela clandestinidade, esses imigrantes aceitam os trabalhos que lhes são ofertados e tornam-se produtores de riqueza invisíveis ao aparato institucional[218], não podendo sequer reclamar das condições precárias de trabalho a que são submetidos por receio de serem descobertos e presos ou deportados[219]. Servem, pois, ao

[218] Pietro Basso defende a ideia de que as fronteiras são estrategicamente porosas, a fim de produzir a contrapartida indocumentada da imigração, que é sempre invisibilizada e não contemplada nas estatísticas oficiais. BASSO, Pietro. *Sviluppo diseguale, migrazioni, politiche migratorie*. *In*: BASSO, Pietro; PEROCCO, Fabio. (Organizadores.). *Gli immigrati in Europa:* diseguaglianze, razzismo, lotte. Milano: FrancoAngeli, 2003.

[219] Nesse sentido, Villen, ao analisar a situação dos imigrantes indocumentados, afirma que "no espaço nacionalmente controlado, o imigrante em situação indocumentada não sabe muito bem por qual crime está sendo (ou poderá ser) condenado. E não consegue conceber porque sua presença – que certamente não decorre de razões puramente voluntárias ou caprichosas, mas de raízes mais profundas de relações de força impostas – equivale a todos os efeitos, a um crime ou a um potencial crime digno de perseguição. (...) ser indocumentado significa partir de seu país já imbricado e submetido a um sistema de coerções e ameaças, que, quando não gera abuso radical ao imigrante, serve a intimidá-lo objetivamente (pelo endividamento, pela coação ao trabalho e pela exposição a situações de risco) e subjetivamente (pelo 'pecado' de transgredir a lei imigratória que oferece como única via a clandestinidade)." VILLEN, Patrícia. O trabalho forçadamente indocumentado e institucionalmente silenciado: a imigração dos "periféricos emergenciais" para o Brasil. *Revista da ABET*, v. 14, n. 2, jul./dez. 2015, p. 193. Disponível em: http://www.periodicos.ufpb.br/ojs/index.php/abet/article/view/27949/15018 Acesso em: 11 jun. 2020.

sistema produtivo da economia global sem a contrapartida de receberem seus benefícios enquanto trabalhador[220].

Não obstante a importância da regulamentação da OIT no tocante aos trabalhadores migrantes, trazendo para a ordem do dia a proteção laboral, amparada em preceitos de direitos humanos que certamente serviram de base e diretriz para a geração posterior de outros diplomas internacionais, a Convenção nº 97 ao deixar, contudo, de contemplar os imigrantes indocumentados, excluindo-os expressamente dessa seara protetiva, denota uma postura que coloca a Organização Internacional do Trabalho em contradição com os seus próprios objetivos constitucionais.

Nesse sentido, discorre Rodrigo de Souza Rodrigues[221], ao analisar as normas produzidas no âmbito da OIT, que as premissas que norteiam as normas internacionais de proteção ao migrante, ao contrário do que se supõe, miram a migração em condições regulares, de modo a desencorajar a migração de trabalhadores indocumentados e destaca que a Convenção nº 97, ao destinar-se aos trabalhadores regulares, acaba por restringir as situações em que há um direito atribuído ao trabalhador migrante indocumentado. Há, pois, um conflito interpretativo na aplicação da Convenção nº 97, na medida em que reconhece os direitos dos trabalhadores que deixam seus países de origem em busca de melhores condições de vida, mas aponta ser a migração indocumentada um problema para os Estados receptores.

A esse respeito, ao lado da existência de um processo institucional na Organização Internacional do Trabalho de não reconhecimento da isonomia no âmbito de suas convenções sobre o trabalhador migrante

[220] Segundo Shierup, diversos setores econômicos representativos das piores condições de trabalho, aumentaram suas demandas de trabalho de imigrantes indocumentados como parte indispensável de seu sistema produtivo. Isso se justifica pelo fato de o mercado de trabalho ter seu funcionamento pautado pela exigência de reestruturação produtiva e de regime de acumulação flexível, precarizando ainda mais as condições de trabalho dos imigrantes. SCHIERUP, Carl Ulrik. *'Bloody Subcontracting' in the network society:* migration and post-fordist restructuring across European Union. *In*: BERGGREN, Erik et al. *Irregular migration, informal labour and community:* a challenge for Europe. Maastricht: Sharker Publishing, 2007, p. 152.

[221] RODRIGUES, Rodrigo de Souza. *O trabalhador migrante indocumentado como sujeito de direitos na Organização Internacional do Trabalho.* Dissertação de Mestrado apresentada no Programa de Pós-graduação em Direito do Trabalho da Faculdade de Direito da Universidade de São Paulo. São Paulo, 2019, p. 67 e 70.

indocumentado, reconhece Patricia Villen[222] que a situação de indocumentação presente nos fluxos migratórios internacionais não é necessariamente conduta voluntária por parte dos imigrantes, mas, sim, uma forma imposta de entrar, permanecer e trabalhar no país estrangeiro. A situação "forçadamente indocumentada", na expressão usada pela autora, é fenômeno que está diretamente ligado ao mercado de trabalho, em especial à precarização das condições de trabalho a que se submetem os indocumentados. E, a pressupor a involuntariedade da indocumentação, é certamente situação que demanda, com maior intensidade, um olhar cuidadoso, por parte da OIT, na construção de normas protetivas a essa parcela de trabalhadores.

Afirma Villen, referenciando Basso e Perocco[223], que a produção global da indocumentação vem sendo produzida ao longo dos anos por políticas migratórias que acompanham a valorização do capital global, faceta econômica da globalização, e são amparadas em leis ultraliberais relativas às relações de trabalho. Para os autores, a indocumentação, inserida nessa lógica de mercado, não é, pois, involuntária por parte dos Estados, sendo, antes, um objetivo institucionalmente perseguido. Nesse sentido, tratar a indocumentação do imigrante como um produto da sua tendência espontânea a infringir leis é reduzir sua situação a mera opção, a um ato voluntário, dentre outros possíveis, desconsiderando a premência da mobilidade humana por fatores de sobrevivência e humanitários que, via de regra, não deixam margem de escolha para o migrante, senão migrar, e ao fazê-lo, o imigrante indocumentado se depara com as portas de entrada formalmente fechadas no país estrangeiro, tendo que utilizar outra porta que para ele se abre de forma clandestina e o direciona para oportunidades de trabalho precário com superexploração laboral. É nesse

[222] VILLEN, Patrícia. O trabalho forçadamente indocumentado e institucionalmente silenciado: a imigração dos "periféricos emergenciais" para o Brasil. *Revista da ABET*, v. 14, n. 2, jul./dez. 2015, p. 192. Disponível em: http://www.periodicos.ufpb.br/ojs/index.php/abet/article/view/27949/15018 Acesso em: 11 jun. 2020.

[223] BASSO, Pietro; PEROCCO, Fabio. *Gli immigrati in Europa*. *In*: BASSO, Pietro; PEROCCO, Fabio (organizadores). *Gli immigrati in Europa:* diseguaglianze, razzismo, lotte. Milano: FrancoAngeli, 2003, p. 23 a 26. VILLEN, Patricia. O trabalho forçadamente indocumentado e institucionalmente silenciado: a imigração dos "periféricos emergenciais" para o Brasil. *Revista da ABET*, v. 14, n. 2, jul./dez. 2015, p. 188. Disponível em: http://www.periodicos.ufpb.br/ojs/index.php/abet/article/view/27949/15018 Acesso em: 11 jun. 2020.

sentido que a situação de indocumentado determina a vida laboral desses imigrantes, relacionando-se diretamente com a natureza do trabalho que irão desenvolver[224].

É, portanto, perverso deixar a cargo da inteira discricionariedade soberana dos Estados a elaboração completamente livre de políticas migratórias, admitindo a não contemplação de imigrantes indocumentados como sujeitos de direitos e merecedores de proteção pelo Estado receptor. Se é fato que a lógica da construção da indocumentação se insere na dinâmica produtiva dos Estados que se valem da mão de obra invisibilizada dos imigrantes indocumentados para suprir a demanda de determinados setores do mercado[225], então, torna-se necessário a busca de medidas que possam enfraquecer esse ciclo, a começar pelo reconhecimento de direitos, via normas internacionais, à parcela indocumentada de imigrantes. Esse reconhecimento inicial confere eficácia jurídica[226] aos direitos fundamentais, o que é pressuposto para a sua exigibilidade futura em situações concretas.

Nesse cenário, é preciso que a OIT, coerente aos seus princípios e objetivos constitucionais e institucionais, busque, com urgência, amparar os imigrantes indocumentados, oferecendo-lhes proteção e eficácia jurídica

[224] VILLEN, Patricia. O trabalho forçadamente indocumentado e institucionalmente silenciado: a imigração dos "periféricos emergenciais" para o Brasil, *Revista da ABET*, v. 14, n. 2, julho a dezembro de 2015, p. 190. Disponível em: http://www.periodicos.ufpb.br/ojs/index.php/abet/article/view/27949/15018 Acesso em: 11 jun. 2020.

[225] Patricia Villen analisa em sua tese de doutorado a questão do trabalho precarizado oferecido aos imigrantes indocumentados e lembra que a oportunidade de trabalho que se abre para esses imigrantes, de forma clandestina, os direciona para setores altamente marcados pela precarização do trabalho, mas com grande demanda por mão de obra, como, por exemplo, a indústria têxtil, a atividade de abate de carnes, a construção civil e o serviço doméstico. VILLEN, Patricia. *Imigração na modernização dependente: "braços civilizatórios" e a atual configuração polarizada*. Tese de Doutorado, Universidade Estadual de Campinas, Campinas, 2015.

[226] Sarlet faz a opção pela adesão à concepção clássica da eficácia jurídica e a define como "a possibilidade (no sentido de aptidão) de uma norma vigente (juridicamente existente) a ser aplicada aos casos concretos e de – na medida de sua aplicabilidade – gerar efeitos jurídicos, ao passo que a eficácia social (ou efetividade) pode ser considerada como englobando tanto a decisão pela efetiva aplicação da norma (juridicamente eficaz) quanto o resultado concreto decorrente – ou não – desta aplicação". SARLET, Ingo Wolfgang. *A eficácia dos direitos fundamentais:* uma teoria geral dos direitos fundamentais na perspectiva constitucional. 12 ed. Porto Alegre: Livraria do Advogado Editora, 2015, p. 247-248.

quanto ao seu direito ao trabalho, pois, a *contrario sensu*, se a Organização edita normas convencionais que não reconhecem a igualdade de tratamento e direitos a todos os migrantes, sem qualquer distinção, acaba por legitimar políticas migratórias nacionais que venham a discriminar esses imigrantes.

No entendimento de Pedro Augusto Gravatá Nicoli[227], em que pese a Convenção nº 97 da OIT não enfrentar a questão dos imigrantes em condição irregular, essa norma teve, mesmo assim, o condão de trazer os fundamentos para o trato do trabalho migrante, os quais de fato serviram de inspiração para a elaboração de subsequentes normas internacionais, como é o exemplo da Convenção sobre as Imigrações Efectuadas em Condições Abusivas e sobre a Promoção da Igualdade de Oportunidades e de Tratamento dos Trabalhadores Migrantes adotada pela própria Organização Internacional do Trabalho e, também, da Convenção Internacional sobre a Proteção dos Direitos de Todos os Trabalhadores Migrantes e dos Membros de suas Famílias adotada pela Organização das Nações Unidas.

Na sequência da aprovação da Convenção nº 97, em 1949, a OIT aprovou a Recomendação nº 86 sobre Trabalhadores Migrantes, a qual, como as demais recomendações da Organização Internacional do Trabalho, cria para os Estados membros certas obrigações formais[228], tendentes ao

[227] NICOLI, Pedro Augusto Gravatá. *A condição jurídica do trabalhador imigrante no direito brasileiro*. São Paulo: LTr, 2011, p. 60.

[228] A Constituição da Organização Internacional do Trabalho no seu Artigo 19 *Convenções e recomendações*, prevê no § 6º, quanto às obrigações dos membros em relação a recomendações, o seguinte: 6. "No caso de uma recomendação: a) a recomendação será comunicada a todos os Membros para consideração, para implementação através da lei nacional ou de outra forma; b) cada um dos Membros é obrigado a enviar a recomendação no prazo de um ano a partir do encerramento da reunião da Conferência (ou, quando em circunstâncias excepcionais, isso não puder ser feito dentro de um ano, portanto o mais rapidamente possível, mas nunca mais de dezoito meses após o término da sessão da Conferência), à autoridade ou autoridades a que o assunto se refere, no sentido de que lhe dêem forma de lei ou adotem outras medidas; c) Os Membros informarão o Diretor-Geral da Repartição Internacional do Trabalho sobre as medidas adotadas em conformidade com este artigo para submeter a recomendação à autoridade ou autoridades competentes, comunicando, ao mesmo tempo, os dados relacionados à autoridade ou autoridades consideradas. competente e as medidas por eles adotadas; d) Exceto pela obrigação de apresentar a recomendação à autoridade ou autoridades competentes, nenhuma outra obrigação recairá sobre os Membros, exceto a de informar o Diretor Geral da Repartição

cumprimento de providências legislativas ou medidas de outra natureza, visando a implementação dos preceitos recomendatórios.

A Recomendação nº 86, na esteira do que já dispôs a Convenção nº 97, apresenta, em pormenores, determinados assuntos, tais como a necessidade de disponibilizar informações precisas e seguras aos migrantes e seus familiares, a partir de um serviço de assistência adequado; a importância da facilitação, da intermediação e recrutamento e da colocação dos migrantes no mercado de trabalho, cuidando das garantias relacionadas à igualdade de condições de trabalho e em matéria de seguridade social em relação aos trabalhadores nacionais, bem como das garantias aos trabalhadores migrantes quanto ao acesso ao direito à educação e à formação profissional. Entretanto, tais preceitos compartilham da mesma premissa trazida na Convenção nº 97, qual seja, a de que a parcela de imigrantes abarcada por esses direitos é tão somente aquela que se encontra regular no território estrangeiro, repetindo, no item I da Recomendação nº 86, o âmbito restrito da definição de trabalhador migrante externado no artigo 11 da Convenção nº 97.

Apesar do alcance limitado em relação aos imigrantes indocumentados, entende Rodrigues[229] que, indiretamente, a Recomendação nº 86 acaba por veicular temas do interesse desses imigrantes, na medida em que, direcionada a orientar a política, a legislação e a atuação dos Estados membros, a Recomendação prevê um serviço gratuito de informação aos migrantes, possibilitando a esses e às suas famílias a interação das questões atinentes à migração. Isso confere publicidade e transparência ao modelo jurídico de mercado de trabalho e objetiva prevenir o trabalhador migrante quanto às peculiaridades intrínsecas do Estado receptor, possibilitando, inclusive, que o Estado de origem proceda com as orientações aos trabalhadores que pretendam migrar para outro país.

Internacional do Trabalho, com a freqüência estabelecida pelo Conselho de Administração, sobre o status de sua legislação e prática em relação aos assuntos tratados na recomendação, especificando em que medida as disposições da recomendação foram implementadas ou se propõe que sejam implementadas,e as modificações que são consideradas ou podem ser necessárias para tornar essas disposições adotadas ou aplicadas".

229 RODRIGUES, Rodrigo de Souza. *O trabalhador migrante indocumentado como sujeito de direitos na Organização Internacional do Trabalho.* Dissertação de Mestrado apresentada no Programa de Pós-graduação em Direito do Trabalho da Faculdade de Direito da Universidade de São Paulo. São Paulo, 2019, p. 74.

Os serviços de prestação de informações seguras e precisas são, sem dúvida, imprescindíveis e fundamentais para a boa condução da questão migratória, mas não se deve perder de vista que considerável parcela de imigrantes indocumentados é guiada pela necessidade de busca premente de sobrevivência e circunstancialmente, que não necessariamente envolve a livre escolha, tais imigrantes se conduzem aos territórios estrangeiros que estão ao seu alcance, independentemente das informações disponibilizadas, o que não lhes garante a acolhida pelo Estado receptor.

3.3.2. A Convenção nº 143 e a Recomendação nº 151 da Organização Internacional do Trabalho

Passados vinte e seis anos após a elaboração da Convenção nº 97, a Conferência Internacional do Trabalho da OIT, na sua 60ª Reunião, em 24 de junho de 1975, aprovou a Convenção nº 143 sobre as Imigrações Efetuadas em Condições Abusivas e sobre a Promoção da Igualdade de Oportunidades e de Tratamento dos Trabalhadores Migrantes.

No lapso temporal entre as aprovações dessas duas Convenções, a questão migratória experenciou paulatinamente um recrudescimento de fronteiras, em especial naqueles países receptores de migrantes, cujas políticas migratórias passaram a ser pautadas por restrições à entrada e permanência de imigrantes, sob o discurso da proteção do mercado de trabalho aos nacionais e da atenção às questões de segurança nacional.

Conforme já mencionado em tópico anterior[230], a década de 50 do século XX foi marcada pelo tratamento fracionado das migrações, decorrente do projeto norte americano anunciado na Conferência de Bruxelas. Em razão desse fracionamento, a coordenação dos fluxos migratórios, que foi repartida em instâncias diversas, ficando a questão dos refugiados alocada para a competência das Nações Unidas e a questão dos trabalhadores migrantes reservada para a competência da Organização Internacional do Trabalho, acabou por impossibilitar a abordagem dos aspectos migratórios por uma única instância, acarretando, como consequência, a adoção de tratamentos díspares para os sujeitos envolvidos em deslocamentos

[230] O fracionamento do tratamento da questão migratória foi abordado no item 3.1 do Capítulo 3 deste trabalho.

migratórios. Nesse sentido, afirma Maria Rita Fontes Faria[231] que o fato de os migrantes haverem sido excluídos da esfera de responsabilidade da ONU, os mesmos viram sua vulnerabilidade aumentar e tiveram que se sujeitar às arbitrariedades dos Estados que afrontavam as obrigações assumidas internacionalmente de proteção e respeito aos direitos humanos, destinadas a todo e qualquer indivíduo, inclusive aos migrantes, qualquer que fosse sua condição migratória.

Nesse cenário, o arranjo internacional assumido pela OIT para lidar com a questão dos trabalhadores migrantes, atendeu em certa medida aos interesses de grande parte dos Estados que temiam pelo enfraquecimento de sua soberania ao terem que adequar suas políticas migratórias aos direitos humanos de todos os migrantes. Essa tônica ficou perceptível pelo teor da Convenção nº 97 da OIT, a qual, ao tratar da proteção de direitos trabalhistas dos migrantes em situação regular no território estrangeiro, excluiu dessa proteção os indocumentados, deixando, portanto, a cargo de cada Estado, através de suas políticas migratórias, a decisão pelo tipo de tratamento que desejariam dispensar aos imigrantes indocumentados que adentrassem ou permanecessem em seus respectivos territórios.

Os anos seguintes das décadas de 60 e 70 definiram o panorama nacional e internacional de produção da situação indocumentada, em que se desenhou um aparato burocrático para estruturar a entrada, a permanência e, também, as condições de trabalho da imigração indocumentada[232]. Aparato esse justificado nas diretrizes repressivas e restritivas das políticas migratórias que se intensificavam ao redor do mundo. Apesar do endurecimento à migração e dos obstáculos colocados aos migrantes para transpor fronteiras internacionais, a quantidade de migrantes que se impulsionavam nesse fluxo migratório e acabavam compondo a massa de indocumentados, registrou aumento no decorrer dos anos, fato que trouxe, subjacente, a precariedade das relações laborais e a desproteção quanto aos direitos fundamentais desses trabalhadores migrantes.

[231] FARIA, Maria Rita Fontes. *Migrações internacionais no plano multilateral:* reflexões para a política externa brasileira. Brasília: FUNAG, 2015, p. 170.

[232] VILLEN, Patricia. O trabalho forçadamente indocumentado e institucionalmente silenciado: a imigração dos 'periféricos emergenciais' para o Brasil. *Revista da ABET*, v. 14, n. 2, julho/dezembro, 2015, p. 188. Disponível em: http://www.periodicos.ufpb.br/ojs/index.php/abet/article/view/27949/15018 Acesso em: 11 jun. 2020.

Atenta ao aparecimento em grande escala de trabalhadores migrantes em condição indocumentada e ante a necessidade de oferecer uma resposta à injusta situação dessa parcela da população exposta ao desamparo pelas políticas migratórias nacionais de cunho restritivo, a Organização Internacional do Trabalho aprovou a Convenção nº 143. No intuito de assumir o discurso de defesa dos trabalhadores migrantes, sejam estes documentados ou indocumentados, e a partir de considerações atinentes à prevalência dos direitos humanos e sua prioritária promoção no cenário internacional, a OIT adota uma postura que denota reaproximação com seus próprios princípios constitucionais, reacendendo a importância de seu papel institucional na defesa dos interesses dos trabalhadores empregados no estrangeiro.

É possível afirmar que a Convenção nº 143 representa um avanço substancial quando comparada com os preceitos elencados na Convenção nº 97, tendo com esta algo além de uma relação de complementariedade, pois traz um diferencial importante quanto ao tratamento daqueles imigrantes que se encontram indocumentados. No intuito de abarcar os interesses dos trabalhadores migrantes, documentados e indocumentados, reconhecendo-os como sujeitos de direitos fundamentais e oferecendo a eles proteção mínima quanto a sua promoção, teve a OIT que buscar conciliar os interesses divergentes dos Estados membros, em especial no que concerne ao exercício da soberania sobre suas respectivas fronteiras.

Trata-se de uma Convenção sobre princípios, respaldada não somente na missão institucional de defesa dos interesses dos trabalhadores empregados no estrangeiro, conforme consignado no preâmbulo da Constituição da Organização, mas, também, nas premissas de que o trabalho não é uma mercadoria e de que a pobreza constitui uma ameaça à prosperidade coletiva, inscritas na Declaração de Filadélfia. E, para além dos princípios fundantes da OIT, a Convenção nº 143 leva, ainda, em consideração diversos instrumentos de proteção e promoção dos direitos humanos, tais como a Declaração Universal dos Direitos Humanos e o Pacto Internacional sobre Direitos Civis e Políticos, os quais reconhecem o direito de todo o indivíduo poder sair de qualquer país, bem como entrar no seu próprio país.

A Convenção nº 143, ademais, referencia em suas considerações preliminares a Convenção nº 111 sobre Discriminação em Matéria de Emprego e Ocupação, adotada pela OIT em 1958, a qual, trinta anos mais tarde, em 1998, foi incluída pela Organização no rol das oito convenções consideradas *core obligations*, no que diz respeito ao conjunto de direitos e de princípios fundamentais da OIT que passaram a representar os seus objetivos estratégicos para o alcance do trabalho decente.

É com base nesse conjunto principiológico constante dos diversos instrumentos internacionais elencados nas considerações iniciais da Convenção nº 143, que essa anuncia, logo em seu artigo 1º, que "os membros para os quais a presente Convenção esteja em vigor deverão comprometer-se a respeitar os direitos fundamentais do homem de todos os trabalhadores migrantes", não discriminando entre aqueles em situação regular ou irregular. E enfatiza, além do respeito aos direitos dos migrantes, a necessidade de cada Estado membro averiguar e combater práticas ilícitas que, relacionadas ao deslocamento e emprego de imigrantes, resultem em condições contrárias aos instrumentos ou acordos internacionais ou às legislações nacionais aplicáveis.

Há, nesse ponto, notável preocupação em coibir as práticas abusivas atinentes ao movimento migratório, consistentes no tráfico de mão de obra e na exploração de seu emprego ilegal. O artigo 3º da Convenção evidencia o objetivo de combater as migrações clandestinas, bem como os organizadores desses movimentos ilícitos, desde os facilitadores e intermediários que cuidam do deslocamento pelas fronteiras internacionais, até aqueles que empregam migrantes indocumentados. Perceptível, nesse preceito, a diferenciação de abordagem em relação aos imigrantes indocumentados, vítimas dessas práticas ilícitas, e aos sujeitos que, de alguma forma, contribuem para a cadeia de ilicitudes. As sanções devem voltar-se para estes últimos, a teor do que dispõem os artigos 5º e 6º da Convenção. Nesse sentido, afirma Talita Dartibale Amado[233] que as sanções nunca deverão ser aplicadas contra a pessoa do migrante propriamente dito, e sim contra os organizadores desses movimentos migratórios ilegais e os empregadores.

O combate ao tráfico ilícito de pessoas e ao trabalho em condições análogas à de escravo, situações essas encontradas entre uma parcela

[233] AMADO, Talita Dartibale. *A condição jurídica do trabalhador migrante no âmbito normativo internacional*. *In*: FREITAS JUNIOR, Antonio Rodrigues de; TORRES, Daniel Bertolucci; BOUCINHAS FILHO, Jorge Cavalcanti (organizadores). *Migração, trabalho e direitos humanos*. São Paulo: LTr, 2017, p. 26.

dos imigrantes indocumentados, possui razões de ordem humanitária e econômica suficientes para que os Estados membros promovam a compatibilização de suas normativas nacionais com os instrumentos internacionais, a fim de implementar políticas tendentes a coibir tais práticas. Nesse sentido, os instrumentos internacionais produzidos pela OIT servem também para nortear a atuação dos Estados membros na implementação e promoção da tutela dos direitos fundamentais para qualquer trabalhador, seja nacional ou migrante, estreitando, com isso, o compromisso dos Estados membros com as diretrizes da OIT.

Raúl Guillermo Saco Barrios[234], referenciando Francisco Verdera, sustenta que, no panorama jurídico laboral das migrações, a incumbência das normas internacionais do trabalho consiste em dar suporte jurídico para as disposições nacionais com o objetivo de aumentar a cobertura, a eficácia e o impacto da regulação, criando marcos legais para os imigrantes ou melhorando o funcionamento daqueles já existentes. Assim, as políticas migratórias devem ser desenvolvidas objetivando favorecer a integração sociolaboral dos imigrantes, para o que se faz necessário o amparo das disposições nacionais nas normas internacionais pertinentes produzidas, seja no âmbito das Nações Unidas, seja no âmbito da Organização Internacional do Trabalho.

O princípio da promoção e implementação progressivas dos direitos humanos, constante do artigo 2º do Pacto Internacional sobre Direitos Econômicos, Sociais e Culturais, adotado pela Assembleia Geral das Nações Unidas em 1966, parece ter sido observado pela OIT quando da elaboração da parte I da Convenção nº 143, na medida em que, a partir de um patamar de direitos fundamentais já afirmado em convenções precedentes, tais como a de nº 97 – em que pese seu caráter restritivo, e a de nº 111, a OIT comtempla no artigo 9º da Convenção nº 143 a ampliação da proteção jurídica, em relação a emprego anterior, de direitos atrelados à remuneração, à seguridade social e à outras vantagens, aos trabalhadores

[234] BARRIOS, Raúl Guillermo Saco. *Migración laboral internacional:* algunas consideraciones a la luz del Derecho del Trabajo. *In*: *El Derecho del Trabajo en la actualidad: problemática y prospectiva. Estudios en homenaje a la Facultad de Derecho PUCP en su centenario.* (p. 401 – 432). LIMA. PUCP – Facultad de Derecho. 2019, p. 409. VERDERA, Francisco. *La migración laboral internacional: derechos de los/as trabajadores/as migrantes. In*: Panfichi, Aldo Italo. (Ed.). Aula magna. *Migraciones internacionales*, p. 107-146. Lima: Fondo Editorial de La pontifícia Universidad Católica del Perú, 2007, p. 112.

migrantes em situação irregular e aos membros de suas famílias. Assim, quanto aos aspectos mencionados, assegura tratamento igualitário à parcela indocumentada de migrantes.

O avanço normativo está evidenciado na inclusão expressa dos migrantes indocumentados no âmbito protetivo e promocional dos direitos humanos que traz uma ressignificação da proteção anunciada sob a ótica humanitária da tutela universal dos direitos humanos, e não, tão somente, a partir de questões de segurança nacional. Segundo Pedro Augusto Gravatá Nicoli[235], a Convenção nº 143 apresenta em seu bojo a proteção de direitos trabalhistas, com a característica da irrenunciabilidade, como um direito pertencente a toda a pessoa humana e, portanto, estendido também àqueles em situação migratória indocumentada.

Entretanto, em que pese o progresso da Parte I da Convenção nº 143, em relação ao reconhecimento de um patamar mínimo de proteção ao trabalhador migrante indocumentado, a Convenção segue na Parte II com dispositivos que regulam a igualdade de oportunidades e de tratamento atinentes apenas entre os trabalhadores migrantes documentados e os nacionais do Estado receptor. Nesse ponto, a Convenção diferencia o âmbito de proteção dos migrantes e deixa de contemplar aqueles que não ostentam condição regular.

Assim, prevê o artigo 10 da Convenção nº 143 que os Estados membros, para os quais a Convenção encontra-se em vigor, devem promover e garantir a igualdade de oportunidades e de tratamento em matéria de emprego e profissão, bem como de liberdades individuais e coletivas, aos migrantes que se encontram legalmente nos seus territórios. Ainda, o artigo 14 da Convenção nº 143 dispõe que todo o Estado membro poderá subordinar a livre escolha de emprego à condição de que o trabalhador migrante tenha residência legal no país por determinado período e com a finalidade de emprego.

Nessa esteira, o artigo 11 da Convenção nº 143 prevê que para fins de aplicação do disposto em sua Parte II, o alcance da definição de trabalhador migrante é tomado tal qual a definição apresentada na Convenção nº 97, qual seja, pessoa que emigra ou emigrou de um país para outro com o fim de ocupar um emprego não por conta própria, compreendendo todo

[235] NICOLI, Pedro Augusto Gravatá. *A condição jurídica do trabalhador imigrante no direito brasileiro*. São Paulo: LTr, 2011, p. 62.

e qualquer indivíduo regularmente admitido como trabalhador migrante. A larga discricionariedade de cada Estado membro no tocante ao enquadramento do trabalhador migrante regular persiste.

Destaque importante a ser feito, quanto à Parte II da Convenção nº 143, diz respeito ao item f do artigo 12. Não fosse pela limitação do alcance de proteção somente para aqueles migrantes que se encontram legalmente em território estrangeiro, poder-se-ia dizer que o conteúdo da Convenção nº 143 vem de encontro aos princípios e objetivos da OIT. Referido preceito informa que todo o Estado membro deve encorajar a preservação das identidades nacionais e étnicas dos migrantes, assim como os laços culturais com seus países de origem, dando às crianças migrantes, inclusive, a possibilidade de obter um ensino de sua língua materna.

O importante significado subjacente a esse dispositivo convencional está no incentivo a não assimilação da população migrante para que esta possa ser aceita e efetivamente integrada na comunidade em que se encontra. Vale dizer, o migrante fica a salvo da agressão de ter que abandonar sua cultura e seus costumes para que lhe seja permitida sua inserção na nova comunidade. Nesse sentido, aponta Verdera[236], ao analisar o impacto da migração nos Estados receptores de imigrantes e os obstáculos da assimilação dos imigrantes na sociedade e no mercado de trabalho, a necessidade de tutelar o direito a não discriminação dos trabalhadores migrantes em relação aos nacionais.

Além do reconhecimento do direito à preservação das identidades dos migrantes, todos os demais direitos constantes da Parte II da Convenção nº 143 demonstram a intenção da OIT em proteger os trabalhadores migrantes e promover seus direitos fundamentais com base na gramática dos direitos humanos inserida em diversos instrumentos internacionais, dentre os quais há clara inspiração nas normas da Convenção nº 111 da própria OIT, referente à discriminação em matéria de emprego e ocupação, conforme ressalta Arnaldo Süssekind[237]. Ressalva feita, no entanto, aos trabalhadores migrantes em condição indocumentada, os quais, conforme já mencionado, foram excluídos dessa proteção.

[236] VERDERA, Francisco. *La migración laboral internacional: derechos de los/as trabajadores/as migrantes. In*: Panfichi, Aldo Italo. (Ed.). Aula magna. *Migraciones internacionales*, p. 107-146. Lima: Fondo Editorial de La pontifícia Universidad Católica del Perú, 2007, p. 133.

[237] SÜSSEKIND, Arnaldo Lopes. *Direito Internacional do Trabalho*. São Paulo: LTr, 2000, p. 261.

A Recomendação nº 151 da OIT sobre Trabalhadores Migrantes, adotada em 1978 na 60ª Reunião da Conferência Internacional do Trabalho, trata, de forma pormenorizada, da questão acerca da igualdade de tratamento para trabalhadores migrantes, além de dispor de outras providências. A primeira parte da Recomendação abrange questões relacionadas ao princípio da igualdade de oportunidades e tratamento para os trabalhadores migrantes que se encontram legalmente no território estrangeiro. A segunda parte diz respeito às políticas sociais que abarcam o reagrupamento familiar, a proteção da saúde dos trabalhadores migrantes e o acesso aos serviços sociais. Já a terceira parte cuida da temática do emprego e residência, na qual enfatiza medidas para garantir a proteção em caso de perda de emprego, expulsão e saída do país estrangeiro. Muito embora haja na Recomendação nº 151 orientação para elaboração de políticas direcionadas para o trabalhador migrante indocumentado, conforme se nota no parágrafo 34, aponta Jorge Cavalcanti Boucinhas Filho[238] para o fato de que esse documento é destinado prevalentemente para o trabalhador migrante em situação regular.

De fato, o regramento normativo da Recomendação nº 151 pressupõe a condição regular do trabalhador migrante ou a necessidade de buscar a regularização para poder desfrutar dos direitos reconhecidos. Lê-se no parágrafo 8º da Recomendação que os trabalhadores migrantes, cuja situação tenha sido regularizada, terão concedidos todos os mesmos direitos atribuídos aos trabalhadores migrantes legalmente inseridos no território estrangeiro. E, a corroborar essa diferenciação, o próprio parágrafo 8º delimita o acesso ao direito de igualdade de tratamento aos trabalhadores migrantes indocumentados somente no que se refere à existência de emprego atual ou anterior para questões relativas à remuneração, à seguridade social e a outros benefícios como a sindicalização e o exercício de direitos sindicais.

O parágrafo 34, por outro lado, enfatiza o reconhecimento de direitos a todo trabalhador migrante, independentemente de sua condição regular ou irregular, no tocante à remuneração e indenizações decorrentes de contrato de trabalho, às prestações devidas por acidente de trabalho e

[238] BOUCINHAS FILHO, Jorge Cavalcanti. *Convenções internacionais sobre migração de trabalhadores*. *In*: ALVARENGA, Rúbia Zanotelli de; COLNAGO, Lorena de Mello Rezende (Coordenadores). *Direito internacional do trabalho e as convenções internacionais da OIT comentadas*. São Paulo: LTr, 2014, p. 289 – 296.

doenças profissionais e, inclusive, ao acesso à justiça para discutir e buscar os direitos por ventura devidos. Apesar desse dispositivo representar um avanço no que atine ao trato da questão migratória dos indocumentados, o mesmo faz referência a aspectos trabalhistas atrelados a uma dada relação laboral, sem considerar a situação necessariamente antecedente ao contrato de trabalho que é o direito ao trabalho. A OIT não reconheceu o direito universal ao trabalho para os imigrantes indocumentados. Essa questão continua sob a seara da discricionariedade de cada Estado membro da Organização, o que contribui para a produção da indocumentação e consequente precariedade nas relações laborais dos indocumentados.

3.3.3. Demais convenções correlatas aos trabalhadores migrantes

Dentre as oito convenções consideradas *core obligations* pela Organização Internacional do Trabalho, por serem reconhecidas como fundamentais dentro e fora da Organização, conforme previsto na Declaração sobre Princípios e Direitos Fundamentais no Trabalho, destaca-se a Convenção nº 111 sobre Discriminação em Matéria de Emprego e Ocupação. Esta Convenção, já referida nas considerações gerais da Convenção nº 143, trata de um princípio de direito fundamental que é transversal a toda e qualquer norma produzida no âmbito da OIT, qual seja, o princípio da não discriminação nas relações laborais.

A partir dos direitos enunciados na Declaração Universal dos Direitos Humanos e do direito ao progresso material e desenvolvimento espiritual em liberdade e dignidade, em segurança econômica e com oportunidades iguais, constante da Declaração de Filadélfia, o princípio da não discriminação é tomado como um alicerce no combate às violações dos direitos humanos fundamentais.

O termo discriminação compreende, conforme artigo 1º da Convenção nº 111, "toda distinção, exclusão ou preferência fundada na raça, cor, sexo, religião, opinião política, ascendência nacional ou origem social, e que tenha por efeito destruir ou alterar a igualdade de oportunidade ou de tratamento em matéria de emprego ou profissão". Segundo Geraldo Von Potobsky e Hector Bartolomei[239], trata-se de uma Convenção com âmbito

[239] VON POTOBSKY, Geraldo e BARTOLOMEI, Hector. *La organización internacional del trabajo:* el sistema normativo internacional. Los instrumentos sobre derechos humanos fundamentales. Buenos Aires: Astrea, 1990, p. 432.

de aplicação universal e com alcance aos nacionais e não nacionais, sem qualquer distinção.

Todo Estado membro da Organização Internacional do Trabalho, signatário ou não da Convenção nº 111, a teor do que dispõe o artigo 2º da Declaração sobre Princípios e Direitos Fundamentais no Trabalho, deve conduzir sua política migratória nacional para o fim de promover a igualdade de oportunidades e de tratamento em matéria de emprego e ocupação, buscando a eliminação de toda forma de discriminação nessa seara. Para tanto, e observadas as circunstâncias e os usos nacionais, a atividade normativa de cada Estado membro deve ser direcionada para a consecução desse objetivo, seja promulgando, revogando ou modificando disposições legais que atentem contra o princípio da não discriminação. O intuito é seguir na busca da compatibilização entre a normativa internacional e a nacional, a fim de que seja reconhecido e aprimorado progressivamente os direitos fundamentais dos trabalhadores.

A Convenção nº 29 sobre Trabalho Forçado ou Obrigatório, aprovada na 14ª Reunião da Conferência Internacional do Trabalho da OIT em 1930, estabelece a obrigatoriedade de todo Estado membro que a tenha ratificado de suprimir em seu território o emprego do trabalho forçado ou obrigatório sob todas as suas formas, compreendida a expressão "trabalho forçado ou obrigatório", nos termos do seu artigo 2º, como aquele exigido de um indivíduo sob ameaça de qualquer penalidade e para o qual ele não se ofereceu de espontânea vontade. A OIT reconhece que o tráfico de pessoas é prática que está diretamente relacionada com o trabalho forçado do migrante indocumentado.

Embora a escravidão tenha sido abolida há mais de um século, é certo que ainda persiste na atualidade formas aviltantes de tratamento do trabalhador migrante, reduzindo-o à condição de mera coisa quantificável na relação de trabalho, na medida em que a partir de uma situação de vulnerabilidade acentuada pela indocumentação, sua força de trabalho é explorada sem que haja a contrapartida adequada, ou seja, sem o deferimento dos direitos sociais fundamentais, reconhecidos a qualquer trabalhador, deixando-o, portanto, aquém do patamar mínimo de uma existência digna.

Nesse sentido, há uma clara preocupação da Organização Internacional do Trabalho, externalizada na Convenção nº 29, em identificar e coibir o trabalho forçado. O combate ao tráfico ilícito de pessoas e ao trabalho em condições análogas à de escravo, situações frequentemente encontradas entre os imigrantes indocumentados, possui razões de ordem humanitária suficientes para que a normativa nacional de cada Estado membro seja compatibilizada com os instrumentos internacionais produzidos pela OIT, a fim de buscar implementação de políticas efetivas que possam conter tais práticas. A intenção da OIT em buscar soluções para a questão da situação migratória indocumentada de tantos trabalhadores está colocada também no Protocolo Adicional[240] e na Recomendação Acessória[241], ambos de 2014, à Convenção nº 29, os quais significam a reafirmação do marco legal de combate à exploração do trabalho de que são vítimas muitos imigrantes indocumentados.

No arcabouço normativo sobre direitos fundamentais da Organização Internacional do Trabalho, há outras convenções, além da 97 e da 143, em que especificamente a temática do trabalhador migrante é abordada. Mesmo que nesses documentos não seja dado um tratamento direcionado para aqueles migrantes em condição indocumentada, vale a pena o seu registro, ainda que breve, para mapear eventual rede de proteção conferida a esses migrantes.

A Convenção nº 19, aprovada na 7ª Reunião da Conferência Internacional do Trabalho, em 1925, determina a igualdade de tratamento em matéria de acidentes de trabalho entre os trabalhadores migrantes e os nacionais do Estado receptor, independentemente da situação de residência dos imigrantes, e estabelece a obrigação de que a estes seja assegurado o mesmo tratamento dispensado aos nacionais.

O trabalhador migrante indocumentado é contemplado por essa norma, na medida em que a mesma prevê a inclusão em patamar mínimo de direitos sem proceder a diferenciação entre a população migrante, determinando o tratamento igualitário em relação aos nacionais do território. A extensão da garantia de direitos à seguridade social, com acesso a

[240] ORGANIZAÇÃO INTERNACIONAL DO TRABALHO. *Protocolo Adicional à Convenção nº 29*. Disponível em: https://www.ilo.org/dyn/normlex/es/f?p=NORMLEXPUB:12100:0::NO::P12100_ILO_CODE:P029. Acesso em: 08 jul. 2020.

[241] ORGANIZAÇÃO INTERNACIONAL DO TRABALHO. *Recomendação Acessória à convenção nº 29*. Disponível em: https://www.ilo.org/dyn/normlex/es/f?p=NORMLEXPUB:12100:0::NO::P12100_INSTRUMENT_ID:3174688. Acesso em: 08 jul. 2020.

benefícios básicos e atendimento médico, diz respeito a todas as pessoas, independentemente de seu *status* migratório.

Já a Convenção nº 118, de 1962, adotada na 46ª Reunião da Conferência Internacional do Trabalho, dispõe sobre Igualdade de Tratamento dos Nacionais e Não Nacionais em Matéria de Previdência Social, e prevê, em seu artigo 3º, que qualquer Estado membro, para o qual a presente convenção estiver em vigor, concederá aos nacionais de outro Estado membro, que se encontrem em seu território, tratamento igualitário em relação aos seus nacionais, de acordo com o prescrito em sua específica legislação nacional sobre previdência social. Trata-se de norma mais detalhada em relação à temática da previdência social, a qual inclui assistência médica, questões de aposentadoria por invalidez e por velhice, auxílio doença, prestações relativas à maternidade, a acidentes de trabalho e à doenças profissionais, dentre outras.

A autorização para trabalhar ou para permanecer em território estrangeiro é, no entanto, condicionante para que o migrante possa se beneficiar da igualdade de tratamento dispensado aos nacionais, visto que os Estados membros podem excluir do rol de beneficiários todos aqueles que se encontrem em situação irregular. Nesse sentido, o *status* migratório prevalece como algo que antecede a análise do deferimento de direitos igualitários entre os nacionais e os trabalhadores migrantes. Assim, a Convenção nº 118 prevê igualdade de tratamento em questões relacionadas à seguridade social tão somente entre migrantes documentados e trabalhadores nacionais, sob a justificativa de que o *status* migratório irregular é um óbice que se sobrepõe ao tratamento diferenciado baseado na nacionalidade[242].

[242] RODRIGUES, Rodrigo de Souza. *O trabalhador migrante indocumentado como sujeito de direitos na Organização Internacional do Trabalho.* Dissertação de Mestrado apresentada no Programa de Pós-graduação em Direito do Trabalho da Faculdade de Direito da Universidade de São Paulo. São Paulo, 2019, p, 85. Rodrigues, ao discorrer sobre a Convenção nº 118, lembra que o Comitê de Peritos, quando do Levantamento Geral dos Relatórios sobre a Convenção sobre a Igualdade de Tratamento de 1977, concluiu que os Estados Partes dessa Convenção não estão impedidos de excluir os nacionais de outros Estados que não tenham autorização para trabalhar e permanecer no território do Estado Parte, tendo em vista que a exclusão dos trabalhadores migrantes irregulares não é motivada pela diferenciação de acordo com a cidadania, mas sim de acordo com a posição legal, de tal modo que a igualdade de tratamento entre cidadãos e não cidadãos não pode ser invocada.

Nota-se que em nenhuma das convenções mencionadas, há o reconhecimento do direito ao trabalho ao trabalhador migrante indocumentado, muito embora a eles possam ser deferidos, em limitadas situações, direitos decorrentes da relação de trabalho que eventualmente tenham estabelecido no território estrangeiro.

CAPÍTULO 4
CONFIGURAÇÃO DA PROTEÇÃO DOS TRABALHADORES MIGRANTES INDOCUMENTADOS NO ARCABOUÇO NORMATIVO INTERNACIONAL: UMA ANÁLISE COMPARATIVA

4.1. No âmbito do sistema global de proteção dos direitos humanos da Organização das Nações Unidas – ONU

A questão das migrações internacionais é tema que permeia o fenômeno da globalização, pois, como visto, envolve o intercâmbio de pessoas ao redor do mundo, tal qual acontece com bens, serviços, capital e ideias. No entanto, das várias facetas da globalização, a circulação de pessoas é certamente o aspecto que maior déficit de soluções tem apresentado no âmbito internacional.

A Organização Internacional do Trabalho, ao tomar para si a competência para tratar da questão dos trabalhadores migrantes internacionais, responsabilizou-se por criar uma regulação a essa parcela da população que desse conta da proteção das relações laborais que se estabelecessem em território estrangeiro. Entretanto, ao buscar conciliar interesses divergentes dos próprios migrantes e dos Estados membros, em especial daqueles receptores de imigrantes, acabou por construir um arcabouço normativo insuficiente à altura de sua missão institucional, carente de uma uniformização que pudesse amparar todos os migrantes.

Ao lado da atuação da OIT, mas não necessariamente sincronizada com esta, foram criadas, ao longo dos anos, várias instituições para tratar cada qual de um aspecto específico da migração. Essa fragmentação no trato da questão migratória, a que Alexander Betts[243] chama de plurilateralismo, repercutiu de forma negativa para a criação de um sistema regulatório internacional coerente e coeso, de tal sorte que se pode dizer que não há atualmente na ordem internacional um regime único formal e específico que faça frente à questão migratória e que reduza o protagonismo e a unilateralidade dos Estados para decidirem questões de alcance internacional que afetam toda a humanidade.

Não obstante essa ausência, lembra Maria Rita Fontes Faria[244] que há, no cenário jurídico internacional, no âmbito das Nações Unidas, um regime capaz de socorrer emergencialmente os migrantes internacionais. Trata-se do regime internacional de direitos humanos *latu sensu*, que reúne instrumentos de proteção e promoção de direitos humanos direcionados a todos os indivíduos, na condição de sujeitos de direitos fundamentais, condição essa que precede, portanto, a condição de trabalhador ou mesmo de trabalhador migrante indocumentado. Para a autora, as normas de direitos humanos que compõem esse regime internacional são consideradas o ponto de início e a base para qualquer definição dos direitos dos migrantes e, enfatiza, que qualquer migrante, independentemente de sua situação legal, é sujeito de direitos fundamentais, os quais carregam a característica de *jus cogens* de direitos humanos.

Destacam-se nesse sólido arcabouço jurídico a Declaração Universal de Direitos Humanos de 1948, o Pacto Internacional sobre Direitos Civis e Políticos de 1966, o Pacto Internacional sobre Direitos Econômicos, Sociais e Culturais de 1966 e a Convenção sobre a Proteção dos Direitos de todos os Trabalhadores Migrantes e dos Membros de suas Famílias de 1990, além da Declaração e Programa de Ação de Viena de 1993.

Ressalte-se, são instrumentos internacionais que, muito embora não toquem diretamente na questão dos imigrantes indocumentados, exceto

[243] Alexander Betts, ao discorrer sobre a governança global das migrações, diferencia o multilateralismo do plurilateralismo, na medida em que o primeiro se refere a um consenso internacional para unir esforços em torno da mesma temática, enquanto o segundo diz respeito à existência de múltiplas instituições que tratam do mesmo tema, porém de forma não uniforme e sem o comprometimento de encontrar soluções conjuntas. BETTS, Alexander. *Global Migration Governance*, 2008, p. 6. Disponível em: www.globaleconomicgovernance.org

[244] FARIA, Maria Rita Fontes. *Migrações internacionais no plano multilateral: reflexões para a política externa brasileira*. Brasília: FUNAG, 2015, p. 179.

a Convenção sobre a Proteção dos Direitos de todos os Trabalhadores Migrantes e dos Membros de suas Famílias, trazem normas gerais para o alcance de uma existência digna, sendo essa o fundamento para se buscar outros direitos e conquistar a justiça social.

4.1.1. Declaração Universal dos Direitos Humanos de 1948

A Declaração Universal dos Direitos Humanos foi proclamada pela Assembleia Geral das Nações Unidas, por meio de sua Resolução 217 A (III), em 1948. Essa Declaração lançou, a partir da premissa de que a dignidade da pessoa humana deve ser o fundamento para se alcançar a justiça mundial, o reconhecimento de direitos básicos do homem, como um ideal a ser perseguido progressivamente no âmbito nacional de cada Estado, bem como no âmbito internacional.

Segundo Celso Lafer[245], a Declaração Universal dos Direitos Humanos inaugura uma nova concepção de vida internacional, na medida em que afirma o papel dos direitos humanos na convivência coletiva, tratando-o como um marco emancipatório do ser humano, a partir de uma reorganização mais humanitária da vida coletiva, por meio justamente da promoção desses direitos. A importância dada aos direitos humanos pela Declaração Universal possibilitou uma nova perspectiva sobre a ingerência nas relações entre o Estado e seus jurisdicionados, apontando para a necessidade de haver contornos mais estreitos à atuação discricionária do poder soberano dos Estados que se viram compromissados com a internacionalização dos direitos humanos. Para Lafer, a Declaração é a expressão de um direito novo que traz a relevância axiológica, no plano internacional, de se respeitar a dignidade da pessoa humana.

Considera a Declaração Universal, em seu Preâmbulo, que a liberdade a todos reconhecida, de viver a salvo do temor e da necessidade, representa a maior ambição almejada pelo ser humano e que atos que desrespeitam os direitos humanos nela reconhecidos ultrajam a consciência da humanidade. O respeito, portanto, dos direitos trazidos no bojo da Declaração insere-se na esfera do interesse difuso da humanidade.

[245] LAFER, Celso. *Declaração Universal dos Direitos Humanos (1948)*. *In*: História da paz: os tratados que desenharam o planeta / Demétrio Magnoli, (organizador). — 2. ed. — São Paulo: Contexto, 2012. Vários autores. ISBN 978-85-7244-396-8, p. 247-249.

Afigura-se o respeito como um dever jurídico de todos assumirem a responsabilidade pelas necessidades de qualquer indivíduo no meio social, a que Fabio Konder Comparato[246] denomina princípio da solidariedade, cujo fundamento ético está na ideia de justiça distributiva, na qual há compensação de bens e vantagens entre grupos sociais com a socialização dos riscos normais da existência humana. Para o autor, a Declaração de 1948 representa, conforme expresso em seu artigo primeiro, a manifestação histórica do reconhecimento, em âmbito universal, dos princípios da igualdade, da liberdade e da solidariedade entre os homens.

Assim, logo nos primeiros artigos da Declaração Universal estão elencados os princípios da igualdade e da liberdade de todas as pessoas, as quais nascem livres e iguais em dignidade e respeito. Confere a Declaração, em decorrência dos princípios ora mencionados, que todas as pessoas devem ter igual proteção da lei, podendo gozar dos direitos nela estabelecidos sem discriminação de qualquer espécie, inclusive por origem nacional.

A Declaração Universal dos Direitos Humanos não ficou limitada ao reconhecimento apenas dos direitos de natureza tipicamente civil e política, relacionados intrinsecamente aos princípios da liberdade e da igualdade, mas trouxe, também, sob o manto do princípio da solidariedade, o reconhecimento dos direitos econômicos, sociais e culturais, os quais devem ser garantidos por meio da cooperação nacional e internacional, visto que o seu exercício, além de ser indispensável à dignidade humana, significa a possibilidade de livre desenvolvimento da personalidade de cada indivíduo, a teor do que dispõe o artigo XXII da Declaração.

A contemplação de direitos civis e políticos ao lado de direitos econômicos, sociais e culturais demonstram, segundo Flávia Piovesan[247], não somente a interdependência dessas diversas categorias de direitos humanos, como também a similitude em grau de relevância dos direitos econômicos, sociais e culturais em relação aos direitos civis e políticos. Aqueles são direitos em que se visa proteger e promover as necessidades humanas básicas no patamar, ao menos, do mínimo existencial à dignidade humana.

[246] COMPARATO, Fabio Konder. *Rumo à justiça*. São Paulo: Saraiva, 2010, p. 61.

[247] PIOVESAN, Flávia. *Temas de direitos humanos*. 10 ed. São Paulo: Saraiva, 2017, p. 180.

Reconhecer o direito ao trabalho como um direito humano universal é oportunizar ao indivíduo o direito de exercer uma atividade remunerada, no intuito de propiciar sua inserção no meio comunitário em que vive e possibilitar o seu desenvolvimento pessoal com autodeterminação. A Declaração abarca no rol de direitos universais, cuja titularidade pertence a toda a pessoa, o direito fundamental ao trabalho e às condições justas e favoráveis de trabalho, de forma que, através dele, todos possam ter assegurada uma existência compatível com a dignidade humana. É o que se depreende do teor do artigo XXIII da Declaração.

Reconhece Fabio Konder Comparato[248] que a Declaração Universal dos Direitos Humanos traz princípios que se situam no mais elevado nível hierárquico do ordenamento jurídico e que, especialmente ao que atine aos direitos humanos, representam uma base normativa objetiva e não meramente uma diretriz programática. Esse entendimento explica a vigência dos direitos humanos contidos na Declaração, independentemente de estarem inscritos em tratados internacionais ou na legislação interna de um Estado, exatamente porque se está diante de exigências de respeito à dignidade humana, exercidas contra todos os poderes estabelecidos. Ressalta o autor que os princípios formam uma categoria de normas jurídicas que possui maior abrangência de seu campo de incidência, maior força jurídica e força para permanecer em vigor em caso de conflito normativo e, nesse ponto, afirma que a função própria dos princípios é conferir unidade ao sistema jurídico, direcionando a interpretação e a aplicação de suas normas.

A Declaração de 1948, no entendimento de Flávia Piovesan[249], adota um conjunto de direitos humanos, os quais somente podem se realizar se tomados pela sua integralidade, interdependência e indivisibilidade que, no consenso internacional, significa a busca pela salvaguarda de parâmetros protetivos mínimos. Afirma a autora que a Declaração Universal dos Direitos Humanos inaugurou o marco de criação do Direito Internacional dos Direitos Humanos e trouxe para esse sistema normativo lastro axiológico e a unidade dos princípios da universalidade, indivisibilidade e interdependência dos direitos humanos.

248 COMPARATO, Fabio Konder. *Rumo à justiça*. São Paulo: Saraiva, 2010, p. 57-58.

249 PIOVESAN, Flávia. *Temas de direitos humanos*. 10 ed. São Paulo: Saraiva, 2017, p. 181.

Nesse sentido afirma Celso Lafer[250] que a Declaração Universal dos Direitos Humanos não é simplesmente uma soma de Declarações nacionais, nem tampouco uma ampliação em escala mundial dessas Declarações, mas, antes, ela formula direitos humanos universais que, para além do alcance de uma jurisdição nacional, abarca a tutela internacional de direitos.

A história dos direitos humanos permite afirmar que embora a Declaração Universal dos Direitos Humanos signifique um avanço importante na luta por reconhecimento de direitos fundamentais, é certo que sua efetiva aplicação no âmbito de cada Estado depende do grau de internacionalização das normas de direitos humanos. Vale dizer, os Estados, no exercício de sua soberania nacional, devem promover a concretização do universalismo dos direitos humanos, incorporando em seu respectivo arcabouço jurídico a hermenêutica internacional.

Entretanto, ressalta André de Carvalho Ramos[251] que o fato de um Estado aceitar perante a comunidade internacional as normas de direitos humanos produzidas no âmbito do sistema global de proteção dos direitos humanos, ratificando e incorporando seus tratados no ordenamento jurídico interno, não significa nem tampouco garante que haverá o efetivo respeito e implementação desses direitos no plano nacional. Isso porque, para que tal ocorra, o Estado deve harmonizar a interpretação de sua legislação com a posição hermenêutica dos órgãos internacionais envolvidos na proteção e promoção dos direitos humanos, sob pena desses instrumentos tornarem-se peças de retórica, permitindo relativismos que na prática representam inefetividade desses direitos.

No âmbito internacional, no sistema global de proteção dos direitos humanos, cujo marco foi a Declaração de 1948, seguiram-se dois Pactos, com força jurídica vinculante, que tiveram a incumbência de pormenorizar os direitos e reafirmar e fortalecer os princípios constantes da Declaração Universal dos Direitos Humanos. São eles o Pacto Internacional sobre Direitos Civis e Políticos e o Pacto Internacional sobre

[250] LAFER, Celso. *Declaração Universal dos Direitos Humanos (1948)*. *In*: História da paz: os tratados que desenharam o planeta / Demétrio Magnoli, (organizador). 2. ed. São Paulo: Contexto, 2012. Vários autores. ISBN 978-85-7244-396-8, p. 261.

[251] CARVALHO RAMOS, André de. *Processo internacional de direitos humanos*, 2 ed. São Paulo: Saraiva, 2012, p. 347-348.

Direitos Econômicos, Sociais e Culturais, ambos adotados em 1966 pela Assembleia Geral das Nações Unidas.

4.1.2. Pacto Internacional sobre Direitos Civis e Políticos de 1966 e Pacto Internacional sobre Direitos Sociais, Econômicos e Culturais de 1966

A Declaração Universal dos Direitos Humanos, embora seja um documento formalmente constituído sob a forma de recomendação, não é, no entanto, considerada um documento desprovido de força vinculante[252]. Isso porque a Declaração normatiza princípios fundamentais atinentes aos direitos humanos, cuja vigência se impõe independentemente de posterior inserção em leis e tratados internacionais. A força normativa dos princípios assegura a exigência de sua observância a todos imposta.

Em relação à natureza jurídica da Declaração Universal dos Direitos Humanos, afirma Celso Lafer[253] que a Declaração é um "bem-sucedido paradigma daquilo que se tornou usual no processo de criação de normas do Direito Internacional Público: a passagem, no correr do tempo, da *soft-law* de uma Resolução para a *hard law* dos tratados". Para o autor, há um consentimento sistêmico da comunidade internacional em relação à força vinculante da Declaração, seja por sua reiterada invocação, por meio de uma interpretação universal, seja por tomá-la como norma costumeira do Direito Internacional Público.

A preocupação em garantir o respeito universal dos direitos previstos na Declaração de 1948, levou a Assembleia Geral das Nações Unidas a

[252] Há entendimento no sentido contrário, em que se atribui à Declaração Universal dos Direitos Humanos natureza de um documento meramente recomendatório aos Estados, desprovida, portanto, de força obrigatória e vinculante. De acordo com Enrique Ricardo Lewandowski, as disposições da Declaração, por si mesmas, carecem de eficácia plena e por essa razão parte dos doutrinadores defenderam que a incorporação de seus artigos em tratados multilaterais específicos, teria a função de conferir-lhes a qualidade de normas cogentes. LEWANDOWSKI, Enrique Ricardo. *Proteção dos direitos humanos na ordem interna e internacional*. Rio de Janeiro: Forense, 1984, p. 91.

[253] LAFER, Celso. *Declaração Universal dos Direitos Humanos (1948)*. *In*: História da paz: os tratados que desenharam o planeta / Demétrio Magnoli, (organizador). — 2. ed. — São Paulo: Contexto, 2012. Vários autores. ISBN 978-85-7244-396-8, p. 267.

adotar dois tratados internacionais, cuja função seria reafirmar o reconhecimento e a vigência dos direitos humanos então proclamados pela Declaração.

Assim, a Organização das Nações Unidas, em continuidade à missão de desenvolver o respeito pelos direitos humanos, adotou, através de sua Assembleia Geral, em 1966, dois Pactos que vieram não somente a detalhar o conteúdo da Declaração Universal de Direitos Humanos, mas para além disso, também trouxeram mecanismos de averiguação e sanção às práticas violadoras desses direitos. Tais Pactos, com inquestionável natureza obrigatória e vinculante, incorporaram, de forma aprofundada, os direitos constantes da Declaração de 1948, contribuindo para o fortalecimento do sistema global de proteção dos direitos humanos.

Em que pese a adoção de dois Pactos, cada qual prevendo uma parcela de direitos humanos, de um lado os direitos civis e políticos e de outro lado os direitos econômicos, sociais e culturais, entende-se que os direitos humanos, por sua natureza indivisível, universal e interdependente, formam um único e coeso sistema. A corroborar esse entendimento, verifica-se logo no preâmbulo dos Pactos que ambos trazem disposições idênticas.

Ao referenciar a Declaração Universal dos Direitos Humanos, os Pactos Internacionais reconhecem que a criação de condições que permitam a cada indivíduo gozar de seus direitos civis e políticos, assim como de seus direitos econômicos, sociais e culturais é premissa fundamental para que se realize o ideal do ser humano livre e liberto do temor e da miséria. Ainda, consideram os Pactos que a dignidade é inerente a todos os indivíduos e que a igualdade de direitos constitui o fundamento da liberdade, da justiça e da paz no mundo. Ambos os Pactos são fundamentados nos princípios da igualdade, da liberdade e da não discriminação.

O Pacto Internacional sobre Direitos Civis e Políticos, em seu artigo 2º, proíbe os Estados de dispensar tratamento discriminatório a qualquer indivíduo que se encontre em seu território por motivo de raça, sexo, cor, língua, religião, opinião política, origem nacional ou social, situação econômica, nascimento ou qualquer outra condição. O exercício dos direitos reconhecidos nesse Pacto deve ser assegurado pelos Estados, seja por meio de prestações positivas ou negativas, com fundamento no princípio de que todas as pessoas são iguais em dignidade para o gozo de direitos comuns a todos os seres humanos.

A determinação contida no artigo 2º do Pacto Internacional sobre Direitos Civis e Políticos é reafirmada também no seu artigo 26, em que o princípio da igualdade de todas as pessoas perante a lei, em proteção e em direitos, deve ser assegurado sem qualquer forma de discriminação.

Como mecanismos de averiguação de eventuais práticas violadoras dos direitos previstos no Pacto, os artigos 28 e 41 dispõem sobre a criação de um Comitê de Direitos Humanos, ao qual se reconhece a competência para receber e examinar comunicações sobre violações das obrigações constantes do Pacto, devendo os Estados se sujeitarem aos procedimentos desse Comitê, desde que tenham previamente declarado o seu reconhecimento.

O Pacto Internacional sobre Direitos Econômicos, Sociais e Culturais prevê em seu artigo 2º que os direitos nele previstos deverão ser implementados pelos Estados de maneira progressiva, na medida de seus recursos disponíveis, de modo a assegurar a todos, por meios apropriados, o pleno exercício dos direitos. Prevê, ainda, que os Estados devem garantir o gozo desses direitos sem discriminação de qualquer natureza, inclusive por motivo de origem nacional, situação econômica ou nascimento.

Vê-se, conforme ressalta Maria Rita Fontes Faria[254], que os dois Pactos Internacionais de Direitos Humanos rejeitam expressamente a origem nacional como fundamento para a discriminação no gozo de direitos civis, políticos, econômicos, sociais e culturais. A responsabilidade de um Estado na proteção dos direitos humanos de todos os indivíduos não exclui, por certo, dos migrantes, ainda que estes se encontrem na condição de indocumentados.

Em relação à responsabilização internacional dos Estados nos casos de práticas violadoras de direitos humanos, sustenta Hector Gros Espiell[255] que a promoção e a proteção dos direitos humanos, que outrora era matéria reservada à jurisdição interna dos Estados, foi ampliada para o âmbito do direito internacional, o qual, por sua vez, não se limita a garantir apenas os direitos civis e políticos, mas igualmente passa a normatizar os direitos econômicos, sociais e culturais.

[254] FARIA, Maria Rita Fontes. *Migrações internacionais no plano multilateral:* reflexões para a política externa brasileira. Brasília: FUNAG, 2015, p. 180.

[255] ESPIELL, Hector Gros. *Estudios sobre derechos humanos II.* Madri, Instituto Interamericano de Direitos Humanos/Editorial Civitas, 1988, p. 298.

Os Estados signatários dos Pactos sobre Direitos Civis e Políticos e sobre Direitos Econômicos, Sociais e Culturais assumem perante a comunidade internacional o dever de respeitar os direitos neles previstos, garantindo o seu exercício a todas as pessoas, sem qualquer espécie de discriminação e comprometem-se, no caso específico do Pacto sobre Direitos Econômicos, Sociais e Culturais, a promover a implementação dos direitos de forma progressiva, empregando ao máximo os seus recursos disponíveis. A assunção da responsabilidade de implementar progressivamente os direitos econômicos, sociais e culturais se deve, segundo Enrique Ricardo Lewandowski[256], ao fato de que a realização desses direitos está atrelada a prestações positivas por parte dos Estados, visto que são direitos que dependem da execução de políticas públicas para que os indivíduos possam acessá-los e usufrui-los.

No entanto, a divisão dicotômica entre os direitos econômicos, sociais e culturais, que demandam prestações positivas do Estado e os direitos civis e políticos, que demandam mera abstenção estatal é, na visão de Flávia Piovesan[257], uma forma equivocada e simplista de tratar a questão do exercício dos direitos. Segundo a autora, tanto os direitos civis e políticos, quanto os direitos econômicos, sociais e culturais, requerem prestações positivas e negativas do Estado para tornar viável o seu gozo. Desse modo, a partir do reconhecimento de que um direito existe e é titularizado por uma pessoa, o Estado deve providenciar meios adequados para que a pessoa possa exercê-lo. Assim, para o exercício do direito de ir e vir do indivíduo, o Estado deve investir em política pública de segurança – prestação positiva, e para o exercício do direito ao trabalho, o Estado deve garantir que cada indivíduo o exerça com autodeterminação dentro do patamar mínimo exigível à dignidade da pessoa humana. Ainda, o Estado deve garantir a aplicação imediata no que tange à proibição de discriminação para o exercício dos direitos previstos no Pacto sobre Direitos Econômicos, Sociais e Culturais, a teor do que dispõe o seu artigo 2º.

A jurisprudência internacional assentada na principiologia do Direito Internacional dos Direitos Humanos, produzida no âmbito do Comitê

[256] LEWANDOWSKI, Enrique Ricardo. *Proteção dos direitos humanos na ordem interna e internacional*. Rio de Janeiro: Forense, 1984, p. 93.

[257] PIOVESAN, Flávia. *Temas de direitos humanos*. 10 ed., São Paulo: Saraiva, 2017, p. 185.

de Direitos Econômicos, Sociais e Culturais das Nações Unidas[258], cuja função é estabelecer controle sobre a aplicação desses direitos no nível de cada Estado, direciona a implementação dos direitos sociais à observância de determinados princípios, dentre os quais destacam-se os princípios do núcleo essencial mínimo e da aplicação progressiva dos direitos sociais. Trata o princípio do núcleo essencial mínimo, do dever dos Estados em assegurar, no que atine aos direitos sociais, a satisfação dos níveis essenciais mínimos de cada direito, fundamentado no princípio antecedente da dignidade da pessoa humana.

Nesse ponto, Ingo Wolfgang Sarlet[259] esclarece sobre os parâmetros que delineiam o mínimo para uma existência digna. Para o autor, os direitos sociais que integram o patamar mínimo estão relacionados à promoção e efetiva fruição de uma vida com dignidade. Vale dizer, todo direito sem o qual não se pode usufruir de uma vida digna é compreendido como mínimo existencial e, nesse sentido, o mínimo existencial está atrelado à noção de dignidade da pessoa humana como critério essencial. Não se trata de garantir a existência física do indivíduo, mas sim de proporcionar a cada pessoa uma existência digna que permita a própria condução da vida de forma autônoma e de acordo com as livres escolhas de cada um.

Viabilizar a autonomia do indivíduo para que ele possa se autodeterminar na condução de suas escolhas é dar a ele liberdade para exercer seus direitos. O direito fundamental ao trabalho representa a possibilidade que toda pessoa deve ter de buscar um nível de vida adequado para si e sua família com base nos parâmetros do mínimo existencial. Nesse sentido, o imigrante indocumentado, cuja perspectiva do direito ao trabalho lhe é retirada, fica à mercê de políticas assistenciais e das tendências circunstanciais do Estado em que se encontra, sendo-lhe subtraídas a autonomia e a autodeterminação ao seu desenvolvimento, em clara inobservância ao caráter universal e indivisível do direito que lhe assiste.

[258] O Comitê de Direitos Econômicos, Sociais e Culturais das Nações Unidas, instituído em 1985 pelo Conselho Econômico e Social das Nações Unidas, tem a competência para realizar o monitoramento da implementação do Pacto Internacional sobre Direitos Econômicos, Sociais e Culturais nos Estados signatários. PIOVESAN, Flávia. *Temas de direitos humanos.* 10 ed., São Paulo: Saraiva, 2017, p. 188 – 189.

[259] SARLET, Ingo Wolfgang. *A eficácia dos direitos fundamentais:* uma teoria geral dos direitos fundamentais na perspectiva constitucional. 12 ed., Porto Alegre: Livraria do Advogado Editora, 2015, p. 364 – 365.

Nessa esteira, Flávia Piovesan[260], ao sustentar que os direitos econômicos, sociais e culturais, compreendidos no contexto de sua indivisibilidade em relação aos direitos civis e políticos, são verdadeiros direitos fundamentais, exigíveis e que demandam estrita observância, afirma que os mesmos "devem ser reivindicados como direitos e não como caridade, generosidade ou compaixão" e, referenciando Asbjorn Eide e Allan Rosas, cita que "as necessidades fundamentais não devem ficar condicionadas à caridade de programas e políticas estatais, mas devem ser definidas como direitos".

Outro princípio invocado pelo Comitê de Direitos Econômicos, Sociais e Culturais diz respeito à aplicação progressiva dos direitos sociais, do qual extrai-se fundamento para o princípio da proibição do retrocesso social. Segundo Flávia Piovesan[261], os Estados possuem a obrigação de adotar medidas voltadas à implementação dos direitos sociais, evitando posturas que impliquem retrocesso social. Caso se verifique medida de retrocesso, a mesma deve estar embasada em critérios justificáveis objetivamente.

Quanto ao reconhecimento do princípio da proibição do retrocesso social, sustenta Gomes Canotilho[262] que os direitos fundamentais sociais podem assumir a condição de verdadeiros direitos de defesa contra medidas que representem retrocesso em razão da destruição ou redução dos direitos já concretizados na ordem jurídica. Isso ocorre em razão desses direitos fundamentais atingirem a condição de direitos subjetivos, legitimando a exigência de prestações e abstenções estatais que venham a garantir o seu exercício.

O Pacto Internacional sobre Direitos Econômicos, Sociais e Culturais elenca um rol extenso de direitos, os quais ultrapassam aqueles previstos na Declaração Universal de Direitos Humanos, de forma a ampliar e fortalecer a promoção dos direitos humanos no cenário internacional. Em especial, o artigo 6º do Pacto reconhece a toda a pessoa o direito de ter a possibilidade da ganhar a vida mediante um trabalho livremente escolhido

[260] EIDE, Asbjorn; ROSAS, Allan. Economic, social and cultural rights: a universal challenge. *In*: EIDE, Asbjorn; KRAUSE, Catarina e ROSAS, Allan. *Economic, social and cultural rights*. Dordrecht, Boston e Londres: Martinus Nijhoff Publishers, 1995, p. 17-18. *Apud* PIOVESAN, Flávia. *Temas de direitos humanos*. 10 ed., São Paulo: Saraiva, 2017, p. 183.

[261] PIOVESAN, Flávia. *Temas de direitos humanos*. 10 ed., são Paulo: Saraiva, 2017, p. 189

[262] CANOTILHO, José Joaquim Gomes. *Tomemos a sério os direitos econômicos, sociais e culturais*. Coimbra: Coimbra Editora, 1988, p. 34.

ou aceito, devendo os Estados signatários adotar medidas apropriadas para assegurar esse direito.

O reconhecimento no Pacto do direito de cada pessoa exercer livremente um trabalho que possa lhe prover os meios de subsistência para uma vida digna representa, segundo Comparato[263], a condição primária de existência de uma sociedade igualitária. Afirma o autor que "o direito ao trabalho é a pedra angular da construção de uma verdadeira sociedade democrática", na qual o povo tem a possibilidade de se ver liberto da miséria aviltante.

No entanto, a considerar a situação dos imigrantes indocumentados quanto ao exercício de seus direitos fundamentais, pondera Tatiana Chang Waldman[264] que se mesmo para os imigrantes em situação migratória regular é árdua a tarefa de encontrar qualquer ação governamental específica, para os indocumentados a situação de vulnerabilidade é ainda pior, já que são deixados à margem do mínimo exercício dos seus direitos fundamentais.

Se o direito ao trabalho é imanente à condição digna humana, na medida em que possibilita a construção da inserção da pessoa na comunidade enquanto um ser social, a partir do exercício da liberdade de escolha e da igualdade de oportunidades em um contexto de não discriminação, então a universalidade contida nesse direito fundamental não deve ser relativizada a qualquer trabalhador, seja qual for a localidade onde se encontre ou o estatuto político que ostente.

Os Pactos Internacionais de 1966, em que pese não trazerem normas específicas para a proteção dos direitos sociais fundamentais dos trabalhadores migrantes indocumentados, apresentam, ainda assim, normas de proteção de direitos humanos condizentes com a condição de qualquer pessoa, representando, pois, premissa incontestável para se desenvolver outros direitos dela decorrentes, correlatos às situações particularizadas de determinados grupos de pessoas que possuem suas especificidades, como o são os imigrantes indocumentados.

[263] COMPARATO, Fábio Konder. *A afirmação histórica dos direitos humanos*. 7 ed. São Paulo: Saraiva, 2010, p. 359.

[264] WALDMAN, Tatiana Chang. *O acesso à educação escolar de imigrantes em São Paulo:* a trajetória de um direito. Dissertação de mestrado, Faculdade de Direito, Universidade de São Paulo, São Paulo, 2012, p. 33.

4.1.3. Declaração e Programa de Ação de Viena de 1993

No intuito de reafirmar a adesão aos propósitos e princípios enunciados na Declaração Universal dos Direitos Humanos, a Conferência Mundial sobre Direitos Humanos, convocada pela Assembleia Geral das Nações Unidas, adotou, em 1993, a Declaração e Programa de Ação de Viena. Essa Declaração representa um avanço importante no tratamento internacional dos direitos humanos, dada a sua abrangência e sua contribuição para consolidar temas globais de interesse de toda a humanidade. A reafirmação da universalidade dos direitos humanos, inserida logo em seu artigo 1º, convoca os Estados a promover o respeito universal e a proteção de todos os direitos humanos e liberdades fundamentais de todas as pessoas em conformidade com o sistema internacional de proteção dos direitos humanos.

Ainda, de acordo com os propósitos e princípios das Nações Unidas, a Declaração e Programa de Ação de Viena realça a cooperação internacional como um meio legítimo e necessário para a realização da efetiva promoção dos direitos humanos. Nesse sentido, resta evidenciado que os direitos humanos, por sua natureza indivisível e universal, extrapolam o domínio reservado dos Estados, de forma que estes são chamados a pautar suas condutas, no que diz respeito a temas globais de interesse de toda a humanidade, com observância aos princípios de proteção dos direitos humanos.

Assim, os Estados devem criar, no regime de cooperação com a comunidade internacional, condições favoráveis nos níveis nacional, regional e internacional para assegurar o pleno exercício dos direitos humanos, de forma a eliminar os obstáculos para a sua realização e combater as violações que porventura ocorram como discriminação racial, xenofobia e intolerância destinadas aos grupos vulneráveis.

A rede de proteção dos direitos humanos, que serve de paradigma e referencial ético para a comunidade internacional, busca, no entendimento de Kathryn Sikkink[265], redefinir o que é matéria que se inscreve na exclusiva jurisdição interna dos Estados e o que é matéria que transcende a competência da soberania estatal. Nesse sentido, o Direito Internacional

[265] SIKKINK, Kathryn. *Human Rights, principled issue-networks and sovereignty in Latin America. In: International Organizations,* Massachusetts, IO Foundation e Massachusetts Institute of Technology, 1993, vol. 47, issue 3, p. 411-441.

dos Direitos Humanos traz a legítima preocupação a respeito do modo pelo qual os indivíduos serão tratados nos Estados, uma vez que tais direitos estão inseridos no campo de interesse de toda a comunidade internacional e, portanto, a tutela desses direitos deve ocorrer sob os parâmetros do aparato jurídico internacional. Daí a compreensão da universalidade dos direitos humanos consagrada na Declaração e Programa de Ação de Viena e a necessidade de sua internacionalização.

O processo de internacionalização traz o conteúdo de tratados e declarações internacionais de direitos humanos para o âmbito dos Estados, de tal sorte que esse conteúdo gera, no Direito Internacional dos Direitos Humanos, uma vigilância internacional das decisões e atuações dos Estados que, se outrora eram livres, a partir do momento em que se vinculam a um instrumento internacional, não mais possuem a liberdade de interpretá-lo livremente, mas, antes, devem seguir a interpretação internacionalista. Nessa esteira, sustenta André de Carvalho Ramos[266] que a discricionariedade nacional passa a ser regrada pelos órgãos internacionais, os quais podem rechaçar eventual fundamentação do Estado que não esteja escorada nas diretrizes do Direito Internacional dos Direitos Humanos.

Com base na afirmação constante do artigo 5º da Declaração e Programa de Ação de Viena de que todos os direitos humanos são universais, interdependentes e inter-relacionados e que a comunidade internacional deve tratá-los de forma global, justa e equitativa, ressalta Flávia Piovesan[267] o endosso feito pela Declaração de Viena à chamada concepção contemporânea de direitos humanos, na medida em que ratifica o consenso sobre a universalidade e indivisibilidade dos direitos humanos, introduzido no direito internacional pela Declaração Universal de 1948.

A Declaração e Programa de Ação de Viena enfatiza, ainda em seu artigo 5º, que as especificidades nacionais e regionais, bem como os diversos antecedentes históricos, culturais e religiosos, não devem traduzir-se em impedimentos para a promoção e proteção de todos os direitos humanos e liberdades fundamentais, independentemente de quaisquer sistemas políticos e econômicos vigentes em cada Estado.

[266] CARVALHO RAMOS, André de. *Asilo e Refúgio:* semelhanças, diferenças e perspectivas. *In*: Carvalho Ramos, André de; Rodrigues, Gilberto; Almeida, Guilherme Assis de. *60 anos de ACNUR – Perspectivas de futuro.* São Paulo: CLA Editora, 2011, p. 15-44.

[267] PIOVESAN, Flávia. *Temas de direitos humanos.* 10 ed. São Paulo: Saraiva, 2017, p. 182.

Diante do multiculturalismo em um mundo globalizado e como uma forma de superar a questão da existência de diferentes realidades socioculturais, a Declaração e Programa de Ação de Viena centrou esforços na defesa da universalidade dos direitos humanos, de modo a acolher a diversidade cultural, sem, no entanto, permitir que essa possa ser invocada como justificativa para negar ou violar direitos humanos.

Particularmente em relação à questão migratória, a teor do que dispõe o artigo 24, a Declaração e Programa de Ação de Viena ressalta como destinatários da proteção de direitos humanos os grupos de pessoas que se tenham tornado vulneráveis, incluindo expressamente os trabalhadores migrantes. A eles deve-se garantir a eliminação de todas as formas de discriminação, reforçando a efetiva aplicação dos instrumentos existentes em matéria de direitos humanos. A corroborar a preocupação com a proteção dos direitos humanos dos trabalhadores migrantes, o artigo 33 da Declaração insta todos os Estados a garantir tal proteção, a partir da criação de condições que estimulem uma maior harmonia e tolerância com os trabalhadores migrantes na comunidade em que vivem.

Ao assumir a questão migratória contornos globais na comunidade internacional, implicando obrigações *erga omnes* que envolvem a proibição de deterioração dos direitos humanos, a garantia da proteção de todos os trabalhadores migrantes e a criação de condições de harmonia e tolerância entre migrantes e a sociedade que os recebe, entende Cançado Trindade[268] ser primordial o papel das políticas públicas e da mobilização de entidades da sociedade civil no sentido de criar maior consciência da necessidade de proteção dos direitos dos migrantes. A consciência humana deve guiar as relações entre os seres humanos e a consciência jurídica universal deve guiar o direito internacional, devendo o poder discricionário dos Estados ser limitado pelas normas imperativas do direito internacional. Ressalta o autor que apesar do aparato normativo de proteção dos direitos humanos, ainda prevalece em relação aos migrantes a lógica de Estados soberanos, mais preocupados em proteger seus mercados internos do que promover políticas populacionais sob a ótica dos direitos humanos ao que conclui que o desafio do mundo globalizado é colocar o ser humano no centro

[268] CANÇADO TRINDADE, Antonio Augusto. Deslocados e a proteção dos migrantes na legislação internacional dos Direitos Humanos. *Cadernos de Debates – Refúgio, Migrações e Cidadania.* vol. 03, n. 03, 2008, p. 52 – 93.

da questão dos direitos humanos, no ápice, acima de capitais financeiros, bens e serviços, a partir de considerações de ordem humanitária.

A Declaração e Programa de Ação de Viena, por ser um documento amplo que abarca questões globais de direitos humanos de forma integral e universal e propõe medidas para a comunidade internacional sob a ótica igualmente global, verdadeiramente contribui para o fortalecimento do Direito Internacional dos Direitos Humanos. Essa Declaração, ao lado da Declaração Universal dos Direitos Humanos de 1948 e dos Pactos Internacionais sobre Direitos Civis e Políticos e sobre Direitos Econômicos, Sociais e Culturais de 1966, reforça, como um dos principais instrumentos internacionais, o regime internacional de proteção e promoção dos direitos humanos *latu sensu*, no âmbito da Nações Unidas.

4.1.4. Convenção Internacional sobre Proteção de todos os Trabalhadores Migrantes e dos Membros de suas Famílias

Embora o sistema global de proteção e promoção dos direitos humanos apresente um rol de direitos universais que alcança todas as pessoas, ainda carecia, no âmbito das Nações Unidas, um documento único que pudesse reunir especificamente os direitos dos migrantes quanto aos aspectos civis, políticos, econômicos, sociais e culturais. No intuito de preencher essa lacuna e diante da crescente demanda por proteção de direitos aos trabalhadores envolvidos nos fluxos migratórios internacionais, a Assembleia Geral das Nações Unidas adotou, em 1990, pela Resolução 45/158, a Convenção Internacional sobre a Proteção dos Direitos de todos os Trabalhadores Migrantes e dos Membros de suas Famílias.

Assim, a Organização das Nações Unidas, considerando os graves problemas humanos decorrentes da migração irregular e a necessidade de adoção de medidas adequadas para assegurar a proteção dos direitos fundamentais dos trabalhadores migrantes e considerando, ainda, que dentre esses os indocumentados são frequentemente empregados em condições desfavoráveis de trabalho, incorporou na Convenção Internacional sobre Proteção de todos os Trabalhadores Migrantes e dos Membros de suas Famílias, amparada no princípio da não discriminação, a garantia dos direitos nela elencados para todos os trabalhadores migrantes sem distinção de qualquer natureza.

Tatiana Chang Waldman[269] pontua que a Convenção Internacional sobre a Proteção de todos os Trabalhadores Migrantes e dos Membros de suas Famílias pode ser considerada como um "marco legal para a ampla proteção dos direitos de todos os migrantes sob a perspectiva internacional" e enfatiza que "a principal finalidade da Convenção, e que merece maior destaque, é a de que todos os migrantes, sem qualquer distinção, possam gozar de seus direitos humanos, independentemente de seu estatuto jurídico".

De fato, de acordo com o Relatório de Migração Internacional 2015 do Departamento de Assuntos Econômicos e Sociais da Secretaria das Nações Unidas – Divisão de População[270], a Convenção Internacional de 1990 sobre a Proteção de todos os Trabalhadores Migrantes e dos Membros de suas Famílias foi considerada a mais abrangente convenção internacional sobre os direitos dos migrantes, estabelecendo definições internacionais para categorias de trabalhadores migrantes e formalizando a responsabilidade dos Estados na defesa dos direitos dos trabalhadores migrantes e membros de suas famílias. No entanto, em que pese a importância dessa Convenção, a mesma havia sido ratificada, ainda de acordo com o Relatório de Migração Internacional 2015, por no máximo um quarto de todos os Estados membros, o que significa um baixo grau de ratificação, reverberando, assim, no grau de efetividade dos direitos dos trabalhadores migrantes. Consta, até o ano de 2021, 56 ratificações pelos Estados da Convenção Internacional de 1990[271].

Quanto à baixa ratificação no plano internacional, Maria Rita Fontes Faria[272] menciona, como causa, o temor dos Estados no que diz respeito à uma alegada incompatibilidade entre a ênfase dos direitos humanos e a soberania estatal, mas salienta a autora que o princípio da soberania dos

[269] WALDMAN, Tatiana Chang. *O acesso à educação escolar de imigrantes em São Paulo:* a trajetória de um direito. Dissertação de Mestrado, Universidade de São Paulo, São Paulo, 2012, p. 164.

[270] NAÇÕES UNIDAS. *Relatório de Migração Internacional 2015.* Disponível em: http://www.un.org/en/development/desa/population/migration/publications/migrationreport/docs/MigrationReport2015_Highlights.pdf Acesso em: 28 jul. 2020.

[271] UNITED NATIONS. *Treaty Collection*, 2021. Disponível em: https://treaties.un.org/Pages/ViewDetails.aspx?src=TREATY&mtdsg_no=IV-13&chapter=4&clang=_en. Acesso em: 20 fev. 2021.

[272] FARIA, Maria Rita Fontes. *Migrações internacionais no plano multilateral:* reflexões para a política externa brasileira. Brasília: FUNAG, 2015, p. 184.

Estados não é afetado pelo reconhecimento dos direitos humanos básicos de qualquer indivíduo dentro de suas fronteiras.

Com respaldo em instrumentos internacionais de direitos humanos produzidos no âmbito da Organização das Nações Unidas, tais como a Declaração Universal de Direitos Humanos, de 1948, e os Pactos Internacionais sobre Direitos Civis e Políticos e sobre Direitos Econômicos, Sociais e Culturais, de 1966, assim como tendo em conta as normas, princípios e objetivos estabelecidos no âmbito da Organização Internacional do Trabalho, no intuito de proteger os interesses dos trabalhadores migrantes empregados no estrangeiro, o preâmbulo da Convenção de 1990 reconhece a importância e a utilidade de acordos bilaterais e multilaterais realizados entre os Estados para a proteção dos direitos dos trabalhadores migrantes e os membros de suas famílias, compreendendo que a magnitude do fenômeno das migrações afeta um grande número de Estados na comunidade internacional e nas populações envolvidas.

A partir dessa compreensão, a Convenção de 1990 busca estabelecer normas que podem contribuir para a harmonização das condutas dos Estados, por meio da aceitação de princípios fundamentais atinentes ao tratamento dos trabalhadores migrantes, cuja situação de vulnerabilidade é expressamente reconhecida. O preâmbulo enfatiza a necessidade de beneficiar os trabalhadores migrantes com uma proteção internacional adequada, tendo em vista que seus direitos não têm sido suficientemente reconhecidos em todo o mundo, de modo a causar graves problemas tanto aos migrantes, quanto aos seus familiares. Reconhece, ainda, que o agravamento da situação ocorre nos casos de migrações irregulares, em que os migrantes indocumentados são levados a celebrar relações de trabalho em condições desfavoráveis, submetendo-se a tratamento exploratório e discriminatório em relação aos demais trabalhadores. O preâmbulo considera, por fim, que na medida em que os direitos fundamentais de todos os migrantes, regulares e irregulares, forem amplamente reconhecidos, com base em normas abrangentes e universalmente aceitas, a proteção internacional dos direitos dessa parcela da população mundial poderá se realizar.

O alcance da Convenção Internacional sobre a Proteção dos Direitos de todos os Trabalhadores Migrantes e dos Membros de suas Famílias é definido logo no seu artigo 1º que traz a proibição, para fins de aplicação da Convenção, do estabelecimento de distinções a todos os trabalhadores migrantes, baseadas na origem nacional, étnica ou social, na nacionalidade, posição econômica ou qualquer outra situação. A proibição contida no artigo 1º tem respaldo no princípio da não discriminação em matéria de direitos, o qual permeia não somente o conteúdo da Convenção de 1990 como também os demais instrumentos internacionais relativos aos direitos humanos, conforme definido na Parte II, artigo 7º da Convenção. Desse modo, os Estados signatários da Convenção de 1990 assumem o compromisso de respeitar e garantir os direitos nela previstos a todos os trabalhadores migrantes que se encontrem em seu território e estejam sujeitos a sua jurisdição, sem distinção de qualquer natureza. Ainda, os Estados devem garantir, com base no princípio da igualdade e por meio de medidas adequadas, que os trabalhadores migrantes indocumentados não sejam privados dos direitos deferidos aos demais trabalhadores em decorrência da relação laboral, pela razão de se encontrarem em situação irregular quanto à sua permanência ou ao seu emprego.

A Convenção Internacional sobre a Proteção de todos os Trabalhadores Migrantes e dos Membros de suas Famílias representa, segundo Francisco Verdera[273], um progresso considerável na defesa dos direitos dos trabalhadores migrantes regulares e irregulares, uma vez que abarca todos os aspectos do processo migratório. Representa, ademais, em relação às normas produzidas no âmbito da Organização Internacional do Trabalho, um avanço importante quanto ao reconhecimento de direitos dos migrantes indocumentados, em especial pela consolidação dos direitos inseridos na Parte III da Convenção, muitos dos quais, segundo Maria Rita Fontes Faria[274], constituem *jus cogens* do direito internacional.

4.1.5. O debate da questão migratória na comunidade internacional

Mesmo após a adoção da Convenção Internacional sobre a Proteção de todos os Trabalhadores Migrantes e dos Membros de suas

[273] VERDERA, Francisco. *La migración laboral internacional:* derechos de los/as trabajadores/as migrantes. *In*: PANFICHI, Aldo Italo. (Ed.). Aula magna. *Migraciones internacionales*, p. 107-146. Lima: Fondo Editorial de La pontifícia Universidad Católica del Perú, 2007, p. 135.

[274] FARIA, Maria Rita Fontes. *Migrações internacionais no plano multilateral:* reflexões para a política externa brasileira. Brasília: FUNAG, 2015, p. 182.

Famílias, o número de ratificações pelos Estados foi pequeno, o que significa uma maior dificuldade de se promover a implementação dos direitos humanos reconhecidos aos migrantes no âmbito internacional.

Conforme salientado, um entrave importante à ratificação da Convenção de 1990, é o temor dos Estados tradicionalmente receptores de migrantes de, ao incorporar o conteúdo da Convenção em seus ordenamentos internos, terem sua soberania afetada, em razão do enfraquecimento do controle nacional sobre os fluxos migratórios em seus territórios. Esse temor não se justifica sob dois aspectos. Primeiro, o cumprimento das disposições internacionais de direitos humanos, enquanto normas de efeito *erga omnes* e de natureza de *jus cogens*, não implica supressão da soberania estatal de qualquer Estado, mas, sim, implica o exercício da soberania nacional em conformidade com o respeito a padrões mínimos existenciais exigíveis à dignidade da pessoa humana em qualquer lugar em que essa se encontre. A comunidade internacional, por meio dos instrumentos internacionais de proteção e promoção dos direitos humanos, pertencentes ao Direito Internacional dos Direitos Humanos, já sedimentou entendimento quanto à natureza universal e indivisível desses direitos, sendo certo que muitos Estados que se mostram temerários quanto à ratificação da Convenção Internacional sobre a Proteção de todos os Trabalhadores Migrantes e Membros de suas Famílias são, todavia, signatários dos documentos internacionais que a fundamentam, a exemplo da Declaração Universal dos Direitos Humanos e dos Pactos Internacionais sobre Direitos Civis e Políticos e sobre Direitos Econômicos, Sociais e Culturais.

O segundo aspecto que afasta a justificativa do temor dos Estados em ratificar a Convenção de 1990 tem respaldo nos dados da realidade migratória, os quais apontam para um aumento expressivo do fluxo migratório e com ele o crescimento do número de migrantes indocumentados, a despeito do recrudescimento de políticas migratórias levadas a efeito por diversos Estados receptores de migrantes, que o fazem no intuito de evitar a entrada de imigrantes em seus territórios. Vale dizer, a tentativa dos Estados de controlar o fluxo migratório de migrantes indocumentados, por meio da implementação de políticas públicas nacionais restritivas, não logrou êxito nas últimas décadas, visto que, conforme informa a Organização Internacional para as Migrações, por meio do Relatório

Mundial sobre Migrações de 2020[275], estima-se para o ano de 2019 cerca de 272 milhões de migrantes internacionais no mundo, número que corresponde a um aumento de 23% da população de migrantes em comparação com o ano de 2010, quando se registrou cerca de 220 milhões de migrantes.

As décadas que se seguiram à adoção da Convenção Internacional sobre a Proteção dos Direitos de todos os Trabalhadores Migrantes e dos Membros de suas Famílias foram permeadas por debates na comunidade internacional sobre a questão migratória em seus diversos aspectos: econômico, político e social. Os Estados e organismos internacionais, no entanto, não apresentaram condições propícias a um consenso, em razão da existência de interesses contrapostos entre os Estados em relação à condução do tema migratório.

Se por um lado, os Estados receptores de migrantes buscavam dar a tônica ao debate a partir do viés econômico da migração, sob a ótica interna nacional, colocando ênfase no desenvolvimento econômico e no exercício da soberania estatal para elaborar e implementar políticas migratórias, sob o discurso de que a questão migratória é tema que afeta e diz respeito à realidade interna de cada Estado, por outro lado, diversos outros Estados, em especial aqueles de origem dos migrantes, tentavam capitanear as discussões sobre migrações a partir de seu aspecto político, em que os direitos humanos, bem como a integração dos migrantes nas sociedades de destino deveriam ser pontos de destaque no debate internacional.

A Organização das Nações Unidas, por seu Secretário Geral, aventou, no Relatório sobre Migrações e Desenvolvimento[276], em 2006, a possibilidade de criação de um foro global permanente no âmbito da própria ONU para tratar específica e exclusivamente do tema migratório. Em que pese a comunidade internacional mostrar-se aberta à realização de diálogo global

[275] ORGANIZAÇÃO INTERNACIONAL PARA AS MIGRAÇÕES. *Relatório Mundial sobre Migrações de 2020.* Disponível em: https://publications.iom.int/books/world-migration-report-2020. Acesso em: 19 ago. 2020.

[276] ORGANIZAÇÃO DAS NAÇÕES UNIDAS. Documento A/60/871, de 18 de maio de 2006. *International Migration and Development Report of the Secretary-General. Disponível em:* www.un.org/esa/population/hldmigration/Text/Report%20of%20the%20SG(June%2006)_English.pdf. Acesso em: 20 ago. 2020.

sobre migrações[277], não houve, no entanto, consenso quanto à natureza e limites desse foro global. Para os Estados desenvolvidos receptores de migrantes o foro deveria se realizar de forma desvinculada do sistema da ONU, de sorte a que não houvesse interferência multilateral nas políticas migratórias internas de cada Estado. Para outros Estados, o debate institucionalizado na ONU significaria a possibilidade de abarcar questões de direitos humanos e de cooperação internacional, necessárias à proteção integral dos migrantes. Nesse sentido, ressalta Alexander Betts[278], que o debate internacional antagonizou duas ideias: a primeira pela defesa da institucionalização do tema migratório, por meio de foro permanente dentro do sistema das Nações Unidas, possibilitando a cooperação multilateral para o tratamento das migrações e a segunda, pela defesa de se realizar um foro global, independente da estrutura das Nações Unidas, de modo a conferir maior autonomia aos Estados para não se vincularem a compromissos multilaterais.

Não há, no cenário internacional, como já salientado no capítulo 3, um órgão único que tenha a função de tratar da questão migratória de forma abrangente e centralizada. O tratamento fragmentado dado ao tema migratório, em que diversos organismos internacionais cuidam cada qual de aspectos específicos da migração, enfraquece ainda mais a possibilidade de debate.

Na medida em que a comunidade internacional reconhece que a questão migratória, dado o seu alcance e complexidade globais, não deve ser tratada de forma unilateral pelos Estados com base em suas respectivas políticas migratórias nacionais, é compreensível que se tente buscar uma solução igualmente global para tratar do fenômeno migratório a partir de um enfoque multilateral. Daí a justificativa para a inserção institucional das migrações no âmbito das Nações Unidas, visto ser ela a Organização global por excelência que possui a maior representatividade dos Estados.

277 ORGANIZAÇÃO DAS NAÇÕES UNIDAS. Documento A/61/515, de 13 de outubro de 2006. *Summary of the High Level Dialogue on International Migration and Development.* Disponivel em: http://daccess-dds-ny.un.org/doc/UNDOC/GEN/N06/571/02/PDF/N0657102.pdf?OpenElement. Acesso em: 20 ago. 2020.

278 BETTS, Alexander. *Global Migration Governance*, 2008, p. 9-11. Disponível em: www.globaleconomicgovernance.org.

Salienta Maria Rita Fontes Faria[279] que o pleito pela inserção do tema migratório na ONU, trazido ao debate desde os anos 90, teve a oposição dos países desenvolvidos de destino de migrantes, os quais acabavam por se beneficiar com a fragmentação do regime internacional sobre migrações, uma vez que a ausência de institucionalização centrada em único órgão internacional, significava para esses Estados a não interferência de instâncias multilaterais em suas políticas internas. No entanto, ressalta a autora que a fraca institucionalização do tema migratório no sistema internacional é situação incompatível com os compromissos de proteção dos direitos humanos assumidos pela comunidade internacional.

Dentre as organizações envolvidas no tema migratório, a Organização Internacional para Migrações – OIM, criada em 1989, sendo a organização que sucedeu o Comitê Intergovernamental para Migração Europeia – CIME, representa a única organização internacional dedicada exclusivamente às migrações internacionais. A OIM, no entanto, em continuidade ao que representou o CIME, não possui natureza institucional, nem tampouco tem competência normativa ou mandato de proteção aos migrantes. Suas atividades, excluídas do âmbito das Nações Unidas, não abarcam a cooperação internacional voltada aos valores universais humanitários, mas, sim, estão circunscritas aos interesses dos Estados que a demandam, compreendendo, de forma geral, a organização do deslocamento e da inserção de grupos de migrantes nas localidades aonde chegam[280].

Em 2013, a Assembleia Geral das Nações Unidas adotou, por meio da Resolução 68/4, a Declaração do Diálogo de Alto Nível sobre Migração Internacional e Desenvolvimento[281]. Nessa Declaração, os representantes dos Estados e governos reconhecem que a migração internacional é uma realidade pluridimensional que afeta diretamente o desenvolvimento de todos os Estados envolvidos, seja de origem, de trânsito ou de destino de migrantes, razão pela qual entendem que a migração internacional deve

[279] FARIA, Maria Rita Fontes. *Migrações internacionais no plano multilateral:* reflexões para a política externa brasileira. Brasília: FUNAG, 2015, p. 265 – 266.

[280] FARIA, Maria Rita Fontes. *Migrações internacionais no plano multilateral:* reflexões para a política externa brasileira. Brasília: FUNAG, 2015, p. 170.

[281] NAÇÕES UNIDAS. *Declaração do Diálogo de Alto Nível sobre Migração Internacional e Desenvolvimento.* Disponível em: https://undocs.org/es/A/RES/68/4 . Acesso em: 02 ago. 2020.

ser abordada de forma ampla e equilibrada, considerando suas dimensões social, econômica e ambiental, bem como o respeito aos direitos humanos.

A Declaração do Diálogo de Alto Nível reconhece, ainda, conforme cláusula 5, a necessidade de haver cooperação internacional para o enfrentamento dos desafios da migração irregular, no intuito de se buscar uma migração segura, ordenada e regular, sempre balizada pela observância dos direitos humanos e reafirma, nas cláusulas 10 e 14, a necessidade de promover e proteger de modo efetivo os direitos humanos e as liberdades fundamentais de todos os migrantes, independentemente de seu *status* migratório, dando ênfase, inclusive, ao respeito às normas internacionais do trabalho e aos direitos dos migrantes decorrentes da relação de trabalho.

Ainda, sendo a mobilidade humana um fator importante para o desenvolvimento sustentável, a Declaração do Diálogo de Alto Nível insta os Estados a cooperarem com os programas de mobilidade, em especial de mão de obra, que facilitem a migração segura, ordenada e regular, bem como reconhece ser essencial que a comunidade internacional realize esforços coordenados para prestar assistência e apoio aos migrantes em situação de vulnerabilidade.

Tendo em vista a natureza global da Declaração do Diálogo de Alto Nível e a participação expressiva e igualitária dos Estados membros, esse documento teve o condão de trazer ao debate internacional considerações importantes, ainda que não novas, sobre o tema migratório que, conforme analisado em tópico anterior, sempre foi conduzido de forma fragmentada na comunidade internacional e assim segue sendo. A Declaração do Diálogo de Alto Nível não é um instrumento vinculante para os Estados membros das Nações Unidas.

Em 2016, diante da preocupação e em resposta aos crescentes deslocamentos de refugiados e de migrantes ao redor do mundo, a Assembleia Geral das Nações Unidas aprovou a Declaração de Nova Iorque para os Refugiados e os Migrantes. Nessa Declaração, 193 Estados membros das Nações Unidas firmaram o compromisso de, em 2018, celebrar dois pactos internacionais: o Pacto sobre Refugiados e o Pacto Global para Migração Segura, Ordenada e Regular, devendo esse último ser baseado na Declaração de Diálogo de Alto Nível de 2013, a teor do disposto na cláusula 2, do Anexo II, da Declaração de Nova Iorque.

Dentre os diversos temas apresentados à discussão para a construção dos Pactos Globais no âmbito das Nações Unidas, foi incluída na pauta a questão dos direitos humanos dos migrantes, perpassando pela inclusão social, com necessário enfrentamento da problemática da discriminação, do racismo e da xenofobia. Incluiu-se, também, a questão da migração irregular, com especial consideração ao trabalho decente e à mobilidade laboral. Defende Rosana Baeninger[282] que a tríade migração segura, ordenada e regular deveria ser pensada sob a perspectiva do sujeito migrante, buscando elementos universais em detrimento de visões calcadas na securitização, dado que essas visões contribuem para a promoção da exclusão e da negação dos direitos humanos aos que migram.

A partir da constatação de que as migrações são fenômenos globais e, portanto, exigem soluções igualmente globais, a Declaração de Nova Iorque entende que nenhum Estado pode promover a gestão dos deslocamentos de migrantes de forma isolada e desconectada com as diretrizes e os princípios do Direito Internacional dos Direitos Humanos, tendo a cooperação internacional um papel importante para ajudar os Estados no processo de acolhida dos migrantes. Desse modo, a Declaração reconhece a responsabilidade mútua da comunidade internacional de gerir os fluxos migratórios de maneira respeitosa e centrada na pessoa do migrante, lembrando que as obrigações contraídas em virtude do Direito Internacional são pautadas pela proibição de todo tipo de discriminação. Assim, o direito e a responsabilidade dos Estados de gerir e controlar suas fronteiras devem procurar alinhamento necessário com as obrigações advindas do Direito Internacional dos Direitos Humanos.

Nos compromissos específicos em relação aos migrantes, a Declaração de Nova Iorque, na parte III, assume proteger a segurança, a dignidade, os direitos humanos e as liberdades fundamentais dos migrantes, não os discriminando quanto ao seu *status* migratório e cuidando para que todos os aspectos da migração sejam integrados com o desenvolvimento sustentável e as políticas e programas humanitários, ressaltando, mais uma vez, que o direito soberano dos Estados de decidir quem pode ser

282 BAENINGER, Rosana. *Contribuições da academia para o Pacto Global da Migração: o olhar do Sul. In*: Migrações Sul-Sul, Rosana Baeninger e outros (organizadores). Campinas, SP: Núcleo de Estudos de População "Elza Berquó". Nepo/Unicamp, 2018, 2 ed. 976 p, p. 17-23.

admitido em seu território deve estar parametrizado com as obrigações internacionais correspondentes.

A Declaração de Nova Iorque expressa apoio aos migrantes que, por motivos que extrapolam ao seu controle, são obrigados a se deslocar, abandonando seus lugares de origem. Nesse contexto, reafirma a necessidade de proteção plena dos direitos humanos de todos os migrantes, independentemente da condição migratória que ostentem, visto que todos são titulares de direitos, e reconhece que o desafio para salvar vidas e encontrar soluções sustentáveis contra os abusos e a exploração que sofrem os migrantes em situação vulnerável deve ser enfrentado, antes de tudo, por razões de ordem moral e humanitária.

De fato, de acordo com os compromissos assumidos na Declaração de Nova Iorque, em dezembro de 2018 foi adotado em Marraquexe, Marrocos, o Pacto Global para Migração Segura, Ordenada e Regular no âmbito da Organização das Nações Unidas por 164 de seus Estados membros. Trata-se de um documento não vinculante, de natureza recomendatória, inspirado nos instrumentos internacionais de proteção dos direitos humanos, que estabelece um marco na cooperação internacional para abordagem da migração em suas diversas dimensões.

O Pacto Global reafirma a coexistência de alguns princípios da comunidade internacional, tais como os princípios da soberania e da universalidade dos direitos humanos, ao mesmo tempo em que enfatiza a necessidade de haver políticas que venham a beneficiar tanto os migrantes, quanto os Estados envolvidos, sejam estes de origem, de trânsito ou receptores de migrantes. Nesse sentido, o propósito do Pacto Global, de acordo com a cláusula 7 do seu preâmbulo, é fomentar a cooperação internacional, a partir do reconhecimento da premissa de que nenhum Estado pode tratar da questão migratória de forma isolada, ressaltando que o princípio da soberania dos Estados deve estar em consonância com as obrigações existentes no plano do direito internacional.

Ao reconhecer que a migração é uma das características distintivas do mundo globalizado, em que vincula todas as sociedades em nível internacional, afirma o Pacto Global que os desafios e as oportunidades da migração internacional devem ser compreendidos pelos Estados a partir de propósitos comuns em que as responsabilidades são compartilhadas na comunidade internacional e que, a *contrario sensu*, o isolamento de qualquer Estado no enfrentamento dessa questão não favorece a busca por soluções adequadas para os migrantes ou mesmo para os Estados envolvidos. Assim, como ponto de partida no compartilhamento de responsabilidades, os Estados assumem a obrigação de respeitar, proteger e cumprir os direitos humanos de todos os migrantes, independentemente de seu *status* migratório, sem perder de vista, também, a segurança e a prosperidade dos Estados.

Para o cumprimento dos compromissos assumidos pelos Estados, o Pacto Global estabelece um conjunto de princípios a serem observados, que são transversais e interdependentes, a teor do disposto na cláusula 15, dentre os quais merecem destaque na presente análise o princípio da centralidade nas pessoas, em que se evidencia a dimensão humana inerente a todo processo migratório; o princípio da cooperação internacional, pelo qual há de haver a adoção de soluções globais pelos Estados, rechaçando posturas isoladas no trato da questão migratória; o princípio da soberania nacional, em que se reconhece aos Estados o direito soberano de determinar sua própria política migratória, porém em conformidade com o direito internacional; e o princípio dos direitos humanos, em que se afirma que o Pacto Global, uma vez respaldado no Direito Internacional dos Direitos Humanos, deve seguir os princípios da não devolução e da não discriminação, de tal sorte que o respeito e o efetivo cumprimento dos direitos humanos dos migrantes sejam assegurados, ainda que esses se encontrem e situação irregular.

O marco de cooperação internacional segue com 23 objetivos, cada qual com apontamentos de ações necessárias para o seu cumprimento. O objetivo 5 diz respeito ao aumento da disponibilidade e da flexibilidade das rotas de migração regular, de modo a facilitar a mobilidade laboral e o trabalho decente, tendo-se em conta a realidade demográfica, o mercado de trabalho, bem como as necessidades dos migrantes que se encontrem em situação de vulnerabilidade. Esse compromisso demanda a formulação de acordos bilaterais, regionais e multilaterais baseados nos direitos humanos, em especial nas normas, direitos e diretrizes pertinentes à Organização Internacional do Trabalho, com alinhamento ao Direito Internacional dos Direitos Humanos e ao Direito Internacional do Trabalho.

Ainda, de acordo com as ações de cumprimento do objetivo 5 do Pacto Global, as práticas dos Estados devem permitir, em relação aos migrantes que são obrigados a abandonar seu país de origem, a admissão e a permanência no território de acolhida, deferindo a esses migrantes o direito ao trabalho, dentre outras medidas de ordem humanitária.

O objetivo 6 do Pacto Global faz referência à facilitação de contratação equitativa e ética, de forma a que os Estados assegurem as condições para a realização do trabalho decente, protegendo os migrantes contra qualquer forma de exploração e abuso. Para tanto, dentre as ações correspondentes ao cumprimento desse objetivo, o Pacto menciona a necessidade de ratificação dos instrumentos internacionais atinentes à migração laboral internacional, aos direitos laborais e ao trabalho decente. Já o objetivo 7 do Pacto Global remete à necessidade de abordar e reduzir as vulnerabilidades na migração, comprometendo-se os Estados a acolher as demandas dos migrantes que se encontrem em situação de vulnerabilidade por meio da prestação de assistência e da proteção de seus direitos humanos, medidas essas que se justificam pelas obrigações assumidas pelos Estados em virtude do Direito Internacional. Outras medidas que merecem destaque para o cumprimento do objetivo 7 é o estabelecimento de procedimentos acessíveis e informativos quanto a direitos e obrigações dos migrantes, para facilitar a transição de um *status* migratório a outro, reduzindo a precariedade da condição migratória e da vulnerabilidade que lhe é conexa, bem como o estabelecimento de práticas que venham a facilitar o acesso dos migrantes irregulares a uma avaliação individual que permita regularizar sua situação, a partir da adoção de critérios claros e transparentes.

Para Raúl Saco Barrios[283], o cumprimento desses objetivos, dentre outros previstos no Pacto Global, contribui para estabelecer um marco de cooperação internacional para melhorar a gestão da migração no mundo e fazer frente ao contínuo crescimento dos fluxos migratórios. Importante ressaltar que o tratamento da questão migratória não deve ser reduzido a práticas de gestão de fronteiras, pois a migração não é somente uma questão de boa gestão de fronteira com dados estatísticos compartilhados entre os Estados. É, antes, uma questão de ordem humanitária, em que se busca o reconhecimento e efetiva proteção de direitos humanos

[283] BARRIOS, Raúl Guillermo Saco. *Migración laboral internacional:* algunas consideraciones a la luz del Derecho del Trabajo. *In*: *El Derecho del Trabajo en la actualidad:* problemática y prospectiva. Estudios en homenaje a la Facultad de Derecho PUCP en su centenario. (p. 401-432). LIMA. PUCP – Facultad de Derecho. 2019, p. 425.

aos migrantes, através de políticas públicas nacionais que promovam a inclusão do migrante na sociedade, por meio do exercício do seu direito fundamental ao trabalho, sem discriminação, para que esse consiga prover sua subsistência com autonomia e dignidade, tendo em vista a observância e o respeito ao patamar do mínimo existencial[284] e às normas de natureza de *jus cogens* e *erga omnes* do Direito Internacional dos Direitos Humanos[285].

O pacto Global para uma Migração Segura, Ordenada e Regular, em que pese trazer elementos importantes sobre a mobilidade humana, é documento que ficou aquém da Convenção Internacional sobre a Proteção dos Direitos de todos os Trabalhadores Migrantes e dos Membros de suas Famílias. Trata-se o Pacto Global de um instrumento recomendatório, com normas não vinculantes e, a depender da solidariedade declarada pelos Estados no Pacto, esse instrumento corre o risco de engrossar o repertório retórico de Estados que deliberadamente não cumprem obrigações atinentes aos direitos humanos assumidas na comunidade internacional. No entanto, o Pacto significa, ainda assim, um apoio importante no que tange aos direitos humanos dos migrantes e traz a mensagem de que a questão migratória demanda soluções globais que só podem ser alcançadas por meio da cooperação internacional.

Jorge Bustamante[286] reconhece que o problema dos direitos humanos dos migrantes existe em todo o mundo e que há uma consciência desse problema, derivada de um padrão internacional acordado entre países membros das Nações Unidas. No entanto, reconhece o autor que, apesar dessa consciência, o problema continua crescendo, pois existe um abismo entre o discurso dos Estados e o que eles efetivamente praticam, e afirma que o desafio dos Estados é enfrentar o paradoxo de conciliar o direito

[284] SARLET, Ingo Wolfgang. *A eficácia dos direitos fundamentais:* uma teoria geral dos direitos fundamentais na perspectiva constitucional. 12 ed. Porto Alegre: Livraria do Advogado Editora, 2015, p. 471.

[285] CANÇADO TRINDADE, Antonio Augusto. Deslocados e a proteção dos migrantes na legislação internacional dos Direitos Humanos. *Cadernos de Debates – Refúgio, Migrações e Cidadania.* vol. 03, n. 03, 2008, p. 52 – 93, p. 81. Voto Concordante do Juiz Antonio Augusto Cançado Trindade, exarado no Parecer Consultivo OC 18/03, de 17 de setembro de 2003, da Corte Interamericana de Direitos Humanos. Disponível em: https://www.corteidh.or.cr/docs/opiniones/seriea_18_esp.pdf. Acesso em: 19 ago. 2020.

[286] BUSTAMANTE, Jorge A. *Immigrants' Vulnerability as Subjects of Human Rights. International Migration Review – IMR,* Volume 36, Number 2 (Summer 2002), p. 333-354.

soberano que possuem para instituir privilégios e proteção aos nacionais e cumprir com os padrões internacionais de direitos humanos dos migrantes. Para Bustamante, a vulnerabilidade dos migrantes se assenta em uma construção social em que se convencionou que os imigrantes não devem ter igualdade completa de direitos em relação aos nacionais, discurso esse que se alinha ao padrão internacional de soberania em que os Estados legitimam as diferenças entre imigrantes e nacionais. Assim, a noção de vulnerabilidade, que é o maior fator associado aos abusos aos migrantes, vem da noção de privilégios legitimados pelos Estados aos seus nacionais, excluindo os não nacionais. Essa exclusão se torna a base da formação do processo social e o critério da nacionalidade se torna de fato, segundo o autor, um abuso de poder contra os excluídos.

Rossana Rocha Reis[287], ao analisar a soberania e os direitos humanos, enquanto aspectos políticos das migrações internacionais, ressalta que os Estados, no exercício de sua autonomia soberana, elaboram políticas de migração e cidadania, interferindo diretamente nos fluxos migratórios, mas lembra que os instrumentos internacionais de direitos humanos interferem na autonomia soberana dos Estados, no que diz respeito ao controle de fronteiras, superando, com isso, o paradigma do direito internacional tradicional e colocando o ser humano como sujeito no direito internacional. O debate que a autora apresenta é concernente à soberania dos Estados frente aos direitos individuais relativos às migrações internacionais. Nesse debate, o reconhecimento do indivíduo como titular de direitos independentemente de sua nacionalidade vem tomando espaço, mas a implementação de direitos ainda depende dos Estados, no seu exercício soberano, uma vez que, reconhece a autora, esses detêm o monopólio sobre mobilidade e nacionalidade.

Conciliar, portanto, os princípios elencados no Pacto Global para Migração Segura, Ordenada e Regular, tais como a soberania nacional, a proteção dos direitos humanos, a centralização do Pacto nas pessoas e a cooperação internacional é certamente o desafio que deve ser enfrentado pelos Estados e por toda a comunidade internacional, a fim de se buscar soluções concretas para a implementação dos direitos dos migrantes,

[287] REIS, Rossana Rocha. Soberania, Direitos Humanos e Migrações Internacionais. *Revista Brasileira de Ciências Sociais* – vol. 19, nº. 55. Disponível em: http://www.scielo.br/pdf/rbcsoc/v19n55/a09v1955.pdf

estampados nos diversos instrumentos internacionais que compõem o sistema global de proteção dos direitos humanos.

O debate sobre a proteção dos direitos humanos dos migrantes está na pauta da comunidade internacional e as questões que o circundam, atinentes à nacionalidade e à soberania, em que pese derivarem da autonomia de cada Estado, não legitimam que o diálogo ocorra de forma circunscrita ao nível nacional. Ao contrário, a própria natureza universal e indivisível dos direitos humanos, bem como a relevância e urgência de sua promoção diante do mundo globalizado, com crescentes fluxos migratórios e intensa exploração do trabalho do migrante em razão de sua vulnerabilidade, projeta o debate para o nível internacional e vincula os Estados às normas imperativas do direito internacional. Afirma Cançado Trindade[288] que o poder discricionário dos Estados tem seus limites e que os seres humanos, respaldados pelo domínio do *jus cogens* de normas de direitos humanos, não se tornam desprovidos de seus direitos em razão de seu *status* migratório ou de qualquer outra circunstância.

4.2. Sistema regional interamericano de proteção dos direitos humanos da Organização dos Estados Americanos – OEA

As iniciativas de proteção dos direitos humanos dos migrantes no nível global coexistem com um conjunto de iniciativas em nível regional. Assim, os direitos humanos têm sido objeto de vários sistemas regionais de proteção, como o sistema europeu, o sistema sul-africano e o sistema interamericano. Para fins do presente estudo, no entanto, será dado enfoque ao sistema regional interamericano de proteção dos direitos humanos, no âmbito da Organização dos Estados Americanos – OEA, em razão de dois aspectos. O primeiro, diz respeito ao avanço e inovação de iniciativas da Corte Interamericana de Direitos Humanos quanto à questão dos trabalhadores migrantes indocumentados; o segundo aspecto está relacionado à extensão da jurisdição da Corte Interamericana para as Américas, o que abarca a realidade brasileira.

O sistema interamericano de proteção dos direitos humanos é composto por uma série de instrumentos, dentre os quais faz-se destaque para

[288] CANÇADO TRINDADE, Antonio Augusto. Deslocados e a proteção dos migrantes na legislação internacional dos Direitos Humanos. *Cadernos de Debates – Refúgio, Migrações e Cidadania.* vol. 03, n. 03, 2008, p. 52 – 93, p. 91.

a Declaração Americana dos Direitos e Deveres do Homem, de 1948, para a Convenção Americana de Direitos Humanos, de 1969, denominada Pacto de São José da Costa Rica, e para o Protocolo Adicional à Convenção Americana de Direitos Humanos em Matéria de Direitos Econômicos, Sociais e Culturais, de 1988, denominado este último de Protocolo de São Salvador.

Os Estados americanos ao adotarem a Declaração Americana dos Direitos e Deveres do Homem, aprovada na nona Conferência Internacional Americana, realizada em Bogotá, Colômbia, em 1948, reconhecem que os direitos essenciais do homem não derivam do fato de ser ele cidadão de determinado Estado, mas, antes, derivam do fato dos direitos terem como base os atributos da pessoa humana. Esse reconhecimento prévio respalda e fundamenta uma interpretação finalística do sistema regional interamericano no sentido de conferir proteção integral e progressiva aos migrantes, incluindo aqueles mais vulneráveis que se encontram em situação irregular. Assim, ao considerar que a proteção internacional dos direitos do homem deve ser a orientação principal do direito americano em evolução, os Estados americanos reconhecem que deverão fortalecer cada vez mais no terreno internacional o sistema inicial de proteção aos direitos essenciais do homem, fazendo-o a partir do alinhamento das garantias oferecidas pelo regime interno de cada Estado, de acordo com o desenvolvimento das circunstâncias sociais e jurídicas.

A Declaração Americana dos Direitos e Deveres do Homem apenas tangencia a questão dos direitos dos migrantes, não enfrentando a temática de forma particularizada. Não há no transcurso da Declaração Americana menção expressa à proteção dos direitos dos migrantes, embora em seu artigo 17 haja a previsão de que toda a pessoa tem o direito de ser reconhecida, seja onde for, como pessoa com direitos e obrigações, bem como tem o direito a gozar dos direitos civis fundamentais. Entretanto, em que pese a Declaração afirmar em seu artigo 2º que todas as pessoas são iguais perante a lei e têm os direitos e deveres consagrados na Declaração sem distinção de raça, língua, crença ou qualquer outra, o artigo 8º apresenta uma diferenciação de direitos entre os nacionais e os estrangeiros, na medida em que reconhece expressamente apenas aos nacionais o direito de fixar residência e de transitar livremente pelo seu território de nacionalidade.

No que tange ao direito ao trabalho, a Declaração admite, em seu artigo 14, sem fazer qualquer distinção, que todas as pessoas têm o direito de seguir livremente sua vocação, de acordo com as oportunidades de emprego existentes, sendo-lhes reconhecido o direito ao trabalho em condições dignas, bem como o direito ao recebimento de uma remuneração pelo trabalho realizado, que lhes garanta um nível de vida conveniente. Ao mesmo tempo em que a Declaração reconhece o direito ao trabalho, também afirma, em seu artigo 38, que toda a pessoa tem o dever de trabalhar, dentro de suas possibilidades, a fim de prover a própria subsistência ou de beneficiar a coletividade. Reconhece, ainda, que cada pessoa tem o dever recíproco de conviver com as demais, de modo a possibilitar a formação e o desenvolvimento integral de suas respectivas personalidades.

Outro instrumento que merece destaque no âmbito da Organização dos Estados Americanos é a Convenção Americana de Direitos Humanos, aprovada na Conferência de São José da Costa Rica, em 1969. Essa Convenção reafirmou muitos dos direitos já reconhecidos no âmbito do sistema global de proteção dos direitos humanos, em especial aqueles previstos no Pacto Internacional sobre Direitos Civis e Políticos de 1966, tendo sido reservada a declaração dos direitos de cunho econômico, social e cultural, nos moldes do Pacto Internacional sobre Direitos Econômicos, Sociais e Culturais de 1966, para o Protocolo de São Salvador, aprovado somente em 1988 na Conferência Interamericana de São Salvador.

Fabio Konder Comparato[289] ressalta a importância desses dois documentos no cenário interamericano ao afirmar que tanto o Pacto de São José da Costa Rica quanto o Protocolo de São Salvador representam um significativo avanço em relação aos Pactos Internacionais de 1966 do sistema global, na medida em que trazem a previsão do princípio da prevalência dos direitos mais vantajosos para o indivíduo. Nesse sentido, salienta o autor que "na vigência simultânea de vários sistemas normativos – o nacional e o internacional – ou na de vários tratados internacionais, em matéria de direitos humanos, deve ser aplicado aquele que melhor protege o ser humano".

[289] COMPARATO, Fabio Konder. *A afirmação histórica dos direitos humanos*, 7 ed. São Paulo: Saraiva, 2010, p. 380.

Muito embora o tratamento dos direitos econômicos, sociais e culturais tenha sido remetido para posterior ocasião, a Convenção Americana dispõe em único artigo no capítulo III sobre referidos direitos. Assim, o artigo 26 sinaliza a obrigação dos Estados-Partes, mediante cooperação internacional, de buscarem um real comprometimento para garantir progressivamente a plena efetividade dos direitos econômicos, sociais e culturais. O dever jurídico dos Estados de conferir aplicação progressiva aos direitos sociais deve abranger também, e especialmente, os grupos de pessoas que se encontram socialmente vulneráveis, como o são os migrantes, e em particular os indocumentados, haja vista que a Convenção Americana não distingue o acesso aos direitos a quem quer que seja, mas, ao contrário, enfatiza o reconhecimento e a garantia de seu exercício a todo o ser humano que esteja sob a jurisdição do Estado, proibindo discriminação por qualquer motivo, inclusive por origem nacional. A corroborar o dever de promover o desenvolvimento progressivo dos direitos de natureza social, a Convenção Americana apresenta em seu artigo 29 as diretrizes das normas de interpretação, em que determina que nenhuma disposição da Convenção Americana de Direitos Humanos pode ser interpretada no sentido de suprimir ou limitar o gozo e o exercício dos direitos e liberdades reconhecidos em virtude de leis ou de tratados que vinculam os Estados-Partes, bem como no sentido de excluir ou limitar os efeitos que possam produzir os instrumentos internacionais de proteção dos direitos humanos.

Na mesma toada de reconhecimento e proteção dos direitos humanos que se observa na Convenção Americana de Direitos Humanos, foi aprovado o Protocolo de São Salvador para tratar especificamente dos direitos econômicos, sociais e culturais. Esse Protocolo traz, à semelhança da Convenção Americana, disposições expressas de implementação progressiva para o alcance da efetividade dos direitos nele declarados. A teor do que dispõem os artigos 1º e 3º do Protocolo, os Estados –Partes, mediante cooperação internacional e adoção de medidas de ordem interna, promoverão a progressiva implementação dos direitos de natureza social, comprometendo-se a garantir todos os direitos sem discriminação de qualquer natureza. Eventuais restrições ou limitações ao gozo e exercício desses direitos deverão estar amparadas em lei, desde que essa não contradiga o propósito do próprio Protocolo de São Salvador, que é consolidar no continente americano um regime de liberdade pessoal e de justiça social, fundado no respeito aos direitos humanos essenciais da pessoa, direitos esses que não derivam da nacionalidade do indivíduo, mas, sim, são fundamentados nos atributos da pessoa humana.

Com relação ao direito ao trabalho, o Protocolo de São Salvador reconhece, no artigo 6º, sem deixar margem para limitações ou para discriminações, que toda pessoa tem direito ao trabalho, compreendido nesse direito a oportunidade de cada indivíduo desempenhar uma atividade lícita que livremente a escolha ou a aceite, no intuito de buscar a obtenção dos meios necessários para viver uma vida com dignidade. O direito ao trabalho supõe a possibilidade de seu exercício em condições justas, equitativas e satisfatórias a toda a pessoa.

Em que pese o Protocolo de São Salvador e a Convenção Americana serem documentos que não tratam diretamente da questão dos migrantes, estes também estão contemplados no sistema regional de proteção de direitos humanos, haja vista que antes de ostentarem a condição de migrantes, são pessoas e, nessa condição, titularizam legitimamente os direitos neles declarados. Tanto é assim, que a Corte Interamericana de Direitos Humanos, no exercício de sua função jurisdicional, enquanto órgão competente para conhecer sobre assuntos relacionados ao cumprimento e à violação dos direitos constantes da Convenção Americana e do Protocolo de São Salvador, sendo responsável pela interpretação e aplicação desses direitos, a teor do que dispõe o artigo 33 e seguintes da Convenção Americana, já manifestou entendimento nesse sentido quando da decisão emitida na Opinião Consultiva nº 18 em 2003 que trata da condição jurídica dos imigrantes indocumentados.

A Corte Interamericana, respaldada na diretriz da aplicação progressiva dos direitos humanos, vem reafirmando o dever jurídico dos Estados de promover os direitos sociais, especialmente de grupos vulneráveis, na medida em que as circunstâncias assim o exigem. Segundo Cançado Trindade[290], os julgamentos proferidos pela Corte, no que atine ao reconhecimento jurídico da proteção dos direitos humanos dos migrantes, têm servido, inclusive, de referência no plano global. Ressalta o autor que as Opiniões Consultivas de números 16 e 18 proferidas pela Corte Interamericana

[290] CANÇADO TRINDADE, Antonio Augusto. Deslocados e a proteção dos migrantes na legislação internacional dos Direitos Humanos. *Cadernos de Debates – Refúgio, Migrações e Cidadania*. vol. 03, n. 03, 2008, p. 52 – 93, p. 77.

representam o pioneirismo na jurisprudência internacional contemporânea e demonstram a reação a situações de violação dos direitos humanos em larga escala, contribuindo para salvaguardar os direitos humanos dos migrantes desprovidos de documentos. No entendimento da Corte[291], os tratados de direitos humanos são instrumentos vivos, cuja interpretação tem que acompanhar a evolução dos tempos e as atuais condições de vida, de tal sorte que novas situações sociais devem ser abarcadas pela proteção dos direitos humanos, fundada nos direitos preexistentes constantes das normas internacionais.

4.2.1. Análise da Opinião Consultiva OC 18/03 da Corte Interamericana de Direitos Humanos

A Opinião Consultiva OC 18/03, de 17 de setembro de 2003, proferida pela Corte Interamericana de Direitos Humanos é considerada um paradigmático documento para a questão migratória, fruto de solicitação feita pelo Estado do México, referente à condição jurídica e aos direitos dos imigrantes indocumentados. A consulta levada à Corte trata da questão da privação, pelos trabalhadores migrantes, da fruição de certos direitos trabalhistas, bem como da compatibilidade dessa privação com a obrigação dos Estados americanos de garantir os princípios da igualdade jurídica, da não discriminação e da proteção igualitária e efetiva da lei consagrados em instrumentos internacionais de proteção dos direitos humanos, discutidos no contexto do desenvolvimento progressivo desses direitos. Trata, ainda, da questão da subordinação às obrigações impostas pelo Direito Internacional dos Direitos Humanos, oponíveis *erga omnes*, em contraposição à consecução de objetivos de determinada política interna de um Estado americano.

Nessa consulta, quatro questionamentos foram formulados pelo Estado mexicano, que podem ser sintetizados nos seguintes tópicos: i) com base no princípio da igualdade jurídica, pode um Estado americano estabelecer um tratamento prejudicial diferenciado para os trabalhadores migrantes indocumentados em relação aos direitos trabalhistas garantidos

[291] ORGANIZAÇÃO DOS ESTADOS AMERICANOS. Corte Interamericana de Direitos Humanos. *Opinião Consultiva nº 16/1999 sobre o direito à informação à assistência consular no âmbito das garantias do devido processo legal*, par. 114. Disponível em: http://www.pge.sp.gov.br/centrodeestudos/bibliotecavirtual/interamericano/21210opiniao.htm. Acesso em: 17 ago. 2020.

aos residentes legais e aos cidadãos? ii) a permanência legal no território de um Estado americano é condição necessária para que se respeite os direitos e liberdades reconhecidos nos instrumentos internacionais? iii) diante das obrigações internacionais, que validade tem a interpretação de um Estado americano que condiciona a observância de direitos humanos fundamentais para a consecução de objetivos de política migratória contidos em suas leis? iv) no contexto do desenvolvimento progressivo dos direitos humanos, qual o caráter do princípio de não discriminação e do direito à proteção igualitária e efetiva da lei na hierarquia normativa do Direito Internacional? São *jus cogens*? Se afirmativo, quais efeitos jurídicos derivam para os Estados membros da Organização dos Estados Americanos que descumprem tais normas?

A preocupação externada pelo Estado do México, diante da incompatibilidade com o sistema interamericano de direitos humanos da OEA, de interpretações, práticas e expedições de leis por parte de alguns Estados da região que implicam negação de direitos trabalhistas aos imigrantes indocumentados, abusando de sua situação de vulnerabilidade, foi o mote da sua solicitação para que a Corte interpretasse a Convenção Americana, bem como outros tratados e declarações internacionais.

A Corte Interamericana, ao discutir cada um dos tópicos apresentados pelo Estado do México, exarou entendimento unânime na Opinião Consultiva, considerando, quanto à obrigação geral de respeitar e garantir os direitos humanos e quanto ao princípio de igualdade e de não discriminação, que os direitos humanos, enquanto direitos invioláveis e inerentes à dignidade de toda pessoa, são superiores ao poder do Estado e a obrigação geral de respeitá-los possui respaldo em instrumentos internacionais com implicação de adoção de medidas de duas ordens, quais sejam, a supressão de regras e práticas violadoras de direitos humanos e a promoção de normas e práticas que busquem a sua efetividade.

Ressalta a Corte que o caráter fundamental do princípio da igualdade acarreta ao Estado a obrigação de garantir a não discriminação a todo o indivíduo e informa que os princípios da igualdade e da não discriminação pertencem ao domínio de *jus cogens*, visto que balizam e sustentam toda a ordem jurídica, nacional e internacional, sendo certo que a imperatividade dessas normas determina o caráter *erga omnes* da obrigação geral de proteção, vinculando todos os Estados membros da OEA, de tal sorte que esses devem se abster de práticas que levem à discriminação de fato ou de direito ao mesmo tempo em que devem promover medidas para combater situações discriminatórias, admitindo a Corte, não obstante isso, distinções desde que realizadas por critérios objetivos e razoáveis.

A Corte Interamericana reconhece a situação dos imigrantes indocumentados que se encontram vulneráveis como sujeitos de direitos humanos, os quais ostentam uma condição desigual em relação aos nacionais ou mesmo aos migrantes regulares, desigualdade essa que fica exacerbada por preconceitos culturais e por comportamentos xenofóbicos. Reconhece, ainda, que tais circunstâncias aumentam as dificuldades de integração dos imigrantes que acabam sendo vítimas de constantes violações de direitos humanos.

Nesse contexto, o processo de globalização, com crescente disparidade econômica e social entre os Estados, contribui diretamente para a intensificação do fenômeno da migração internacional e acentua a marginalização de direitos dos imigrantes, com destaque para aqueles em situação irregular. A Corte considera que a situação regular de uma pessoa em território estrangeiro não deve ser pressuposto para que o Estado respeite e garanta os princípios da igualdade e da não discriminação, visto o caráter fundamental e de alcance universal desses princípios.

A Corte Interamericana, ao enfrentar o debate sobre os direitos humanos dos trabalhadores imigrantes indocumentados, faz distinção entre o direito ao trabalho e os direitos trabalhistas que decorrem da relação de trabalho. Assim, enfatiza que os imigrantes indocumentados se encontram em condição de vulnerabilidade por não terem direitos reconhecidos em razão da ausência de autorização para ingressar, permanecer ou exercer atividade remunerada no Estado receptor, fato que favorece a subcontratação desse trabalhador imigrante e a exploração laboral em patamares aquém dos previstos na legislação. A partir dessa constatação, a Corte afirma que os direitos trabalhistas surgem da condição de trabalhador, independentemente do seu *status* migratório e que uma vez tendo o Estado ou particulares se valido da mão de obra desse trabalhador, este passa a ter direitos trabalhistas sem discriminação, decorrente da relação de trabalho firmada.

Esse entendimento exarado pela Corte Interamericana encontra fundamento nos instrumentos internacionais que compõem o sistema global de proteção dos direitos humanos e já havia sido registrado nas diretrizes da normativa da Organização Internacional do Trabalho que reconhece expressamente, com lastro nos princípios da igualdade e da não discriminação, o direito dos trabalhadores migrantes às verbas trabalhistas decorrentes da relação de trabalho, independentemente da condição de estar o imigrante em situação regular ou irregular no Estado receptor.

Nesse sentido, defende a Corte Interamericana que "a qualidade migratória de uma pessoa não pode constituir, de nenhuma maneira, uma justificativa para privá-la do desfrute e do exercício de seus direitos humanos, entre eles os de caráter trabalhista"[292], de modo que é possível afirmar que toda a pessoa que esteja em território de um Estado deve ter garantido por este a fruição de seus direitos humanos, sem discriminação alguma por sua permanência regular ou irregular, nacionalidade ou qualquer outra causa. Entretanto, no que atine ao direito ao trabalho, a Corte admite que o Estado e particulares podem se abster de estabelecer relação trabalhista com imigrante irregular. Vale dizer, não é reconhecida a garantia do direito ao trabalho aos imigrantes indocumentados, em que pese ser um direito humano universal estampado em diversos instrumentos internacionais.

A repercussão do reconhecimento do direito ao trabalho está atrelada às obrigações estatais na determinação de suas políticas migratórias. Nesse ponto, manifesta a Corte Interamericana que qualquer política deve estar subordinada à observância dos direitos humanos, devendo o Estado adequar seu direito interno às exigências das normas de natureza de *jus cogens* e *erga omnes* do direito internacional. Na seara das políticas migratórias em que são tratados os direitos de entrada, de saída e de permanência, os Estados estão legitimados a fazer distinções, podendo inclusive denegar autorização para o exercício do direito ao trabalho, no entanto, devem fazê-lo fundamentado em critérios objetivos e razoáveis, desde que não incidam em práticas discriminatórias.

Entretanto, denegar o direito ao trabalho pelo fato de o imigrante encontrar-se indocumentado em território estrangeiro é política que vai na contramão do reconhecimento dos direitos humanos universais, em especial daquele em que admite que toda a pessoa, onde quer que

[292] ORGANIZAÇÃO DOS ESTADOS AMERICANOS. Corte Interamericana de Direitos Humanos. *Opinião Consultiva OC 18/03, de 17 de setembro de 2003*, parágrafo 173, ponto 8. Disponível em: https://www.corteidh.or.cr/docs/opiniones/seriea_18_esp.pdf Acesso em: 19 ago. 2020.

esteja, possui o direito de ser reconhecida como pessoa com direitos e obrigações. Ademais, de acordo com a aplicação progressiva dos direitos humanos, os Estados têm o dever jurídico de promover os direitos sociais, especialmente de grupos vulneráveis, fazendo-o na medida em que as circunstâncias assim o exigirem e, ainda, na interpretação dos tratados internacionais de direitos humanos, os Estados devem acompanhar a evolução dos tempos e as atuais condições de vida, de modo a abarcar na proteção dos direitos humanos novas situações sociais.

No voto de Cançado Trindade[293], emitido na Opinião Consultiva 18/03, é enfatizada a importância da reconstrução do direito das gentes, voltado a colocar o ser humano no centro do processo de desenvolvimento, abrindo caminho para um direito internacional universal, a partir do paradigma do ser humano como sujeito de direito em que demanda novas formas de proteção jurídica. Nesse sentido destaca Cançado Trindade que há um despertar da consciência jurídica universal para a prevalência da dignidade da pessoa humana, manifestada na consagração do *jus cogens*.

A Opinião Consultiva 18/03 não deixa dúvidas quanto a sua avançada interpretação para a temática dos direitos trabalhistas dos imigrantes indocumentados, sedimentando entendimento com base nas diretrizes do direito internacional dos direitos humanos tanto em âmbito global como em âmbito regional interamericano, com destaque para o caráter universal e as normas *jus cogens* do sistema de proteção. Não obstante isso, o posicionamento da Corte permite margem interpretativa que coloca o direito ao trabalho em patamar inferior em relação a um direito humano fundamental, visto que seu reconhecimento e deferimento está condicionado à vontade política dos Estados, externada em suas respectivas políticas migratórias e, portanto, é considerado um direito que não está acima do poder dos Estados, mas, sim, sob a sua discricionariedade. Essa orientação se verifica também em normas da Organização Internacional do Trabalho, na medida em que esta condiciona a garantia do direito ao trabalho à situação regular do imigrante no Estado receptor.

Importante mencionar, entretanto, que a própria Corte Interamericana atrela a elaboração de política migratória dos Estados à observância dos

[293] ORGANIZAÇÃO DOS ESTADOS AMERICANOS. Corte Interamericana de Direitos Humanos. *Opinião Consultiva OC 18/03, de 17 de setembro de 2003*. Disponível em: https://www.corteidh.or.cr/docs/opiniones/seriea_18_esp.pdf Acesso em: 19 ago. 2020.

direitos humanos, devendo cada Estado adequar seu direito interno ao Direito Internacional. Nessa seara é possível citar i) a Declaração de Filadélfia da OIT que afirma o direito de todo ser humano ao desenvolvimento espiritual dentro da liberdade, dignidade e tranquilidade econômica e preconiza que qualquer política deve objetivar a viabilização desse direito; ii) o trabalho decente, conceituado pela OIT como síntese de sua missão histórica que significa a realização de um conjunto mínimo de direitos, dentre os quais a existência de trabalho; iii) a Declaração da OIT sobre Justiça Social para uma Globalização Equitativa que afirma que os Estados têm a responsabilidade fundamental de contribuir, mediante políticas econômicas e sociais para a realização da justiça social de forma global e integrada; iv) a Declaração Universal dos Direitos Humanos que reconhece os direitos econômicos, sociais e culturais, dentre esses o direito ao trabalho, de forma que através dele toda pessoa possa assegurar uma existência compatível com a dignidade humana; v) o Pacto Internacional sobre Direitos Econômicos, Sociais e Culturais que reconhece o direito ao trabalho; e vi) o Protocolo de São Salvador que reconhece a toda a pessoa o direito à oportunidade de obter os meios para levar uma vida digna, por meio de uma atividade lícita.

Há determinação da Corte Interamericana no sentido de que todas as afirmações feitas na Opinião Consultiva 18/03 se aplicam aos Estados membros da Organização dos Estados Americanos que assinaram indistintamente a Carta da OEA, a Declaração Americana, a Declaração Universal, ou ratificaram o Pacto Internacional sobre Direitos Civis e Políticos, independentemente de que tenham ou não ratificado a Convenção Americana ou algum de seus protocolos facultativos, tal como se nota no ponto 60 da referida Opinião Consultiva[294], de tal sorte que são indubitáveis a vinculação e o comprometimento desses Estados com as diretrizes apontadas pela Corte na sua decisão.

Assim, é possível dizer que a relação dialógica entre as normativas nacionais e internacional está diretamente relacionada com a internacionalização dos direitos humanos, a qual diz respeito ao modo como os Estados devem proceder à regulamentação dos direitos no plano interno.

[294] ORGANIZAÇÃO DOS ESTADOS AMERICANOS. Corte Interamericana de Direitos Humanos. *Opinião Consultiva OC 18/03, de 17 de setembro de 2003*. Disponível em: https://www.corteidh.or.cr/docs/opiniones/seriea_18_esp.pdf Acesso em: 19 ago. 2020.

Na medida em que os Estados falham na implementação dos direitos humanos, demostrando divergência no reconhecimento e promoção desses direitos em relação às diretrizes internacionais, a internacionalização deve pontuar a impossibilidade de cada Estado interpretar unilateralmente, de acordo com seus respectivos parâmetros nacionais, os instrumentos internacionais. Vale dizer, a internacionalização dos direitos humanos fundamentais busca o necessário consenso na implementação de tais direitos, sincronizando, portanto, as conquistas alcançadas no plano internacional com as atuações estatais no plano interno do Estado.

Restringir direito de ingresso, de permanência e o exercício do direito ao trabalho ao imigrante em território estrangeiro, a partir da categorização de grupos de pessoas – documentados e indocumentados, não parece ser um critério objetivo e razoável de política migratória que justifique e legitime tratamentos distintos aos migrantes, podendo representar, inclusive, prática de injustiça social se for levado em conta que a natureza e a complexidade dos movimentos migratórios dificultam, em muitos casos, a separação por categorias. A esse respeito já manifestou o Alto Comissariado das Nações Unidas para Refugiados[295] – ACNUR ao afirmar que um migrante econômico pode ter razões para migrar por situações tão precárias e prementes quanto as de um refugiado, sem, entretanto, ter o mesmo tratamento e proteção migratórios estabelecidos em políticas de migração.

Nesse ponto convém lembrar o entendimento de Alexander Betts[296] ao apresentar um paralelo da proteção jurídica internacional dos migrantes econômicos com os refugiados, em que afirma que, embora haja uma relativa precisão legal para a proteção dos refugiados que fogem da perseguição de seu país de origem, o mesmo não acontece em relação aos migrantes econômicos que, ao fugirem de situações de extrema precariedade de direitos sociais em seu país de origem, não encontram no país receptor a mesma proteção jurídica. Betts enfatiza que esses migrantes econômicos se valem da transposição de fronteiras internacionais como sendo o último recurso para buscar acolhimento e tentar sobreviver em outra localidade.

[295] VEDOVATO, Luís Renato. *O direito de ingresso do estrangeiro:* a circulação das pessoas pelo mundo do cenário globalizado. São Paulo: Atlas, 2013, p. 144.

[296] BETTS, Alexander. *Survival Migration. Failed Governance and the Crisis of Displacement.* Cornell University Press, 2013, p. 20.

Uma vez que os migrantes econômicos adentram em território estrangeiro e nele permanecem sem a observância das formalidades migratórias exigidas pelo país receptor, tornam-se irregulares e passam a somar a condição de indocumentados.

Pelo teor da Opinião Consultiva 18/03, a Corte Interamericana apresenta uma abordagem em que reconhece a situação de subordinação dos Estados ao Direito Internacional dos Direitos Humanos, de modo a determinar que os Estados tomem medidas afirmativas para reparar e reverter situações de subjugação dos imigrantes indocumentados[297].

O sistema regional interamericano de proteção dos direitos humanos é respaldado pela normativa internacional constante do sistema global, estabelecendo com ele uma relação dialógica coerente e imprescindível para o fortalecimento da proteção e da promoção dos direitos humanos. Esse fortalecimento reverbera nos Estados da OEA, os quais, a partir da internacionalização dos direitos humanos, devem promover o reconhecimento e a viabilização da efetiva aplicação dos referidos direitos, de acordo com suas respectivas realidades e circunstâncias sociais.

[297] ORGANIZAÇÃO DOS ESTADOS AMERICANOS. Corte Interamericana de Direitos Humanos. *Opinião Consultiva OC 18/2003, de 17 de setembro de 2003*, conforme parte IX, § 161 e seguintes. Disponível em: https://www.corteidh.or.cr/docs/opiniones/seriea_18_esp.pdf Acesso em: 19 ago. 2020.

CAPÍTULO 5
A REPERCUSSÃO DA NORMATIVA DA ORGANIZAÇÃO INTERNACIONAL DO TRABALHO NO BRASIL

5.1. A internacionalização do direito ao trabalho na realidade brasileira

A interdependência jurídica entre os Estados, compreendida como a relação entre decisões estatais, em que a decisão de um Estado pode gerar efeitos sociopolíticos e econômicos na esfera de outro Estado[298], como um reflexo inevitável do processo de globalização, gera uma necessidade de cooperação entre os Estados na busca por soluções eficazes para os problemas comuns da humanidade. Essa necessidade de cooperação justifica a regulamentação internacional de questões que são de interesse comum entre os povos, processo esse a que se denomina de globalização jurídica[299]. Assim, a globalização jurídica, representada pela necessidade de haver instituições internacionais voltadas para resolver problemas que os Estados não conseguem resolver senão pela cooperação, justifica a criação de normas internacionais, transnacionais e supranacionais que transcendem o controle individual dos Estados e convergem para a proteção de valores e interesses comuns da humanidade. Nesse sentido,

[298] VEDOVATO, Luís Renato. *O direito de ingresso do estrangeiro:* a circulação das pessoas pelo mundo no cenário globalizado. Livro digital, São Paulo: Atlas, 2013, p. 8.

[299] MATIAS, Eduardo Felipe P. *A humanidade e suas fronteiras:* do Estado soberano à sociedade global. São Paulo: Paz e Terra, 2005, p. 201 e 207.

eventuais atuações dos Estados que sejam isoladas e desconectadas com as normas internacionais podem representar verdadeiros entraves na busca por soluções globais que façam frente às questões afetas a toda a humanidade, como é a questão dos fluxos migratórios internacionais.

Nesse cenário, os instrumentos internacionais relacionados aos direitos humanos, por carregarem normas de caráter universal, cuja essencialidade e indisponibilidade não permitem derrogação por parte dos Estados[300], acabam por legitimar a intervenção da comunidade internacional em assuntos dos Estados que gerem repercussão para além de suas fronteiras.

A internacionalização dos direitos humanos, compreendida como a maneira com que as normas internacionais são incorporadas e efetivadas na ordem jurídica interna do Estado, reflete a intensidade do diálogo existente entre as normativas nacional e internacional. Uma vez que os direitos humanos não são devidamente regulamentados e implementados pelo Estado em seu território nacional, evidencia-se um distanciamento da prática estatal em relação às diretrizes internacionais de proteção e promoção dos direitos humanos. Nesse sentido, a internacionalização, cujo objetivo é a efetivação dos direitos por meio da harmonização das práticas de proteção nos planos internacional e interno, aponta para a inadequação de interpretação unilateral pelo Estado, baseada em parâmetros unicamente nacionais, dissociados dos instrumentos internacionais.

Nesse ponto, vale retomar o entendimento de André de Carvalho Ramos[301], ao afirmar que os Estados, que outrora eram totalmente livres, atualmente têm as suas decisões submetidas a uma vigilância internacional, a partir de parâmetros logrados pelo Direito Internacional dos Direitos Humanos. O Estado, em observância à interpretação internacionalista, perde a liberdade de interpretar livremente um instrumento internacional do qual esteja vinculado, de tal sorte que a discricionariedade nacional se torna regrada e sua fundamentação pode ser rechaçada pelos órgãos internacionais.

300 CANÇADO TRINDADE, Antonio Augusto. Deslocados e a proteção dos migrantes na legislação internacional dos Direitos Humanos. *Cadernos de Debates – Refúgio, Migrações e Cidadania.* vol. 03, n. 03, 2008, p. 52 – 93, p. 81.

301 CARVALHO RAMOS, André de. *Asilo e Refúgio:* semelhanças, diferenças e perspectivas. *In*: CARVALHO RAMOS, André de; RODRIGUES, Gilberto; ALMEIDA, Guilherme Assis de. *60 anos de ACNUR – Perspectivas de futuro.* São Paulo: CLA Editora, 2011, p. 15-44, p. 20.

As decisões relativas às migrações internacionais no contexto do Estado brasileiro não fogem da lógica do processo de internacionalização. O Brasil, porquanto subscritor de diversos instrumentos internacionais de direitos humanos, vincula-se às normas de proteção internacionalistas, em especial àquelas provenientes do sistema global de proteção dos direitos humanos, e em particular às normas do sistema regional interamericano, visto sua inserção no cenário da América Latina. Assim, as respostas jurídicas apresentadas pelo Brasil para as questões envolvendo trabalhadores migrantes indocumentados, no que atine ao direito fundamental ao trabalho, têm repercussão direta na comunidade internacional, devendo, pois, com ela estar alinhada.

A América Latina compreende um bloco de países em que as realidades socioeconômicas guardam questões identitárias similares, fato que no contexto das migrações internacionais demanda soluções conjuntas para o enfrentamento da mobilidade humana na região. As semelhanças de problemas sociais presentes em vários países da América Latina e o compartilhamento de desafios na busca por soluções conjuntas e eficazes justificam, no entendimento de Flávia Piovesan[302], a criação de um Direito Comum Constitucional na região, de forma a trazer efetividade e proteção dos direitos humanos. A construção do Direito Comum Constitucional, ancorada nos direitos fundamentais e justificada pelas graves injustiças e violências cometidas contra grupos vulneráveis, dentre os quais os imigrantes, se apoia na jurisprudência da Corte Interamericana de Direitos Humanos, enquanto órgão estratégico do sistema regional de proteção dos direitos humanos, na convicção de que o reconhecimento de direitos pela Corte traz um impacto profundo e transformador na América Latina[303].

Nesse sentido, o diálogo entre as fontes normativas nacional e internacional, considerando o sistema interamericano de proteção dos direitos

[302] PIOVESAN, Flávia. *Ius Constitutionale Commune em América Latina:* contexto, challenges and perspectives. *In*: Armin von Bogdandy, Eduardo Ferrer Mac-Gregor, Mariela Morales Antoniazzi and Flavia Piovesan (ed), *Transformative Constitutionalism in Latin America:* the emergence of a New Ius Commune, Oxford, Oxford University Press, 2017, p. 49-66.

[303] BOGDANDY, Armin von. *Ius Constitutionale Commune en America Latina:* Observations on Transformative Constitutionalism. *In*: Armin von Bogdandy, Eduardo Ferrer Mac-Gregor, Mariela Morales Antoniazzi and Flavia Piovesan (ed), *Transformative Constitutionalism in Latin America*: the emergence of a New Ius Commune, Oxford, Oxford University Press, 2017, p. 27-48.

humanos, é facilitado, em grande medida, pela adoção por parte dos Estados da jurisprudência produzida no âmbito da Corte Interamericana de Direitos Humanos, de modo a incorporar na ordem jurídica interna os padrões de proteção internacional dos direitos humanos por meio da abertura de cláusulas constitucionais. A esse processo Laurence Burgorgue-Larsen[304] denomina de interamericanização das ordens constitucionais nacionais, cuja função consiste em garantir o estado aberto, por meio das cláusulas de abertura nas constituições nacionais, ajudando a difundir os padrões interamericanos.

Ressalta Flávia Piovesan que a abertura para o diálogo e a permeabilidade do sistema interamericano ficam facilitados pela interpretação das normas da Convenção Americana que garantem a prevalência do princípio da norma mais favorável e mais protetiva ao indivíduo, colocando os tratados de direitos humanos em um patamar de padrão mínimo de proteção. Segundo Piovesan[305], o ponto crucial para o diálogo jurídico é o controle de convencionalidade, definido como obrigação de exercer de ofício o controle da conformidade entre a legislação interna com a Convenção Americana.

De fato, a jurisprudência nacional tem se desenvolvido com apoio nas decisões internacionais em um processo que tem sido reforçado pelo controle da convencionalidade, por meio de um diálogo judicial. A corroborar esse entendimento, ressalta Sérgio Garcia Ramirez[306] que o caráter vinculativo da jurisprudência da Corte Interamericana tem sido crescentemente reconhecido, de forma que as obrigações dos Estados devem

[304] BURGORGUE-LARSEN, Laurence. *Crónica de uma Teoria de Moda em América Latina – Descifrando el Discruso Doctrinal sobre el Control de Convencionalidad. In*: Armin von Bogdandy, Mariela Morales Antoniazzi y Flávia Piovesan (orgs), *Ius Constitutionale Commune na América Latina – Diálogos jurisdicionais e Controle de Convencionalidade*, vol III, Curitiba, ed. Juruá, 2016, p. 11- 48, p. 33.

[305] PIOVESAN, Flávia. *Ius Constitutionale Commune en America Latina:* Context, Challenges and Perspectives. *In*: Armin von Bogdandy, Eduardo Ferrer Mac-Gregor, Mariela Morales Antoniazzi and Flavia Piovesan (ed), *Transformative Constitutionalism in Latin America:* the emergence of a New Ius Commune, Oxford, Oxford University Press, 2017, p. 49-66, p. 63.

[306] RAMIREZ, Sérgio Garcia. *The American Human Rights Navigation:* Toward a Ius Commune. *In*: Armin von Bogdandy, Eduardo Ferrer Mac-Gregor, Mariela Morales Antoniazzi and Flavia Piovesan (ed), *Transformative Constitutionalism in Latin America:* the emergence of a New Ius Commune, Oxford, Oxford University Press, 2017, p. 301-320, p. 320.

ser conduzidas no sentido de contribuir para a recepção da Convenção Americana de Direitos Humanos.

A base legal que legitima a criação judicial do controle da convencionalidade é, segundo informa Laurence Burgorgue-Larsen[307], o artigo 2 da Convenção Americana que dispõe que os Estados têm a obrigação de adaptar suas normas nacionais às normas convencionais e as jurisdições nacionais devem garantir, dentro de sua esfera de competência, que a adaptação corresponda com a justiça interamericana, de acordo com o princípio da efetividade.

No mesmo sentido, ao apresentar a base legal da doutrina do controle de convencionalidade, Eduardo Ferrer Mac-Gregor[308] indica os artigos 1 e 2 da Convenção Americana, que consagram a obrigação dos Estados de promulgar medidas que tornem direitos e liberdades efetivos e de interpretar a lei nacional de acordo com esse objetivo. Indica, ainda, o artigo 29 da Convenção Americana e os artigos 26 e 27 da Convenção de Viena, que trazem princípios justificadores do dever das autoridades nacionais de implementar o Pacto de São José por meio do controle da convencionalidade, princípios tais como o *pro personae*, da boa-fé e da proibição de invocar a lei doméstica para não aplicar um tratado.

Para além da Convenção Americana, tratados de direitos humanos têm alcançado *status* especial em ordenamentos jurídicos internos de Estados pertencentes ao sistema interamericano, fato que demonstra avanço em direção à consolidação da normativa internacional de direitos humanos[309].

[307] BURGORGUE-LARSEN, Laurence. *Crónica de uma Teoria de Moda em América Latina – Descifrando el Discruso Doctrinal sobre el Control de Convencionalidad. In*: Armin von Bogdandy, Mariela Morales Antoniazzi y Flávia Piovesan (orgs), *Ius Constitutionale Commune na América Latina – Diálogos jurisdicionais e Controle de Convencionalidade*, vol III, Curitiba, ed. Juruá, 2016, p. 11-48, p. 18.

[308] MAC-GREGOR, Eduardo Ferrer. *The Conventionalitty Control as a Core Mechanism for the Ius Constitutionale Commune. In*: Armin von Bogdandy, Eduardo Ferrer Mac-Gregor, Mariela Morales Antoniazzi and Flávia Piovesan (ed), *Transformative Constitutionalism in Latin America:* the emergence of a News Ius Commune, Oxford, Oxford University Press, 2017, p. 321-336, p. 331.

[309] PIOVESAN, Flávia. *Ius Constitutionale Commune en America Latina:* Context, Challenges and Perspectives. *In*: Armin von Bogdandy, Eduardo Ferrer Mac-Gregor, Mariela Morales Antoniazzi and Flavia Piovesan (ed), *Transformative Constitutionalism in Latin America:* the emergence of a New Ius Commune, Oxford, Oxford University Press, 2017, p. 49-66, p. 62.

É possível notar no teor da decisão da Corte Interamericana de Direitos Humanos, exarada na Opinião Consultiva 18/2003, a importância do diálogo entre as normas provenientes do sistema global de proteção dos direitos humanos e do sistema regional interamericano. A incorporação de normas de um sistema a outro, de modo a formar um conjunto harmônico e coerente de proteção de direitos humanos na comunidade internacional, com o estabelecimento, inclusive, de normas de natureza *jus cogens* e *erga omnes*, repercute direta e positivamente na internacionalização dos direitos humanos na esfera de cada Estado participante desses sistemas.

A evidência desse diálogo se faz presente nos próprios fundamentos da referida decisão da Corte Interamericana ao vincular a atuação dos Estados membros da OEA aos instrumentos internacionais de proteção dos direitos humanos que, embora extrapolem o sistema interamericano, com ele estão intrinsecamente relacionados, a exemplo das normas elaboradas no âmbito da Organização Internacional do Trabalho[310].

5.2. Compromisso do Brasil enquanto membro da Organização Internacional do Trabalho

Conforme salientado em capítulo precedente, a Declaração sobre Princípios e Direitos Fundamentais no Trabalho, aprovada pela Organização Internacional do Trabalho em 1998, enfatiza aos Estados membros que decidiram incorporar-se livremente à OIT que, por meio desse ato soberano, assumem o compromisso de aceitar os princípios e direitos enunciados na Constituição da Organização, bem como na Declaração de Filadélfia a ela anexada, comprometendo-se a buscar esforços, de forma progressiva e na medida de suas possibilidades, no sentido de atingir os objetivos gerais da OIT.

A Declaração de 1998 ressalta que todos os Estados membros, ainda que não tenham ratificado as convenções fundamentais da OIT, inseridas nas suas *core obligations*, têm, ainda assim, a obrigação de respeitar, promover e tornar realidade seus princípios e direitos fundamentais, os quais podem ser sintetizados na liberdade sindical e no reconhecimento efetivo do direito de negociação coletiva, na eliminação de todas as formas de trabalho forçado ou obrigatório, na abolição efetiva do trabalho infantil e

[310] Vide item 4.2.1 Análise da Opinião Consultiva OC 18/03 da Corte Interamericana de Direitos Humanos no Capítulo 4.

na eliminação da discriminação em matéria de emprego e ocupação. Tal compromisso deriva do fato dos Estados pertencerem à Organização.

A elaboração e implementação de políticas restritivas, tendentes ao não reconhecimento de direitos aos trabalhadores imigrantes indocumentados é conduta que não sinaliza a necessária progressão para a incorporação dos princípios e objetivos da OIT. Ao contrário, ao colocarem restrições ao acesso ao trabalho para os imigrantes, os Estados acabam por facilitar a formação de uma rede de trabalhadores irregulares que irão buscar meios de sobrevivência em relações laborais exploratórias, à margem dos seus direitos humanos fundamentais. Um caminho viável para lidar com a questão da livre circulação de pessoas em meio ao mundo globalizado passa pela reformulação do controle de fronteiras e traz a necessidade de os Estados repensarem os contornos de suas políticas migratórias, com base nos fundamentos dos direitos humanos.

Pensar políticas migratórias que combinem a inserção dos migrantes no mercado de trabalho com a proteção aos direitos humanos configura cumprimento do compromisso internacional de adesão aos princípios inseridos nas declarações e instrumentos internacionais, bem como significa vinculação às normas de natureza *jus cogens e erga omnes* do Direito Internacional dos Direitos Humanos[311]. Nesse contexto, a delimitação de políticas migratórias a partir das exigências dos direitos humanos passa a ser determinante para os Estados e não uma mera opção quando de sua formulação. Assim, o grau de discricionariedade no exercício da soberania estatal para implementação de política migratória está diretamente relacionado com o compromisso assumido no nível internacional para a proteção dos direitos humanos dos migrantes, sejam esses documentados ou não[312]. Esse é o propósito da internacionalização dos direitos humanos.

311 CANÇADO TRINDADE, Antonio Augusto. Deslocados e a proteção dos migrantes na legislação internacional dos Direitos Humanos. *Cadernos de Debates – Refúgio, Migrações e Cidadania*. vol. 03, n. 03, 2008, p. 52 – 93, p. 81.

312 Importante ressaltar a determinação da Corte Interamericana de Direitos Humanos, na decisão proferida na Opinião Consultiva 18/03, no sentido de que todas as afirmações feitas no referido Parecer Consultivo se aplicam aos Estados membros da Organização dos Estados Americanos que assinaram indistintamente a Carta da OEA, a Declaração Americana, A Declaração Universal, ou ratificaram o Pacto Internacional sobre Direitos Civis e Políticos, independentemente de que tenham ou não ratificado a Convenção Americana ou algum de seus protocolos facultativos, tal como se nota no ponto 60 do Parecer, de tal sorte que são

O Brasil figura como país membro fundador da Organização Internacional do Trabalho e, nessa condição, assume o compromisso de zelar e promover os princípios e objetivos da Organização, tais quais elencados na Declaração de Filadélfia, onde há a determinação de que o direito ao bem-estar material e ao desenvolvimento de todo o ser humano, sem distinção, deve ser exercido dentro da liberdade, da dignidade, da tranquilidade econômica e com as mesmas possibilidades.

Para o Brasil enfrentar o desafio da inclusão no mundo do trabalho de uma massa de trabalhadores migrantes que adentram o país em busca de oportunidades no mercado de trabalho, deve promover em suas políticas públicas a convergência das diretrizes da Organização Internacional do Trabalho com a normativa nacional, a fim de assegurar a integração dos migrantes na comunidade, sobretudo para garantir o direito ao trabalho digno. Nesse sentido, ressalta Duval Fernandes[313] a necessidade do estabelecimento de uma relação dialógica entre o Brasil e os organismos internacionais, com vistas à governabilidade das migrações internacionais, a partir do respeito aos direitos humanos.

Entretanto, a Organização Internacional do Trabalho se por um lado preconiza a construção de relações laborais com vistas à justiça social e à paz universal, com liberdade e igualdade de oportunidades, de forma a possibilitar aos trabalhadores a justa participação na vida social, conforme da Declaração sobre Princípios e Direitos Fundamentais no Trabalho de 1998, se, também, defende a busca do trabalho decente para que todos sem distinção tenham as mesmas oportunidades de trabalho, a teor do disposto na Declaração sobre Justiça Social para uma Globalização Equitativa de 2008 e se entende ser o trabalho um direito e não uma mercadoria, cujo parâmetro para o seu exercício é a dignidade da pessoa humana, nos termos da Declaração de Filadélfia de 1944, por outro lado

indubitáveis a vinculação e o comprometimento desses Estados, dentre eles o Brasil, com as diretrizes apontadas pela Corte Interamericana, as quais estão alinhadas, por expressa menção na decisão, a instrumentos internacionais que compõem o sistema global de proteção dos direitos humanos. ORGANIZAÇÃO DOS ESTADOS AMERICANOS. Corte Interamericana de Direitos Humanos. *Opinião Consultiva OC 18/03*. Disponível em: https://www.corteidh.or.cr/docs/opiniones/seriea_18_esp.pdf Acesso em: 19 ago. 2020.

[313] FERNANDES, Duval. *O Brasil e a Migração Internacional no século XXI- Notas introdutórias*. *In*: PRADO, Erlan José Peixoto do; COELHO, Renata (org.). *Migrações e Trabalho*. Brasília: Ministério Público do Trabalho, 2015, p. 35.

traz entendimento, por meio de suas duas mais expressivas convenções relativas à proteção dos direitos dos trabalhadores migrantes no contexto laboral, a saber as Convenções nº 97 e nº 143, no sentido de que o direito ao trabalho não está assegurado aos imigrantes indocumentados, senão pelo reconhecimento discricionário, inserido em políticas migratórias a cargo de cada Estado.

Essa postura da OIT parece permitir um deslocamento de valores fundamentais que embasam a ordem jurídica internacional de proteção dos direitos humanos, na qual o direito humano fundamental ao trabalho é previamente reconhecido. Isso ocorre na medida em que se consente que a realização desse valor fique subordinada à vontade estatal, manifestada discricionariamente em política migratória, podendo cada Estado assegurar a garantia do direito ao trabalho apenas a uma parcela da população de migrantes, aquela que se encontra em situação migratória regular.

Por certo que um direito humano fundamental pode sofrer restrições quando, sendo objeto de sopesamento com outro direito humano fundamental, sofre preterição diante de escolhas estatais excludentes entre si[314]. No entanto, mesmo a decisão de limitar um direito humano fundamental deve ser justificada pela necessidade de prevalência circunstancial de outro direito humano fundamental e, em qualquer hipótese, baseada em argumentos não discriminatórios, visto que o princípio da não discriminação é premissa transversal que abarca todo e qualquer instrumento internacional de proteção dos direitos humanos. Somente em situações tais, poder-se-ia imaginar a restrição ao direito fundamental ao trabalho, respaldada em critérios objetivos e não discriminatórios.

[314] Para Robert Alexy, a difícil escolha entre dois princípios igualmente constitucionais deve ser feita, quando necessário, por meio do sopesamento, no qual há que se observar dois critérios. O primeiro critério diz respeito à análise do grau de prejuízo pela preterição de determinado princípio em relação a outro, isto é "quanto maior for o grau de não satisfação ou de afetação de um princípio, tanto maior terá que ser a importância da satisfação do outro". O segundo critério está relacionado à seguinte análise: "quanto mais pesada for a intervenção em um direito fundamental, tanto maior terá que ser a certeza das premissas nas quais essa intervenção se baseia". Segundo Alexy, o sopesamento nada mais é do que a otimização em relação aos princípios colidentes, compreendendo princípio como o mandamento de otimização que ordena que algo seja realizado na maior medida possível, dentro das possibilidades jurídicas e fáticas. ALEXY, Robert. *Teoria dos direitos fundamentais*. Tradução de Virgílio Afonso da Silva, 2 ed. São Paulo: Malheiros, 2015, p. 593 e 617.

No que atine à Convenção nº 97 da OIT sobre trabalhadores migrantes, analisada em tópico anterior e ratificada pelo Brasil em 18 de junho de 1965, com início de vigência em território nacional a partir de junho de 1966, é notório que a mesma reconhece direitos aos trabalhadores migrantes, desvinculando a proteção dos direitos humanos da condição de nacional de determinado Estado, mas, também, delimita a proteção tão somente à parcela de migrantes que se encontra em situação regular no território estrangeiro, excluindo expressamente os imigrantes indocumentados.

O Brasil, enquanto Estado membro signatário dessa Convenção, tendo-a incorporado no ordenamento jurídico brasileiro, fica adstrito ao seu cumprimento, estando autorizado, portanto, à primeira vista, a elaborar e implementar política migratória que porventura exclua imigrantes indocumentados da proteção do direito ao trabalho, a despeito dos princípios e objetivos expressos em diversos instrumentos normativos da própria OIT, reproduzindo logicamente a contradição normativa da Organização da qual é membro.

O mesmo efeito pode ser observado em relação à Convenção nº 143, a qual também encerra uma contradição normativa com a principiologia da Organização Internacional do Trabalho, no tocante ao reconhecimento do direito ao trabalho aos imigrantes indocumentados, ainda que essa Convenção represente um avanço protetivo significativo em diversas questões em relação à proteção trazida pela Convenção nº 97. Importante frisar, entretanto, que o Brasil ainda não ratificou a Convenção nº 143.

Não obstante o alcance limitado das duas convenções da OIT que tratam da proteção do trabalhador migrante, excluindo da seara protetiva os indocumentados, ambas não representam, no entanto, óbices a proteção desses trabalhadores indocumentados na ordem interna brasileira. Isso porque a Constituição Federal de 1988, alinhada às diretrizes principiológicas da OIT, define o direito ao trabalho como um direito fundamental, cuja realização deve observar o princípio da igualdade e o princípio da não discriminação com base na prevalência dos direitos humanos.

As convenções da OIT são incorporadas no ordenamento jurídico brasileiro como normas infraconstitucionais e como tais devem ser interpretadas e aplicadas de acordo com as diretrizes constitucionais, de tal sorte que a insuficiência normativa gerada pela contradição entre os princípios da própria OIT e os preceitos das mencionadas Convenções, que admitem poder haver exclusão dos trabalhadores imigrantes indocumentados da proteção de seu direito fundamental ao trabalho, pode ser superada pela hermenêutica da aplicação das normas nacionais que exige compatibilidade com a Constituição Federal.

É nesse contexto que a Convenção nº 97 da Organização Internacional do Trabalho, incorporada no ordenamento jurídico brasileiro como norma infraconstitucional, deve ser interpretada e integrada à realidade brasileira.

5.3. Direito ao trabalho na Constituição Federal de 1988

A Constituição Federal de 1988 traz preceitos normativos de cunho programático e principiológico que representam na ordem jurídica brasileira um instrumental importante para o enfrentamento da questão migratória, no que tange ao reconhecimento dos direitos sociais aos trabalhadores imigrantes indocumentados, dentre os quais o direito ao trabalho.

Assim, a Carta Constitucional apresenta, em seu artigo 1º, a dignidade da pessoa humana e os valores sociais do trabalho e da livre iniciativa como fundamentos da República e preconiza, em seu artigo 3º, como seus objetivos a construção de uma sociedade livre, justa e solidária, a garantia do desenvolvimento nacional, a erradicação da pobreza e da marginalização e a redução das desigualdades sociais e regionais, bem como a promoção do bem de todos, sem preconceitos de origem, raça, sexo, cor, idade e quaisquer outras formas de discriminação. No que atine às relações internacionais da República, o texto constitucional prevê, no artigo 4º, que as relações serão regidas pelos princípios da prevalência dos direitos humanos e da cooperação entre os povos para o progresso da humanidade.

É notável o alinhamento dos princípios fundamentais contidos na Constituição brasileira com as diretrizes internacionais, no que tange ao respeito aos direitos humanos. Ao elegerem como pilar axiológico da ordem jurídica brasileira a dignidade da pessoa humana em um contexto de Estado Democrático de Direito, os princípios e diretrizes constitucionais dialogam de forma estreita e convergente com o conjunto de normas jurídicas internacionais que compõe o Direito Internacional dos Direitos Humanos e, em particular, com as normas internacionais do trabalho que, com base nos princípios da igualdade e da não discriminação, assentam a premissa de que o trabalho humano não pode ser tratado como uma mercadoria, com vistas ao bem comum para o alcance da justiça social e da paz universal.

Tais princípios e objetivos constitucionais, ancorados no fundamento da dignidade da pessoa humana, por si sós, já autorizam a proteção e a promoção dos direitos fundamentais sociais dos trabalhadores migrantes. Isso porque os migrantes, sejam esses documentados ou não, quando se encontram em território brasileiro à procura de trabalho e de condições dignas de vida, na condição primeira de seres humanos, são legítimos titulares da proteção dos direitos humanos. Essa afirmação tem amparo também no artigo 5º da Constituição Federal, na medida em que dispõe, quanto aos direitos e garantias fundamentais, que todos são iguais perante a lei, sem distinção de qualquer natureza, seja pessoa brasileira ou estrangeira.

Em que pese o caput do artigo 5º restringir o alcance da proteção apenas aos estrangeiros residentes no país, é importante ressaltar que o reconhecimento e a garantia de direitos fundamentais não estão adstritos à literalidade da norma, mas, sim, encontram respaldo na interpretação dada pelo Supremo Tribunal Federal[315], em que se reconhece que a garantia da inviolabilidade dos direitos fundamentais da pessoa humana não comporta exceção baseada em qualificação subjetiva puramente circunstancial e que ao Estado cabe resguardar direitos inerentes à dignidade humana das pessoas que, ainda que estrangeiras e sem domicílio no país, se encontram sob a sua soberania. Nesse sentido, o Supremo Tribunal Federal manifesta entendimento na perspectiva de que a titularidade dos direitos fundamentais se estende a todos os estrangeiros, em observância aos princípios da isonomia e da dignidade da pessoa humana.

Nesse mesmo sentido menciona Tarciso Dal Maso Jardim[316] que a Constituição Federal brasileira confere amplos direitos, liberdades e garantias, sem discriminação formal às pessoas em geral, muito embora seus termos, contidos no artigo 5º, caput, induzam à conclusão de que

[315] BRASIL. Supremo Tribunal Federal. *Habeas Corpus nº 97.147.* Julgamento da Segunda Turma do Supremo Tribunal Federal, proferido em 04 ago. 2009, Relator Ministro Cezar Peluso. Informativo STF nº 554. Disponível em: http://www.stf.jus.br//arquivo/informativo/documento/informativo554.htm

[316] JARDIM, Tarciso Dal Maso. A lei migratória e a inovação de paradigmas. *Cadernos de Debates – Refúgio, Migrações e Cidadania.* vol. 12, n. 12, 2017, p. 17- 46, p. 40.

há discriminação contra estrangeiros não residentes no Brasil. Lembra o autor, com base na referida jurisprudência, que o Supremo Tribunal Federal alerta para o fato de que mesmo que o artigo 5º induza ao contrário, o não nacional possui o *standard* mínimo de direitos humanos.

Para Carolina de Abreu Batista Claro[317], não faz sentido argumentar que o artigo 5º da Constituição Federal de 1988 pudesse limitar a igualdade de direitos aos imigrantes residentes e documentados, pois entende que o próprio caput do artigo 5º menciona que "todos são iguais perante a lei, sem distinção de qualquer natureza", antes de mencionar garantia de direitos "aos brasileiros e aos estrangeiros residentes no país". Conclui a autora que, por meio da interpretação *pro homine* amparada na defesa dos direitos humanos, o conceito de residência deve ser compreendido em seu sentido amplo, de morada, independentemente da obtenção formal pelo migrante de autorização de residência no Brasil.

Coerente com a principiologia apresentada no título I da Constituição Federal e com o princípio da igualdade, elencado no seu artigo 5º, o direito ao trabalho foi alçado a direito fundamental pela Constituição brasileira. Cabe ressaltar que o direito ao trabalho está incluído no rol de direitos sociais que compõem o núcleo essencial de direitos básicos, sem os quais não se pode conceber uma existência com dignidade e respeito. Esse núcleo essencial está protegido pela condição de cláusula pétrea, cuja finalidade é proteger a identidade da própria ordem constitucional.

A identidade da Constituição Federal de 1988 é construída a partir dos seus princípios fundamentais, ancorados nos valores de um Estado Democrático de Direito, o qual tem como pilares os direitos fundamentais que representam a base lógica e axiológica da própria Constituição. Não por outra razão que tal categoria de direitos foi erigida à condição de cláusula pétrea, no intuito de preservar a identidade constitucional, pondo freios a sua modificação, a partir dos limites materiais, explícitos e implícitos, contidos no artigo 60, § 4º, da Constituição Federal.

[317] CLARO, Carolina de Abreu Batista. *Do Estatuto do Estrangeiro à Lei de Migração:* avanços e expectativas. Boletim de economia e política internacional/Instituto de Pesquisa Econômica Aplicada. Diretoria de Estudos e Relações Econômicas e Políticas Internacionais, n.1, (jan./mar. 2010). Brasília: Ipea. Dinte, 2010, p. 41-53, p. 44.

Para Ingo Wolgang Sarlet[318], no rol dos direitos e garantias fundamentais que não podem ser suprimidos da ordem constitucional estão abarcados os direitos sociais, o que inclui o direito ao trabalho, muito embora a utilização da terminologia "individual", contida no inciso IV, § 4º, do referido artigo 60, remeta, em um primeiro momento e com base em uma interpretação restritiva, apenas ao rol descrito no artigo 5º da Constituição Federal. Essa interpretação, segundo o autor, implica, no entanto, negar a essência da ordem constitucional. Ademais, vale lembrar que o § 2º do artigo 5º da Constituição Federal não exclui direitos e garantias expressos no texto constitucional que decorram do regime e dos princípios adotados pelo Estado Democrático de Direito, o que significa que os direitos fundamentais contidos no capítulo dos direitos sociais são, conforme conclui Sarlet, não apenas formalmente fundamentais, pois estão inseridos no título II da Constituição Federal, como também são materialmente fundamentais, visto que estão intrinsecamente vinculados ao princípio da dignidade humana, epicentro da ordem jurídica brasileira.

A inserção dos direitos sociais no rol, ainda que implícito, das cláusulas pétreas, a partir de interpretação sistemática da Constituição Federal, significa protegê-los contra eventual supressão na ordem constitucional, assegurando, desse modo, a preservação da própria essência da Constituição. A proteção da identidade constitucional implica a proteção do sistema de direitos fundamentais, dentre os quais se inclui o direito ao trabalho.Nesse sentido, assevera Sarlet[319] que os direitos sociais são valores basilares de um Estado Social e Democrático de Direito e que sua supressão significaria a destruição da própria identidade da ordem constitucional, o que evidenciaria flagrante contradição com a finalidade das cláusulas pétreas.

Da compreensão de que os direitos fundamentais sociais estão acobertados pela proteção das cláusulas pétreas e, portanto, não podem ser objeto de supressão, decorre o entendimento de que tais direitos fundamentais

[318] SARLET, Ingo Wolfgang. *A eficácia dos direitos fundamentais:* uma teoria geral dos direitos fundamentais na perspectiva constitucional. 12 ed., Porto Alegre: Livraria do Advogado Editora, 2015, p. 442-444.

[319] SARLET, Ingo Wolfgang. *A eficácia dos direitos fundamentais:* uma teoria geral dos direitos fundamentais na perspectiva constitucional. 12 ed., Porto Alegre: Livraria do Advogado Editora, 2015, p, 445.

tampouco podem ser objeto de interpretação ou aplicação que venha a contrariar os preceitos constitucionais. O ordenamento jurídico, para preservar sua coerência, demanda uma aplicação harmônica entre as normas constitucionais e todas as demais que delas decorrem de tal sorte que, admitir normativa infraconstitucional que eventualmente esteja desalinhada com o núcleo essencial dos direitos fundamentais sociais, pode significar negar a esses sua efetividade.

5.4. Reconhecimento do direito ao trabalho aos imigrantes indocumentados no âmbito infraconstitucional[320]

Segue-se à análise do aparato constitucional brasileiro a referência à legislação infraconstitucional que, em boa medida, dialoga com a Constituição Federal de 1988. É possível o apontamento de dois marcos normativos que, cada qual em seu tempo, significaram verdadeira mudança de paradigma no tocante ao tratamento de aspectos importantes da questão migratória no Brasil. O primeiro marco é representado pelo Acordo sobre Residência para Nacionais dos Estados Partes do Mercosul, Bolívia e Chile que, sob a égide do então Estatuto do Estrangeiro, trouxe, a despeito desse, modificações relevantes para o tratamento da regularização migratória, simplificando sobremaneira o processo de documentação para que os migrantes, independentemente de sua situação migratória, pudessem pleitear autorização de residência no território do país receptor, facilitando, com isso, o acesso ao trabalho.

O segundo marco da legislação migratória brasileira é a Lei de Migração que, ao revogar o Estatuto do Estrangeiro, também trouxe mudanças paradigmáticas importantes no tocante ao tratamento dos imigrantes. Estes passaram a ser situados como sujeitos de direitos humanos e não mais considerados como uma ameaça à segurança nacional. Segundo Carolina de Abreu Batista Claro[321], a Lei de Migração "parte da premissa de que o

[320] Parte da análise extraída da dissertação de mestrado defendida em 2016. PADOVANI, Daniela Wernecke. *Cenário jurídico dos imigrantes indocumentados:* uma reflexão sobre a efetividade de seus direitos sociais. Dissertação de mestrado. Universidade Metodista de Piracicaba, Piracicaba, 2017.

[321] CLARO, Carolina de Abreu Batista. *Do Estatuto do Estrangeiro à Lei de Migração:* avanços e expectativas. Boletim de economia e política internacional/Instituto de Pesquisa Econômica Aplicada. Diretoria de Estudos e Relações Econômicas e Políticas Internacionais, n.1, (jan./mar. 2010). Brasília: Ipea. Dinte, 2010, p. 41-53, p. 45.

Estado tem obrigações para com a pessoa migrante, ao mesmo tempo em que prevê direitos e obrigações para os sujeitos das migrações internacionais". Afirma a autora que a vertente da segurança e do interesse nacionais foi substituída pela vertente dos direitos das pessoas migrantes.

5.4.1. Acordo sobre Residência para Nacionais dos Estados Partes do Mercosul, Bolívia e Chile

O Mercado Comum do Sul – Mercosul, criado pelo Tratado de Assunção em 26 de março de 1991, no âmbito da Associação Latino-Americana de Integração – ALADI, significa a união de países da América do Sul em torno do objetivo de fortalecer a economia regional e promover ações que propiciem o desenvolvimento econômico e a consolidação de uma posição competitiva no mercado global. Para tanto, o Mercosul implica a livre circulação de bens, serviços e fatores produtivos entre os países, almejando, com isso, alcançar a plena integração socioeconômica dos seus membros.

Segundo considera Werter Faria[322], a mão de obra de trabalhadores está inserida nos fatores de produção, haja vista que fatores produtivos são compreendidos como uma unidade de fusão orgânica, na qual se inclui o trabalho e o capital, ambos abarcados na questão da livre circulação de pessoas. O Mercosul, estabelecido para atingir o objetivo de se tornar um mercado comum, não pode prescindir, no entendimento de Clarissa Dri[323], da abordagem da questão da circulação de pessoas entre os territórios de seus membros, tendo em vista que a livre circulação de trabalhadores é pressuposto para a construção do mercado comum.

Nesse sentido, a plena integração almejada pelo Mercosul, a fim de que a economia alcance um desenvolvimento desejável, pressupõe, ao lado da livre circulação de bens e serviços – viés econômico do Mercosul, também a livre circulação de pessoas – viés sócio laboral, razão pela qual afirma Mirta Misailidis[324] ser inevitável que o processo de integração econômica

[322] FARIA, Werter Rotunno. Experiências latino-americanas de integração. *Revista do Centro de Estudos Judiciários*. Brasília, v. 1, n. 2, maio/agosto, 1997, p. 5-10.

[323] DRI, Clarissa. (2013). Políticas públicas regionais: uma análise da regulação de direitos sociais no Mercosul. *Revista Direito Em Debate*, v. 19, n. 33-34, 22 mar. 2013. Disponível em: https://doi.org/10.21527/2176-6622.2010.33-34.%p

[324] MISAILIDIS, Mirta Gladys Lerena Manzo de. *Convergências e assimetrias nas relações coletivas de trabalho nos países do MERCOSUL*. *In*: CECATO, Maria Aurea Baroni e RUPERT, Maria Belén

acarrete consequências na ordem social e nas relações de trabalho, uma vez que os desenvolvimentos social e econômico estão intrinsecamente relacionados, sendo este meio para alcançar aquele.

Importante ressaltar no contexto da globalização que a livre circulação de pessoas, em particular de trabalhadores, implica o envolvimento de questões atinentes ao movimento migratório, ao acesso ao trabalho para a população proveniente de países fronteiriços em condições dignas e paritárias com os nacionais do país receptor e ao respeito aos princípios da não discriminação, da igualdade e da liberdade de locomoção[325]. O desejo dos Estados Partes do Mercosul de buscar o fortalecimento e o aprofundamento do processo de integração socioeconômica colocou em pauta a questão da livre circulação de pessoas na região do Mercosul, suprindo uma lacuna inicialmente deixada pelo Tratado de Assunção, o qual não fez menção à questão social, mesmo sendo essa inerente ao processo de integração. Nesse sentido, lembra Cristian Doña Reveco[326] que os blocos econômicos regionais, que foram construídos como resposta à globalização, deixaram os objetivos econômicos se sobrepujarem à integração social e cultural e mesmo à defesa dos direitos humanos.

Foi a partir do advento do Protocolo de Ouro Preto, instrumento adicional ao Tratado de Assunção sobre a estrutura institucional do Mercosul, firmado em 17 de dezembro de 1994, que a questão social do Mercosul passou a ser melhor tratada e discutida, na medida em que foros especializados foram instituídos para tal finalidade. Assim, por meio da Resolução nº 75/96 do Grupo Mercado Comum do Mercosul[327], foi permitido o trânsito de nacionais do Mercosul com a simples apresentação de documento de identidade reconhecido e válido em cada Estado Parte

Cardona (org). *Direito Social na União Europeia e MERCOSUL:* emprego e inserção sociolaboral. João Pessoa: UNIPÊ/BC, 2009, p. 16.

325 PADOVANI, Daniela Wernecke; MISAILIDIS, Mirta Lerena. *Imigrantes Indocumentados e a Inefetividade de seus Direitos Fundamentais Trabalhistas.* 2016. Disponível em: https://www.conpedi.org.br/eventos/xxv-congresso-do-conpedi-curitibapr-3/#apresenta%C3%A7%C3%A3o_de_artigos

326 DOÑA REVECO, Cristian. *Las migraciones internacionales:* analisis y perspectivas para una politica migratoria. OIM-Mission Chile, 2003.

327 MERCOSUR/GMC/RES. Nº 75/96. Disponível em: https://www.mercosur.int/pt-br/documentos-e-normativa/resolucoes/. Acesso em: 02 set. 2020.

e, por meio da Resolução nº 20/95 do Grupo Mercado Comum[328], foi instituído o Sub Grupo de Trabalho nº 10 – SGT 10, instância responsável pela temática das relações de trabalho, emprego e migrações.

Em vista da necessidade de implementação de uma política de livre circulação, no intuito, dentre outros objetivos, de solucionar a situação migratória na região do Mercosul e dos Países Associados, foi celebrado em Brasília, em dezembro de 2002, por ocasião da XXIII Reunião do Conselho do Mercado Comum, órgão político do Mercosul, o Acordo sobre Residência para Nacionais dos Estados Partes do Mercosul, Bolívia e Chile[329], o qual foi promulgado no Brasil pelo Decreto nº 6.975, de 07 de outubro de 2009.

O Acordo sobre Residência foi considerado um marco legal para o debate da questão migratória tanto no âmbito do Mercosul como no Brasil, representando para o país significativo avanço em relação ao então Estatuto do Estrangeiro que à época da celebração do referido Acordo ainda estava em vigência no território nacional. Nesse contexto, afirma Camila Baraldi[330] que foi no âmbito dos processos de política migratória do Mercosul que o Brasil teve suas experiências mais inovadoras, no que diz respeito à normatividade migracional.

Referido Acordo sobre Residência reconhece a necessidade de combater o tráfico de pessoas para fins de exploração de mão de obra, bem como a necessidade de combater as situações que impliquem degradação da dignidade humana, razão pela qual os Estados Partes assumem o compromisso de harmonizar suas legislações para fortalecer o processo de integração, por meio do estabelecimento de regras comuns, no que tange à autorização de residências aos seus nacionais, bem como aos nacionais dos Estados Associados do Mercosul.

Assim, a teor do que dispõe o artigo 1º do Acordo sobre Residência, os nacionais de um Estado Parte que desejem residir no território de outro Estado Parte poderão obter residência legal nesse último, desde que

[328] MERCOSUR/GMC/RES Nº 20/95. Disponível em: https://www.mercosur.int/pt-br/documentos-e-normativa/resolucoes/. Acesso em: 02 set. 2020.

[329] BRASIL. *Acordo sobre Residência para Nacionais dos Estados Partes do Mercosul, Bolívia e Chile.* Disponível em: http://www.planalto.gov.br/ccivil_03/_ato2007-2010/2009/decreto/d6975.htm. Acesso em: 01 set. 2020.

[330] BARALDI, Camila. *A experiência do Mercosul em matéria de migrações.* Pontes, Genebra, n. 10, v. 10, p. 13-17, dez. 2014.

comprovem a nacionalidade proveniente de um dos Estados Partes, bem como cumpram os requisitos previstos no artigo 4º do Acordo, que trata da residência temporária. Importante ressaltar nesse ponto que o Acordo sobre Residência prevê que a solicitação de regularização, junto aos serviços migratórios do país receptor, para a obtenção de residência pelo imigrante, não está atrelada à condição migratória em que esse houver ingressado no país, estando o imigrante, inclusive, isento do pagamento de multas e outras sanções administrativas mais gravosas no caso de irregularidade na sua situação migratória.

Após a obtenção da residência temporária, que somente pode ser outorgada pelo período máximo de dois anos, o imigrante que intencione permanecer no país receptor deve solicitar a autorização para a residência definitiva, observando as exigências contidas no artigo 5º do referido Acordo. Deve o imigrante, então, solicitar a transformação da residência temporária em residência definitiva, junto à autoridade migratória do país receptor, mediante a apresentação de novo rol de documentos, dentre os quais a comprovação de que possui meios de vida lícitos que permitam a subsistência do imigrante e de sua família.

Paulo Illes[331], ao comentar referida exigência do artigo 5º do Acordo sobre Residência, em momento em que ainda estava em vigência o Estatuto do Estrangeiro, aponta, entretanto, que a obrigação de apresentar esse documento comprobatório de meios de vida lícito pode significar um obstáculo para a aquisição da residência definitiva, levando o imigrante muitas vezes a retornar à uma situação migratória indocumentada. Isso ocorre em razão de que o imigrante, ao ter dificuldade para apresentar o documento mencionado, uma vez que, não raro, se insere na economia informal, não estará apto a fazer prova de sua subsistência, perdendo, como consequência, o prazo para solicitação de autorização para a obtenção da residência definitiva e tendo que retornar ao início do trâmite burocrático para um novo pedido de residência temporária.

A vulnerabilidade do imigrante que se encontra irregular no país receptor fica exacerbada pela situação de desemprego ou de subemprego e como um ciclo vicioso, esse imigrante não obtém sua regularização porque

[331] ILLES, Paulo. *10 anos do acordo de Livre Trânsito e Residência no Mercosul.* CDHIC, 2012. Disponível em: http://cdhic.cut.org.br/noticias/10-anos-do-acordo-de-livre-transito-e--residencia-no-mercosul-5283/. Acesso em 11 set. 2020.

não consegue comprovar meios lícitos de sobrevivência, mas permanece em condições precárias de subemprego ou de desemprego porque não se encontra regularizado.

Como bem pontua Tatiana Chang Waldman[332], os imigrantes, que em muitas situações se deslocam por motivações econômicas e de forma provisória, não obtendo a autorização para a sua permanência no país receptor, acabam por aceitar condições de trabalho precárias com baixa remuneração e jornadas exorbitantes.

Os imigrantes que tenham obtido sua residência, seja temporária ou definitiva, nos termos do Acordo sobre Residência, adquirem a garantia de receber tratamento igualitário em relação aos nacionais do país receptor, quanto ao gozo de direitos e liberdades civis, sociais, culturais e econômicos, com expressa menção ao direito a trabalhar e a exercer qualquer atividade lícita, tanto por conta própria, como por conta de terceiros, de acordo com as leis do país em que se encontra.

A partir dos apontamentos feitos em relação às normas constitucionais, é notório que o princípio da igualdade contemplado no Acordo sobre Residência pretende dar um alcance mais restrito do que aquele consagrado no texto da Constituição Federal de 1988, de tal sorte que o gozo de direitos pelos imigrantes fique condicionado à autorização de residência. Porém, aos imigrantes que se encontrem em território brasileiro deve ser deferido o tratamento igualitário constitucional, ainda que esses imigrantes não tenham logrado obter a autorização de residência no Brasil. Isso ocorre porque a Constituição brasileira assegura, sem discriminação a estrangeiros, o gozo dos direitos fundamentais que representam o mínimo aceitável à dignidade humana, conforme ressalta Tarciso Dal Maso Jardim[333], referenciando o entendimento do Supremo Tribunal Federal nesse mesmo sentido.

Entretanto, em que pese haver no Acordo sobre Residência esse aspecto mais restritivo em relação ao princípio da igualdade, não se pode deixar de reconhecer a importância desse Acordo, no que tange à possibilidade

332 WALDMAN, Tatiana Chang. *O acesso à educação escolar de imigrante em São Paulo:* a trajetória de um direito. Dissertação de Mestrado, Faculdade de Direito, Universidade de São Paulo, 2012, p. 22.

333 JARDIM, Tarciso Dal Maso. A lei migratória e a inovação de paradigmas. *Cadernos de Debates – Refúgio, Migrações e Cidadania.* vol. 12, n. 12, 2017, p. 17- 46, p. 40.

de regularização da situação migratória, sendo importante lembrar que o Acordo sobre Residência foi incorporado ao ordenamento jurídico brasileiro em momento em que prevalecia legislação infraconstitucional de cunho autoritário e retrógrado – o então Estatuto do Estrangeiro, cujas premissas, assentadas na segurança nacional, estavam na contramão das diretrizes do Direito Internacional dos Direitos Humanos.

O alcance do Acordo sobre Residência para Nacionais dos Estados Partes do Mercosul, Bolívia e Chile deixa claro, como o próprio nome já diz, que é restrito tão somente aos migrantes com nacionalidade proveniente de um dos Estados Partes ou Estados Associados do Mercosul e cuja mobilidade seja feita nos limites territoriais desses Estados, não contemplando, pois, o Acordo sobre Residência os demais migrantes cuja nacionalidade seja oriunda de outras localidades. Essa limitação, no entanto, é superada pelo advento da nova Lei de Migração, promulgada no Brasil em 2017, oito anos após a incorporação do Acordo sobre Residência no ordenamento jurídico brasileiro.

Outro importante instrumento que serve ao debate das migrações internacionais e da proteção dos direitos sociais aos migrantes no âmbito do Mercado Comum é a Declaração Sociolaboral do Mercosul, firmada em 10 de dezembro de 1998. Embora tenha sido adotada em 1998, a Declaração Sociolaboral foi objeto de revisão pelos Estados Partes na I Reunião Negociadora realizada em Brasília em 17 de julho de 2015, o que resultou na Declaração Sociolaboral do Mercosul de 2015.

Juntamente com o Acordo sobre Residência para Nacionais dos Estados Partes do Mercosul, Bolívia e Chile, a Declaração Sociolaboral do Mercosul de 2015 traduz a preocupação e o empenho dos Estados Partes e Estados Associados em fomentar condições adequadas para o alcance da plena integração econômica, cultural e sociolaboral, em busca de um desenvolvimento com justiça social.

Assim, no preâmbulo da Declaração Sociolaboral, os Estados Partes reconhecem que a integração almejada pelo Mercosul constitui uma condição fundamental para o desenvolvimento econômico com justiça social e que a concretização da justiça social requer políticas que priorizem o emprego como centro para o desenvolvimento e o trabalho de qualidade. Ainda, em estreita convergência com os princípios da Organização Internacional do Trabalho, os Estados Partes do Mercosul reconhecem os princípios e os valores da Declaração de Filadélfia de 1944, na qual os seres humanos, sem qualquer distinção, possuem o direito ao bem-estar material em condições de igualdade e dignidade, de segurança econômica e de igualdade de oportunidades. Os Estados Partes também reiteram o compromisso assumido com a OIT de promover e respeitar a Declaração relativa aos Princípios e Direitos Fundamentais no Trabalho de 1998, reafirmando, no ensejo, o comprometimento com os instrumentos internacionais que compõem o patrimônio jurídico da humanidade, com destaque para a Declaração Universal dos Direitos Humanos, os Pactos Internacionais de 1966 sobre Direitos Civis e Políticos e sobre Direitos Econômicos, Sociais e Culturais e a Declaração Americana de Direitos e Obrigações do Homem.

Assentados nessas premissas, os Estados Partes declaram assegurar a vigência do princípio da não discriminação e garantir a igualdade efetiva de direitos, de tratamento e de oportunidades no emprego e na ocupação, sem distinção por motivo de etnia, ascendência nacional, nacionalidade, posição econômica ou qualquer outra condição social, familiar ou pessoal, em especial para grupos em situação desvantajosa no mercado de trabalho.

No que tange aos trabalhadores migrantes, a Declaração Sociolaboral de 2015 os contempla no artigo 7º, remetendo a proteção de seus direitos à observância dos preceitos contidos no Acordo sobre Residência para Nacionais dos Estados Partes do Mercosul, Bolívia e Chile. No intuito de promover a livre circulação dos trabalhadores e a integração dos mercados de trabalho, de forma compatível com o processo de integração regional, os Estados Partes firmam o compromisso de desenvolver ações que harmonizem as legislações, que promovam políticas laborais e que aperfeiçoem as instituições migratórias, estabelecendo normas comuns para circulação de trabalhadores nas zonas de fronteiras e promovendo ações para melhorar as condições de trabalho e de vida desses trabalhadores.

De acordo com Maria Cristina Irigoyen Peduzzi[334], a Declaração Sociolaboral do Mercosul foi criada como resposta dos Estados Partes às reiteradas reclamações quanto ao enfoque do bloco regional, que priorizava os aspectos econômicos em detrimento das demandas sociais, ao que conclui a autora ter a Declaração Sociolaboral "inegável importância para

[334] PEDUZZI, Maria Cristina Irigoyen. *Aplicabilidade da Declaração Sócio-Laboral do Mercosul nos Estados Partes*. Disponível em: http://www.stf.jus.br/imprensa/pdf/peduzzi.pdf. Acesso em: 05 set. 2020.

a construção de um processo de integração regional, com vistas à garantia da efetiva justiça social".

5.4.2. Lei de Migração nº 13.445/2017

Ao lado dos preceitos constitucionais e do Acordo sobre Residência para os Nacionais dos Estados Partes do Mercosul, Bolívia e Chile, há no ordenamento jurídico brasileiro recente normativa que representa verdadeiro fortalecimento das relações jurídicas que envolvem direitos dos trabalhadores migrantes. A temática da mobilidade social internacional, pautada pelo respeito à pessoa humana, independentemente de sua nacionalidade, em que o reconhecimento dos direitos à igualdade de oportunidades e à liberdade de locomoção se impõe, é preocupação estampada na Lei de Migração nº 13.445, de 24 de maio de 2017, a qual dispõe sobre os direitos e deveres do migrante e do visitante, regula a sua entrada e estada no Brasil e estabelece princípios e diretrizes para as políticas públicas para o emigrante.

Referida lei, em vigor desde novembro de 2017, revogou o Estatuto do Estrangeiro e trouxe importante avanço no tocante ao tratamento dos migrantes em território nacional. Dentre os avanços mais significativos, destaca-se a mudança de paradigma na política migratória, a qual até então, sob a égide do Estatuto do Estrangeiro, tinha como mote a segurança nacional como questão norteadora para viabilizar ou não o acesso ao trabalho pelos imigrantes. O novo paradigma considera a questão migratória um assunto mais correlato aos direitos humanos do que propriamente um tema de segurança nacional. É nesse sentido que a mobilidade social internacional passa a ser pautada pela dignidade da pessoa humana, pela igualdade de oportunidades e pela liberdade de locomoção, não mais se sustentando a visão de que os estrangeiros representam uma ameaça à segurança nacional.

Nesse sentido, ressalta Maria Anita Sprandel[335] que a Lei de Migração, ao substituir o Estatuto do Estrangeiro, teve a importante contribuição de alterar a centralidade até então em vigor de proteção do outro com base na defesa da segurança nacional e do interesse do trabalhador nacional para

[335] SPRANDEL, Marcia Anita. Leis migratórias e conservadorismo parlamentar no Brasil: o caso da Lei 13.445, de 2017. *Cadernos de Debates – Refúgio, Migrações e Cidadania.* vol. 13, n. 13, 2018, p. 37 – 59.

colocar foco na recepção do imigrante com base na cooperação internacional, na assistência humanitária e na integração regional. Para a autora, os principais avanços da Lei de Migração estão consubstanciados no repúdio à xenofobia e à discriminação, na desburocratização do processo de regularização, na institucionalização de política de vistos humanitários, na descriminalização da irregularidade migratória e na ampliação dos direitos dos migrantes.

No entendimento de Tarciso Dal Maso Jardim[336], o novo paradigma trazido pela Lei de Migração coloca luzes no aspecto humanista da migração em substituição à questão da segurança nacional, de tal sorte que a Lei de Migração, em contrapartida ao revogado Estatuto do Estrangeiro, amplia os direitos dos migrantes, prevê o princípio da não criminalização da imigração, apenas trazendo infrações administrativas e considera a reunião familiar um valor superior ao da segurança nacional. Conclui o autor que a Lei de Migração "não só responde ao paradigma da segurança nacional, mas cria um sistema com linguagem direta, garantista, que assegura o direito à defesa e protege vulneráveis".

Marcada pelo contexto da globalização em um mundo em que a mobilidade humana avança em meio a sociedades despreparadas para recepcionar o crescente número de imigrantes, e nas quais prevalecem cenários de hostilidade, discriminação e desigualdades inaceitáveis, a Lei de Migração, de fato, anuncia uma política migratória voltada ao acolhimento dos migrantes e reconhecimento de seus direitos, coincidindo com os ditames constitucionais de construção de uma sociedade mais justa, livre e solidária com base na prevalência dos direitos humanos, dos valores sociais do trabalho e da dignidade da pessoa humana.

Segundo André de Carvalho Ramos[337], o novo marco jurídico regulatório das migrações representa "na era da intensa mobilidade humana internacional (...) dever de proteção para impedir a construção jurídica de vulnerabilidades e superexploração de migrantes, em prejuízo à toda

[336] JARDIM, Tarciso Dal Maso. A lei migratória e a inovação de paradigmas. *Cadernos de Debates – Refúgio, Migrações e Cidadania*. vol. 12, n. 12, 2017, p. 17- 46, p. 31.

[337] CARVALHO RAMOS, André de. Direitos humanos são o eixo central da nova Lei de Migração. *Revista Consultor Jurídico*, 26/maio/2017. Disponível em: https://www.conjur.com.br/2017-mai-26/andre-ramos-direitos-humanos-sao-eixo-central-lei-migracao. Acesso em: 05 set. 2020.

sociedade". Ressalta o autor que o eixo central da Lei de Migração é a proteção dos direitos humanos, os quais devem ser reconhecidos, a partir de sua universalidade, indivisibilidade e interdependência, como princípio condutor da política migratória brasileira, decorrente da proteção da dignidade humana, valor supremo tanto da Constituição Federal quanto dos tratados de direitos humanos celebrados pelo Brasil.

Assim, sintonizada com as diretrizes constitucionais e com a proteção internacional dos direitos humanos dos migrantes, a Lei de Migração dispõe em seu artigo 3º que a política migratória brasileira será regida, dentre outras diretrizes, pela promoção da regularização documental, pela inclusão laboral, pela igualdade de tratamento e de oportunidade ao migrante e aos seus familiares, pela acolhida humanitária e pela cooperação internacional entre os Estados para assegurar a efetiva proteção aos direitos humanos dos migrantes, observando-se o disposto em tratados internacionais. Reconhece, ainda, que a migração é um direito inalienável de todas as pessoas.

O artigo 4º da Lei de Migração assegura ao migrante no território nacional, em condição de igualdade com os nacionais, os direitos e liberdades civis, sociais, culturais e econômicos, bem como a garantia de cumprimento de obrigações trabalhistas, sem discriminação em razão da nacionalidade e da condição migratória, prevendo também que ao migrante deve ser assegurado o direito de obter informações relacionadas à regularização migratória. É notório o alinhamento da Lei de Migração aos princípios constitucionais, na medida em que enfatiza, no § 1º do artigo 4º, que os direitos e as garantias nela previstos serão exercidos independentemente da situação migratória, não excluindo outros decorrentes de tratados de que o Brasil seja parte.

Nesse ponto, lembra Tarciso Dal Maso Jardim[338] que a vinculação a tratados internacionais, mencionada no § 1º do artigo 4º da Lei de Migração está em consonância com o sistema interamericano de proteção dos direitos humanos que, mediante o controle de convencionalidade, dialoga com os tribunais nacionais para que esses interpretem normas internas a partir de tratados, como a Convenção Americana sobre Direitos

[338] JARDIM, Tarciso Dal Maso. A lei migratória e a inovação de paradigmas. *Cadernos de Debates – Refúgio, Migrações e Cidadania*. vol. 12, n. 12, 2017, p. 17-46, p. 41.

Humanos, com o objetivo de ampliar direitos, especialmente para garantir a proteção jurídica a grupos vulneráveis, como são os migrantes.

Ponto que merece destaque na Lei de Migração é a possibilidade de autorização de residência aos imigrantes. A teor do que dispõe o seu artigo 30, a residência pode ser autorizada com base em dois critérios, quais sejam, a finalidade migratória ou a condição do migrante. Assim, a autorização de residência poderá ser concedida ao imigrante nas hipóteses, dentre outras, em que tenha por finalidade a acolhida humanitária ou o trabalho. Igualmente, no que se refere à condição de migrante, poderá a residência ser autorizada ao imigrante que seja beneficiário de tratado em matéria de residência e de livre circulação ou que tenha sido vítima de tráfico de pessoas, de trabalho escravo ou de violação de direito agravada por sua condição migratória. Importante ressaltar que a situação migratória regular não é fator condicionante para a concessão de autorização de residência, conforme dispõe o § 5º do artigo 31 da Lei de Migração.

Outro destaque importante trazido pela Lei de Migração diz respeito à possibilidade de concessão de visto temporário, cuja finalidade seja acolhida humanitária ou trabalho, ao migrante que venha para o Brasil com o objetivo de estabelecer residência. Se a finalidade da presença do imigrante em território nacional for relacionada a trabalho, o visto temporário fica condicionado, no entanto, à comprovação de oferta de trabalho formalizada por pessoa jurídica em atividade no Brasil. Já, o visto temporário para acolhida humanitária poderá ser concedido ao nacional de qualquer país em situação de grave violação de direitos humanos ou de direito internacional humanitário, dentre outras hipóteses. A formalização pela Lei de Migração de visto temporário para acolhida humanitária denota a expressão do viés de direitos humanos da pessoa do migrante[339].

A promoção da regularização documental do imigrante, alçada a princípio e garantia na Lei de Migração, está diretamente relacionada com a autorização de residência e a concessão de visto temporário, na medida em que todo o imigrante que os tenha recebido deve proceder ao registro,

[339] CLARO, Carolina de Abreu Batista. *Do Estatuto do Estrangeiro à Lei de Migração:* avanços e expectativas. Boletim de economia e política internacional/Instituto de Pesquisa Econômica Aplicada. Diretoria de Estudos e Relações Econômicas e Políticas Internacionais, n.1, (jan./mar. 2010). Brasília: Ipea. Dinte, 2010, p. 41-53, p. 49.

que consiste na sua identificação civil e assegura ao seu titular o pleno exercício dos atos da vida civil.

Muitos imigrantes, tal qual descrito por Alexander Betts[340], deixam seu país de origem, onde sofrem privações extremas de direitos sociais, e adentram em território estrangeiro como último recurso na busca por acolhimento, por sobrevivência e por seus direitos básicos, a que o autor denomina de "migrantes de sobrevivência". O fato desse grupo de imigrantes, que não raro entram ou permanecem em outro país sem, contudo, observar as formalidades migratórias exigidas na legislação, tornarem-se indocumentados, não é razão para que sejam excluídos da proteção legal. Nesse ponto, é notório o importante avanço trazido pela Lei de Migração ao determinar que os direitos e garantias nela previstos serão exercidos independentemente da situação migratória, o que inclui a concessão da autorização de residência, a partir do pressuposto de que a migração é um direito inalienável de todas as pessoas.

Não obstante todos os avanços trazidos pela Lei de Migração, promulgada após escuta democrática de diversos setores da sociedade por meio de consulta pública, a mesma foi objeto de regulamentação pelo Poder Executivo que, de forma autoritária e desconsiderando todo o processo democrático de elaboração da Lei, apresentou um número significativo de vetos presidenciais que, segundo Marcia Anita Sprandel[341], representaram verdadeiro retrocesso ao tratamento da questão migratória e evidenciaram o descompromisso do país com as pautas internacionais de direitos humanos, demonstrando as razões dos vetos um alinhamento com narrativas sobre a necessidade de fortalecimento das forças de segurança e com a agenda de retirada de direitos, além da pouca familiaridade com o tema migratório em geral, com seus aspectos conceituais e com a gestão.

Dentre os vários tópicos tratados no veto presidencial, elenca-se i) a exigência de contrato de trabalho para obtenção do visto de trabalho; ii) a vinculação para a concessão de visto temporário para trabalho ao deferimento de autorização de residência prévia pelo então Ministério

[340] BETTS, Alexander. *Survival Migration. Failed Governance and the Crisis of Displacement.* Cornell University Press, 2013, p. 23.

[341] SPRANDEL, Marcia Anita. Leis migratórias e conservadorismo parlamentar no Brasil: o caso da Lei 13.445, de 2017. *Cadernos de Debates – Refúgio, Migrações e Cidadania.* vol. 13, n. 13, 2018, p. 37 – 59, p. 48 e 55.

do Trabalho e Previdência Social, ao qual, vale dizer, não cabe a função de selecionar migrantes com a condicionante da emissão de visto à autorização de residência, representando, pois, esse veto um retrocesso, sem amparo na lei; e iii) a previsão de prisão para o migrante deportado, em franca contrariedade ao disposto no artigo 123 da Lei de Migração que não permite a prisão por razões migratórias[342].

Segundo André de Carvalho Ramos *et al.*[343], as mudanças na Lei de Migração trazidas pelo seu regulamento alteraram de tal sorte a proposta originalmente apresentada pela Lei que desvirtuou o intuito da proteção ao migrante. Lembram os autores que a exigência introduzida no § 4º do artigo 14 da Lei de Migração, que condiciona a concessão do visto temporário para trabalho à comprovação de oferta de trabalho formalizada por pessoa jurídica no Brasil, deixa desamparado "um vasto contingente de migrantes, provavelmente os mais vulneráveis, que ainda não possuem oferta de trabalho no Brasil", sendo certo que a determinação do regulamento de que a oferta de trabalho deva ser demonstrada por meio de contrato individual de trabalho ou de prestação de serviços dificulta sobremaneira a obtenção do visto por essa parcela de migrantes, haja vista, conforme ressaltam os autores, que um contrato não constitui uma oferta, mas sim a consumação de uma relação trabalhista.

Entretanto, Sprandel[344] avalia que mesmo com os vetos presidenciais a lei migratória merece ser celebrada, pois repudia a xenofobia e a discriminação, desburocratiza o processo de regularização, institucionaliza a

[342] CARVALHO RAMOS, André de; RIOS, Aurelio; CLÈVE, Clèmerson, VENTURA, Deisy, GRANJA, João Guilherme, MORAIS, José Luis Bolzan de; PIRES JR., Paulo Abrão; DALLARI, Pedro B. de Abreu; REIS, Rossana Rocha; JARDIM, Tarciso Dal Maso; BERNER, Vanessa. *Regulamento da nova Lei de Migração é contra legem* e *praeter legem*. 2017. Disponível em: https://www.conjur.com.br/2017-nov-23/opiniao-regulamento-lei-migracao-praetem-legem. Acesso em: 04 set. 2020.

[343] CARVALHO RAMOS, André de; RIOS, Aurelio; CLÈVE, Clèmerson, VENTURA, Deisy, GRANJA, João Guilherme, MORAIS, José Luis Bolzan de; PIRES JR., Paulo Abrão; DALLARI, Pedro B. de Abreu; REIS, Rossana Rocha; JARDIM, Tarciso Dal Maso; BERNER, Vanessa. *Regulamento da nova Lei de Migração é contra legem* e *praeter legem*. 2017. Disponível em: https://www.conjur.com.br/2017-nov-23/opiniao-regulamento-lei-migracao-praetem-legem. Acesso em: 04 set. 2020.

[344] SPRANDEL, Marcia Anita. Leis migratórias e conservadorismo parlamentar no Brasil: o caso da Lei 13.445, de 2017. *Cadernos de Debates – Refúgio, Migrações e Cidadania*. vol. 13, n. 13, 2018, p. 37 – 59, p. 54.

política de vistos humanitários, descriminaliza a irregularidade migratória e amplia os direitos dos migrantes. Em que pese a Lei de Migração ter sido objeto de importantes modificações pelo regulamento do Poder Executivo, não se pode perder de vista que a mesma deve ser interpretada sistematicamente de acordo com o seu sentido original e com seus princípios e objetivos, todos ajustados aos mandamentos constitucionais, sendo isso certamente o desafio para implementação da Lei de Migração. No que tange à mobilidade, a implementação de direitos deve ser pautada pelo parâmetro de uma sociedade inclusiva.

O alinhamento da Lei de Migração não fica restrito, no entanto, às diretrizes constitucionais. Nota-se que referida Lei está em sintonia com os princípios e objetivos da Organização Internacional do Trabalho, na medida em que rechaça, de fato, tratamento discriminatório contra imigrantes indocumentados, o que, inclusive, coloca a lei nacional em nível mais avançado em relação à Convenção nº 97 da própria OIT, no que atine ao reconhecimento de direitos humanos fundamentais, em particular o direito ao trabalho, haja vista que a Convenção nº 97, ao determinar igualdade de tratamento no gozo de diversos direitos aos migrantes, condiciona a que esses estejam em situação regular no país receptor. Referida Convenção situa-se aquém da proteção conferida pela Lei de Migração aos imigrantes indocumentados, repercutindo no território nacional, nesse aspecto, a insuficiência normativa da Organização Internacional do Trabalho. Uma vez que a Convenção nº 97 deixa de contemplar, na proteção de direitos, a parcela indocumentada de imigrantes, em evidente contraste com a principiologia da própria OIT, acaba por demonstrar uma contradição institucional na Organização.

5.5. A política migratória brasileira

Os princípios e diretrizes para a construção da política migratória brasileira, cujo objetivo é assegurar direitos humanos para os migrantes, estão traçados na Lei de Migração que, em consonância com a Constituição Federal de 1988 e com os compromissos internacionais de direitos humanos assumidos pelo Brasil, devem servir de baliza para a atuação estatal na busca por soluções voltadas para a população migrante[345].

[345] CLARO, Carolina de Abreu Batista. *Do Estatuto do Estrangeiro à Lei de Migração:* avanços e expectativas. Boletim de economia e política internacional/Instituto de Pesquisa Econômica

No Brasil, o órgão responsável pela formulação da política nacional de imigração, bem como pela coordenação e orientação das atividades de imigração laboral, é o Conselho Nacional de Imigração – CNIg, que passou a ser vinculado ao Ministério da Justiça e Segurança Pública após a extinção, em 2019, do Ministério do Trabalho e Previdência Social. O Conselho Nacional de Imigração, órgão deliberativo, normativo e consultivo, cuja competência é definida no Decreto nº 9.873, de 27 de junho de 2019 e no Decreto nº 9.199, de 20 de novembro de 2017, vem editando resoluções normativas pautadas em orientação de fechamento de fronteiras do país para imigrantes de qualquer nacionalidade.

Em que pese o fechamento de fronteiras estar justificado pela proteção premente do direito à vida e do direito à saúde das pessoas, afetados em razão do cenário pandêmico por que passa não só o Brasil, mas todo o planeta, tal política se dissocia sobremaneira das diretrizes constitucionais e legais do ordenamento interno, bem como dos princípios norteadores do direito internacional dos direitos humanos, por sua desproporcionalidade e distanciamento da lógica do sistema de proteção aos migrantes.

Antes da edição da Lei de Migração o Estado brasileiro vinha pautando sua política migratória com vistas ao acolhimento do migrante e à proteção de seus direitos humanos. Em 2016 o Conselho Nacional de Imigração, à época vinculado ao então Ministério do Trabalho e Previdência Social, editou a Resolução Normativa nº 122, de 03 de agosto de 2016, na qual resolveu dispor sobre a concessão de visto permanente ou permanência no Brasil a estrangeiro considerado vítima do tráfico de pessoas ou do trabalho análogo ao de escravo – situação em que se encontra parte dos imigrantes indocumentados. Destaca-se nessa Resolução Normativa nº 122/2016 a incorporação pelo CNIg do princípio do *non refoulement* para os migrantes na condição acima descrita. Pode-se dizer que a atuação do CNIg foi fruto do diálogo entre as instâncias governamentais – Ministério da Justiça e da Segurança Pública, por meio do Comitê Nacional para os Refugiados – CONARE[346], e Ministério do Trabalho e Previdência

Aplicada. Diretoria de Estudos e Relações Econômicas e Políticas Internacionais, n.1, (jan./mar. 2010). Brasília: Ipea. Dinte, 2010, p. 41-53.

[346] O CONARE é órgão que atua em cooperação com o Alto Comissariado das Nações Unidas para os Refugiados – ACNUR. Este, em 2011, elaborou o Manual de Procedimentos e Critérios para a Determinação da Condição de Refugiado, no qual há previsão de extensão da proteção

Social, por meio do CNIg, para a realização de uma política migratória de acolhimento e proteção dos direitos humanos.

Em 2017, no entanto, quando da edição do regulamento da Lei de Migração, por meio de Decreto nº 9.199, de 20 de novembro de 2017, tornou-se notório o descomprometimento do governo brasileiro com a pauta de proteção aos direitos dos migrantes, em especial daqueles que estão em situação indocumentada, o que representa uma grave ameaça às conquistas dos direitos dos migrantes, bem como à própria capacidade do Estado brasileiro de formular políticas adequadas em relação à questão migratória[347].

O Conselho Nacional de Imigração, em consonância com o Decreto nº 9.199/2017, revogou, em 28 de agosto de 2019, por meio da Resolução Normativa nº 39, a Resolução Normativa nº 122/2016 acima mencionada[348], demonstrando clara alteração na condução da política migratória brasileira.

O veto presidencial à concessão de anistia aos imigrantes indocumentados no território nacional é outro exemplo da descontinuidade da política migratória pelo governo brasileiro. Contrariamente às atuações anteriores

conferida pela Convenção de 1951, relativa ao Estatuto dos Refugiados e pelo Protocolo relativo ao Estatuto dos Refugiados de 1967, para as vítimas de tráfico internacional de pessoas e em risco de serem traficadas. Tal orientação encontra-se respaldada nas disposições do Protocolo de Palermo, incorporado na ordem jurídica brasileira pelo Decreto nº 5.017, de 12 de março de 2004. O artigo 3° do Protocolo de Palermo significou uma extensão do alcance do artigo 31 da Convenção de 1951, que já reconhecia como um dos direitos dos refugiados o direito de não ser devolvido ao país de origem, devendo o Estado receptor acolhê-lo com base no princípio do *non refoulement,* reconhecido e aceito pela comunidade internacional como um princípio de *jus cogens*. Disponível em: http://www.acnur.org/t3/fileadmin/Documentos/portugues/Publicacoes/2013/Manual_de_procedimentos_e_*criterios*_para_a_determinacao_da_condicao_de_refugiado.pdf. Acesso em: 04 set. 2020.

[347] CARVALHO RAMOS, André de; RIOS, Aurelio; CLÈVE, Clèmerson, VENTURA, Deisy, GRANJA, João Guilherme, MORAIS, José Luis Bolzan de; PIRES JR., Paulo Abrão; DALLARI, Pedro B. de Abreu; REIS, Rossana Rocha; JARDIM, Tarciso Dal Maso; BERNER, Vanessa. *Regulamento da nova Lei de Migração é contra legem* e *praeter legem*. 2017. Disponível em: https://www.conjur.com.br/2017-nov-23/opiniao-regulamento-lei-migracao-praetem-legem. Acesso em: 04 set. 2020.

[348] BRASIL. Conselho Nacional de Imigração. *Resolução Normativa nº 39*. Disponível em: https://portaldeimigracao.mj.gov.br/pt/normas/resolucoes-normativas-1. Acesso em: 12 set. 2020.

do governo, que concedeu anistia aos imigrantes indocumentados para regularizar sua situação migratória no país, a exemplo da Lei 1.664/2009 e de outras anistias concedidas em 1981, 1988 e 1998[349], o governo em 2017, ao regulamentar a Lei de Migração, vetou integralmente o artigo que concedia anistia aos migrantes em situação irregular que tivessem ingressado no território nacional até julho de 2016. Sabe-se que a indocumentação representa aumento da vulnerabilidade dos imigrantes que permanecem, pela ausência de regularização, à margem de serviços públicos como saúde e de oportunidades de trabalho digno para sua sobrevivência e de sua família. A irregularidade migratória repercute, pois, na dificuldade para o imigrante ter acesso igualitário e livre a serviços, programas e benefícios sociais, bens públicos, educação, assistência jurídica, trabalho, moradia, serviço bancário e seguridade social, inviabilizando, inclusive, a construção de espaços de cidadania e integração efetiva do imigrante na comunidade local. Nota-se que a não observância ao princípio da regularização documental, tal como previsto no artigo 3º da Lei de Migração, acarreta uma sequência de outras dificuldades e exclusões para os imigrantes, em afronta aos seus direitos fundamentais.

No que atine às questões relacionadas à imigração laboral, o Conselho Nacional de Imigração editou, nos termos estabelecidos pela Lei de Migração, diversas Resoluções Normativas para dispor sobre a emissão de autorização de residência para fins laborais. Destaca-se a Resolução Normativa nº 02, de 01 de dezembro de 2017, que disciplina a concessão de autorização de residência para fins de trabalho com vínculo empregatício no Brasil. Essa Resolução determina, com base nos artigos 38 e 147 do Decreto nº 9.199/2017, que tanto o visto temporário para trabalho, quanto a autorização de residência para fins de trabalho, só poderão ser concedidos ao imigrante que comprove o vínculo empregatício por meio de contrato individual de trabalho ou de contrato de prestação de serviços, contrariando a própria Lei de Migração que vincula a autorização à prévia oferta de trabalho e não à celebração do contrato em si.

O Estado brasileiro, valendo-se do contexto da pandemia do covid-19, apresentou medidas ainda mais restritivas em relação à política migratória

[349] PATARRA, Neide Lopes. O Brasil: país de imigração? *Revista e-metropolis*, ano 3, n. 9, p. 6-18, jun. 2012. Disponível em: http://emetropolis.net/system/edicoes/arquivo_pdfs/000/000/008/original/emetropolis_n09.pdf?1447896326. Acesso em: 10 set. 2020.

nacional. Em 06 de fevereiro de 2020, o governo promulgou a Lei nº 13.979 que dispõe sobre as medidas para enfrentamento da emergência de saúde pública de importância internacional decorrente do coronavírus responsável pelo surto de 2019. A teor do que dispõe seu artigo 3º, inciso VI, as autoridades competentes estão autorizadas a estabelecer restrição, de forma excepcional e temporária, à entrada e à saída do país por rodovias, portos e aeroportos. Com base nessa autorização legal, o governo brasileiro editou diversas portarias que restringem o acesso de imigrantes ao território nacional[350], merecendo destaque a Portaria nº 255, de 22 de maio de 2020, que, por sua abrangência e generalidade, acabou abarcando as restrições contidas nas demais portarias editadas. Entretanto, referida Portaria nº 255 já se encontra revogada, mas o seu conteúdo foi replicado com poucas alterações por sucessivas portarias de números 340/2020, 01/2020, 419/2020, 456/2020, 470/2020, 478/2020, 518/2020, 615/2020, 630/2020, 648/2020 e 652/2021.

Assim, a Portaria Interministerial nº 652/2021, editada pelos Ministros de Estado Chefe da Casa Civil da Presidência da República, da Justiça e Segurança Pública, da Infraestrutura e da Saúde, dispõe que fica restringida temporariamente a entrada no país de estrangeiros de qualquer nacionalidade por meios terrestres ou por transporte aquaviário. Embora a Portaria nº 652 excepcione a aplicação dessas restrições às hipóteses previstas no seu artigo 3º, prevê, de forma discriminatória, a exclusão dessa exceção aos estrangeiros provenientes da República Bolivariana da Venezuela, contrariando, nesse aspecto, princípios basilares da legislação migratória, quais sejam, os princípios do repúdio a qualquer forma de discriminação e da igualdade de tratamento e de oportunidade ao migrante e sua família. Ainda, a Portaria nº 652 determina em seu artigo 8º que o descumprimento do quanto nela disposto implica para o infrator aplicação de sanção de repatriação ou deportação imediata e inabilitação de pedido de refúgio, contrariando, nesse ponto, além do princípio da

[350] MOREIRA, Thiago Oliveira. *A (in)convencionalidade da política migratória brasileira diante da pandemia do covid-19. In*: BAENINGER, Rosana; VEDOVATO, Luís Renato; NANDY, Shailen (Coordenadores); ZUBEN, Catarina von; MAGALHÃES, Luís Felipe; PARISE, Paolo; DEMÉTRIO, Natália; DOMENICONI, Jóice (Organizadores). *Migrações internacionais e a pandemia de Covid-19*. Campinas: Núcleo de Estudos de População "Elza Berquó" – Nepo/Unicamp, 2020. p. 273-281.

acolhida humanitária prevista na Lei de Migração, também o princípio do *non refoulement*, consagrado tanto na legislação interna brasileira como nos instrumentos internacionais de proteção dos direitos humanos.

Thiago Oliveira Moreira[351], ao analisar a atual política migratória brasileira, ainda sob a égide da Portaria Interministerial nº 255/2020, demonstra preocupação a respeito do desalinhamento do Brasil com os compromissos internacionais assumidos pelo país em matéria de direitos humanos dos migrantes. Ressalta o autor que os atos normativos do Estado brasileiro que veiculam uma política migratória com fechamento de fronteiras e com imputação de sanções não autorizadas pela legislação brasileira, do tipo deportação imediata e inabilitação do pedido de refúgio, carecem não só de respaldo legal e constitucional, como também de convencionalidade, haja vista que desrespeitam direito humano consagrado tanto na Declaração Americana dos Direitos e Deveres do Homem como na Convenção Americana de Direitos Humanos, ambas enaltecidas pela jurisprudência da Corte Interamericana de Direitos Humanos. Aponta Moreira que o impedimento ao imigrante de entrada e permanência em território nacional, vinculando ao seu descumprimento a sanção de deportação imediata e a proibição de solicitação de refúgio, além de atentar contra o princípio constitucional do devido processo legal e contra o princípio da acolhida humanitária da Lei de Migração, traz subjacente a violação ao princípio da não devolução, de natureza *jus cogens*, consagrado em instrumentos internacionais de proteção dos direitos humanos incorporados ao ordenamento jurídico brasileiro.

No mesmo sentido é o apontamento de André de Carvalho Ramos[352] que, ao contrapor a política brasileira atual de restrição ao ingresso do não nacional no território brasileiro com as obrigações internacionais assu-

[351] MOREIRA, Thiago Oliveira. *A (in)convencionalidade da política migratória brasileira diante da pandemia do covid-19*. *In*: BAENINGER, Rosana; VEDOVATO, Luís Renato; NANDY, Shailen (Coordenadores); ZUBEN, Catarina von; MAGALHÃES, Luís Felipe; PARISE, Paolo; DEMÉTRIO, Natália; DOMENICONI, Jóice (Organizadores). *Migrações internacionais e a pandemia de Covid-19*. Campinas: Núcleo de Estudos de População "Elza Berquó" – Nepo/ Unicamp, 2020. p. 273-281.

[352] CARVALHO RAMOS, André. *Construindo muralhas:* o fechamento de fronteiras na pandemia do covid-19. *In*: BAENINGER, Rosana; VEDOVATO, Luís Renato; NANDY, Shailen (Coordenadores); ZUBEN, Catarina von; MAGALHÃES, Luís Felipe; PARISE, Paolo; DEMÉTRIO, Natália; DOMENICONI, Jóice (Organizadores). *Migrações internacionais*

midas pelo Brasil e a jurisprudência da Corte Interamericana de Direitos Humanos, entende haver, em que pese o caráter de excepcionalidade normativa em razão do contexto pandêmico causado pelo covid-19, uma desproporcional restrição da mobilidade humana internacional. Em nome da defesa do direito à vida e à saúde, a política migratória brasileira, ao fechar as fronteiras de seu território aos imigrantes, ainda que de forma temporária, acaba por desconsiderar o direito dos imigrantes à acolhida humanitária, deixando-os desamparados, a despeito dos mandamentos constitucionais de proteção dos direitos fundamentais e de respeito à dignidade humana, dos princípios trazidos no artigo 3º da Lei de Migração e do princípio internacional do *non refoulement*, que deveriam servir de baliza para a edição de atos normativos e para a elaboração de políticas públicas atinentes aos migrantes. Nesse sentido, sugere André de Carvalho Ramos a aplicação do princípio da igualdade de tratamento entre os nacionais e os não nacionais para que todos passem pelo mesmo controle sanitário nas fronteiras, protegendo-se, assim, o direito à vida e à saúde da coletividade, sem descuidar da observância do direito à acolhida humanitária aos imigrantes que dela necessitem. Para o autor, a política migratória deveria ser construída em consonância com a legislação migratória, com os preceitos constitucionais e com os instrumentos internacionais de direitos humanos a que o Brasil se obrigou a cumprir.

Em linha semelhante de pensamento é a análise apresentada por Luís Renato Vedovato[353], para o qual a atual política migratória nacional tem impactado negativamente na vida dos migrantes, em particular dos imigrantes indocumentados que, na condição de grupo em situação de vulnerabilidade – dada a falta de regularização migratória, estão sendo alijados da proteção de seus mais básicos direitos fundamentais com restrições importantes a direitos sociais. Entretanto, alerta o autor que apesar do teor restritivo da política migratória adotada pelo governo

e a pandemia de Covid-19. Campinas: Núcleo de Estudos de População "Elza Berquó" – Nepo/Unicamp, 2020. p. 109-118.

353 VEDOVATO, Luís Renato. *Os tribunais e a proteção dos migrantes diante da pandemia. In*: BAENINGER, Rosana; VEDOVATO, Luís Renato; NANDY, Shailen (Coordenadores); ZUBEN, Catarina von; MAGALHÃES, Luís Felipe; PARISE, Paolo; DEMÉTRIO, Natália; DOMENICONI, Jóice (Organizadores). *Migrações internacionais e a pandemia de Covid-19.* Campinas: Núcleo de Estudos de População "Elza Berquó" – Nepo/Unicamp, 2020. p. 255-263.

brasileiro, a Lei de Migração traz a contribuição fundamental que protege minimamente os imigrantes indocumentados, qual seja, seu alinhamento aos direitos humanos e, consequentemente, seu rompimento com a lógica da segurança nacional como mote a orientar o tratamento dos imigrantes.

Diante das pautas e movimentos conservadores, já ressaltava Marcia Anita Sprandel[354], quando da regulamentação da Lei de Migração, a importância da adesão do Brasil a acordos e tratados internacionais de direitos humanos e migração, os quais devem servir de base para a defesa incondicional dos direitos dos trabalhadores migrantes. Nesse contexto, enfatiza a autora a necessidade de se atentar não somente para a constitucionalidade, mas também para a convencionalidade dos atos normativos e seus conteúdos, cuidando para que sejam compatíveis com os acordos e tratados internacionais.

Em síntese ao quanto exposto no presente capítulo, vê-se que o conjunto normativo nacional não está aquém da normativa de proteção oferecida pela OIT, mas pelo contrário, mostra-se avançado no tocante ao reconhecimento de direitos aos imigrantes indocumentados no que atine ao direito fundamental ao trabalho, haja vista o teor da Lei de Migração e o conteúdo dos princípios e direitos fundamentais constitucionais.

No entanto, em que pese o avanço da legislação migratória no Brasil e o efetivo diálogo entre a normativa nacional e internacional, a efetividade dos direitos fundamentais dos imigrantes indocumentados passa pela implementação dos mesmos a partir de políticas públicas e de políticas migratórias conduzidas pelo Estado brasileiro. Ainda que o Estado se valha da brecha deixada pela Organização Internacional do Trabalho, quanto à discricionariedade de cada Estado para elaborar políticas migratórias em que se permita a exclusão dos imigrantes indocumentados, o compromisso assumido pelo Brasil com a comunidade internacional, por meio dos diversos tratados internacionais de direitos humanos, serve como um contrapeso na condução da questão migratória. Desse modo, a repercussão da insuficiência normativa da Organização Internacional do Trabalho, que acabaria por legitimar políticas restritivas aos imigrantes indocumentados fica contida pela coexistência de um conjunto normativo

[354] SPRANDEL, Marcia Anita. Leis migratórias e conservadorismo parlamentar no Brasil: o caso da Lei 13.445, de 2017. *Cadernos de Debates – Refúgio, Migrações e Cidadania*. vol. 13, n. 13, 2018, p. 37-59, p. 58.

internacional de proteção dos direitos humanos, ao qual a Constituição Federal de 1988 se coaduna.

Na prática, política pública migratória elaborada e implementada pelo Estado brasileiro que desrespeite as delimitações legais, constitucionais, convencionais e as diretrizes do Direito Internacional dos Direitos Humanos pode ser objeto de questionamento via controle judicial para que a jurisprudência possa consolidar os direitos dos migrantes já consagrados nas normas.

CAPÍTULO 6
TRATAMENTO DA CONDIÇÃO MIGRATÓRIA INDOCUMENTADA PELA ORGANIZAÇÃO INTERNACIONAL DO TRABALHO: UM REFERENCIAL PARA O DIREITO AO TRABALHO

6.1. O prometido *versus* o assegurado: uma contradição normativa da OIT

O tratamento da questão da condição migratória indocumentada de expressiva parcela de trabalhadores, que se desloca ao redor do mundo no intuito de tentar construir um modo de vida digno a partir da realização de um trabalho que possibilite autonomia e autodeterminação na condução da própria vida, é assunto cuja relevância e urgência colocam a discussão na pauta do dia.

Como visto em capítulo precedente, a mobilidade humana internacional vem se intensificando diuturnamente, evidenciando um alargamento no movimento transfronteiriço. A realidade nos dá conta, conforme dados obtidos em 2020 pela Organização Internacional para as Migrações[355], que na última década foram registrados aproximadamente 272 milhões de imigrantes internacionais em todo o mundo, estando a maioria deles

[355] ORGANIZAÇÃO INTERNACIONAL PARA AS MIGRAÇÕES *World Migration Report 2020*, p. 21 e 24. Disponível em: https://publications.iom.int/es/system/files/pdf/wmr_2020_es.pdf. Acesso em: 14 fev. 2021.

em idade economicamente ativa, com cerca de 74% entre 20 e 64 anos de idade. Tendência semelhante é apontada no Relatório Anual 2018 do Observatório das Migrações Internacionais[356], no qual há indicação de que entre os migrantes, aproximadamente 90% compõem a população em idade ativa. Esses números refletem a faceta das relações sociolaborais do processo de globalização, evidenciando um movimento migratório tipicamente laboral com implicações na construção dos vínculos de trabalho e na fruição de direitos a esses vínculos relacionados.

O desafio a ser enfrentado diante do crescimento dessa mobilidade humana é garantir aos migrantes, estando eles regulares ou indocumentados, o pleno gozo de seus direitos humanos fundamentais, dentre os quais, o direito ao trabalho, buscando para tanto uma governança migratória que se alinhe com a gramática dos direitos humanos constante do Direito Internacional dos Direitos Humanos. O desafio dos Estados é transformar os compromissos assumidos internacionalmente em políticas públicas migratórias condizentes com os direitos humanos[357], ao menos no patamar do mínimo existencial físico e sociocultural, para o que deve haver a compatibilização da soberania nacional com a promoção dos direitos humanos e do direito ao desenvolvimento digno.

O trabalhador, quando deixa seu país de origem em busca de melhorar sua condição de vida, acaba por se distanciar, também, de seus laços identitários, os quais, construídos ao longo da vida e responsáveis pelo sentimento de pertencimento ao meio social, dão ao indivíduo um lugar na comunidade, viabilizando a troca de experiências e a construção de sua identidade social. Se o indivíduo não encontra condições mínimas para uma vida digna no seu país de origem, tem, na qualidade de ser humano e na premência de satisfazer seu instinto de sobrevivência, o direito de conquistar, em outra localidade, o seu lugar na sociedade.

[356] CAVALCANTI, Leonardo; OLIVEIRA, Tadeu de; MACEDO, Marília de. *Migrações e mercado de trabalho no Brasil*. Relatório Anual 2018. Série Migrações. Observatório das Migrações Internacionais; Ministério do Trabalho/Conselho Nacional de Imigração e Coordenação Geral de Imigração. Brasília, DF: OBMigra, 2018. Disponível em: https://portaldeimigracao.mj.gov.br/pt/dados/1715-obmigra. Acesso em: 27 set. 2020.

[357] PATARRA, Neide Lopes. Migrações internacionais de e para o Brasil contemporâneo: volumes, fluxos, significados e políticas. *São Paulo em Perspectiva*, v. 19, n. 3, p. 23-33, jul./set. 2005, p. 31.

A construção da identidade social e a inserção do indivíduo no meio social são processos contínuos e permanentes da existência humana, de tal sorte que, enquanto um ser social, o indivíduo, em qualquer lugar que se encontre, terá que galgar seu espaço na comunidade. O lugar físico está relacionado à sobrevivência da pessoa. Vale dizer, está relacionado ao atendimento das necessidades básicas fisiológicas que permitem ao indivíduo estar vivo. O lugar social, entretanto, significa algo para além da sobrevivência, é algo que concerne à possibilidade de estar vivo com dignidade, de se ter autonomia nas escolhas e autodeterminação na condução da própria vida. Esse lugar só se ocupa pela possibilidade de se exercer o direito ao trabalho, direito este universal, de natureza individual, mas que afeta toda a coletividade.

É através do trabalho, enquanto categoria essencial e fundante da existência humana que, no entendimento de Antunes[358] e Lessa[359], se permite ao indivíduo conquistar seu posto na sociedade, isto é, o trabalho é o meio para se efetivar o salto ontológico que transcende a pessoa das suas determinações meramente biológicas, ao que concluem ser impossível haver existência social sem trabalho.

Nesse sentido, o acesso ao direito ao trabalho, compreendido nessa análise como a possibilidade de o imigrante encontrar trabalho em localidade diversa do seu país de origem, é interesse atinente não só ao próprio imigrante, beneficiário direto do reconhecimento do direito ao trabalho, mas igualmente é interesse de toda a sociedade, traduzido como um direito difuso de respeito ao pleno desenvolvimento da pessoa humana.

Assim, o reconhecimento do direito fundamental e universal ao trabalho, em atendimento à busca do trabalho decente preconizado pela Organização Internacional do Trabalho, deve ser considerado também sob a perspectiva dos direitos difusos de toda a sociedade, tendo em vista ser essa titular do interesse juridicamente protegido de que haja igualdade de oportunidades para que qualquer pessoa obtenha um trabalho produtivo e de qualidade que promova e assegure a dignidade humana.

[358] ANTUNES, Ricardo. *Os sentidos do trabalho:* ensaio sobre a afirmação e negação do trabalho, São Paulo: Boitempo, 2000, p. 13.

[359] LESSA, Sergio. *Mundo dos homens:* trabalho e ser social. São Paulo: Instituto Lukács, 2012, p. 27.

A garantia e promoção do direito ao trabalho a todas as pessoas parte da premissa do princípio da igualdade conferido a todo o ser humano para fruição de direitos fundamentais que representam o mínimo para uma existência digna. Com fundamento na gramática dos direitos humanos, a inserção do direito ao trabalho no patamar do mínimo existencial, onde se concentram os direitos básicos à realização da dignidade humana, significa garantir ao indivíduo o instrumental necessário para a busca dessa realização, por meio da integração na comunidade e da conquista de seu lugar social.

Como já dito, o mínimo existencial diz respeito às condições essenciais para que o indivíduo obtenha satisfação física e social na localidade em que vive. A garantia apenas do mínimo vital não é condição suficiente para a formação do indivíduo como ser social[360]. Nesse sentido, defende Ingo Sarlet[361] a necessidade de ser garantido a toda a pessoa, além do mínimo fisiológico, também o mínimo existencial sociocultural, sem o qual a integração do indivíduo na comunidade e a sua inserção na vida social ficam prejudicadas.

A impossibilidade de acesso a direitos sociais básicos, tal qual é o direito ao trabalho, retira do indivíduo a liberdade de fruição de uma vida com dignidade por privá-lo do mínimo existencial, e, portanto, das condições necessárias para conquistar seu espaço no meio social com autonomia e autodeterminação, interferindo, pois, no desenvolvimento de sua personalidade enquanto ser social e, via de consequência, na sua dignidade humana. Assim, a se compreender o trabalho como algo indispensável à constituição do indivíduo enquanto ser social, leva-se a conclusão de que o direito ao trabalho, inserido no núcleo essencial dos direitos fundamentais sociais, há que ser assegurado a todas as pessoas, onde quer que se encontrem e independentemente de sua nacionalidade ou de seu *status* migratório.

No contexto das migrações internacionais, o reconhecimento do direito ao trabalho como um direito humano universal pode servir de instrumento

[360] TOLEDO, Claudia. Mínimo existencial: a construção de um conceito e seu tratamento pela jurisprudência constitucional brasileira e alemã. *PIDCC*, Aracaju, Ano VI, Volume 11 nº 01, p. 102-119, fev. 2017. www.pidcc.com.br

[361] SARLET, Ingo Wolfgang. Dignidade (da pessoa) humana, mínimo existencial e justiça constitucional: algumas aproximações e alguns desafios. *Revista do CEJUR/TJSC: Prestação Jurisdicional*, v. 1, n. 01, p. 29-44, dez. 2013.

jurídico para balizar as políticas estatais, no tocante à circulação de trabalhadores pelo mundo. Sendo o trabalho elemento essencial para a construção do ser social, é compreensível que o direito ao trabalho esteja compreendido na categoria de direito humano fundamental e universal que precede e serve de parâmetro a qualquer política pública migratória que venha a regulamentar a entrada e permanência de imigrantes no território do Estado. Nessa toada, o imigrante, ainda que indocumentado, deve ser considerado pessoa titular do direito fundamental ao trabalho, onde quer que se encontre.

A vocação de instituições internacionais de proteção e promoção dos direitos humanos passa pela criação de normas internacionais que, a partir de atuações cooperativas por parte dos Estados, convergem para assegurar valores e interesses comuns da humanidade. Nesse sentido, o Direito Internacional dos Direitos Humanos faz a defesa de patrimônio comum da humanidade[362], de modo a autorizar a comunidade internacional a intervir em assuntos dos Estados que digam respeito à universalidade dos direitos humanos fundamentais, inseridos no patamar do mínimo existencial aceitável à dignidade da pessoa humana. A vinculação dos Estados, por meio de tratados internacionais, aos padrões de proteção dos direitos humanos, estabelecidos em nível internacional com base no mínimo existencial, legitima a intervenção da comunidade internacional.

Para se resolver a equação entre o poder soberano dos Estados, que lhes confere a discricionariedade para decidir sobre as condições de entrada e permanência de imigrantes em seus territórios, e a força universal e indivisível dos direitos humanos, encampada pelo Direito Internacional dos Direitos Humanos, há que se considerar dois pontos importantes. O primeiro ponto é o compromisso que cada Estado assume com a comunidade internacional, no livre exercício de sua soberania, em proceder à internacionalização dos direitos humanos quando da adesão a tratados e instrumentos internacionais. O segundo ponto, consequência do primeiro, diz respeito à necessária vinculação do Estado aos limites e contornos dados pela lei no Estado Democrático de Direito, de modo que a atuação estatal deve seguir, quando da elaboração e implementação de suas políticas migratórias, os parâmetros delineados internacionalmente

[362] MATIAS, Eduardo Felipe. *A humanidade e suas fronteiras:* do Estado soberano à sociedade global. São Paulo: Paz e Terra, 2005, p. 227.

para proteção e promoção dos direitos humanos, em particular dos direitos dos migrantes, e que foram internacionalizados no ordenamento jurídico do Estado.

Eventuais políticas migratórias que não promovam a proteção dos direitos humanos dos migrantes, impedindo-os de ter acesso ao direito ao trabalho em razão de sua situação migratória indocumentada devem, em observância aos preceitos internacionais, justificar a restrição com fundamento no princípio da igualdade e da não discriminação, sob pena de ferir o caráter universal desse direito humano fundamental[363]. É nesse sentido que a atuação estatal há que ser balizada pelas diretrizes protetivas do Direito Internacional dos Direitos Humanos.

Tendo em vista o caráter cogente dos princípios da igualdade e da não discriminação, lembra Cançado Trindade[364] que o Estado não pode atrelar a observância desses princípios a que o imigrante esteja em situação regular em seu território, mas ao contrário, a natureza de *jus cogens* dessas normas implica a determinação de critérios objetivos, os quais, vinculados ao cumprimento dos instrumentos internacionais, devem nortear as políticas estatais. Vale dizer, os instrumentos internacionais interferem na autonomia soberana dos Estados, sendo um fator limitador da soberania o necessário respeito aos direitos humanos fundamentais relativos às migrações internacionais. Nesse cenário, o desafio dos Estados é conciliar o direito soberano com os padrões internacionais de direitos humanos dos migrantes.

Os direitos humanos, tomados pela perspectiva universal, implica um conjunto de valores que se impõe a toda a pessoa pela sua condição primeira de ser humano, independentemente de quaisquer outras condições secundárias, como a raça, a nacionalidade ou a classe social, as quais não devem ser fator justificante para delimitar o acesso aos direitos humanos pertencentes ao núcleo essencial que compõe o mínimo existencial para a dignidade da pessoa. É nesse sentido que os direitos humanos, no

363 VEDOVATO, Luís Renato. *O direito de ingresso do estrangeiro:* a circulação das pessoas pelo mundo no cenário globalizado. (livro eletrônico). São Paulo, Atlas, 2013, p. 98.

364 CANÇADO Trindade, Antônio Augusto. *El acceso a la justicia em su amplia dimension.* Librotecnia, 2012 e ORGANIZAÇÃO DOS ESTADOS AMERICANOS. Corte Interamericana de Direitos Humanos. *Opinião Consultiva OC 18/03*, de 17 de setembro de 2003. Disponível em www.corteidh.or.cr/docs/opiniones/seriea_21_por.pd

tratamento internacional, são colocados em prioridade quanto à abrangência de valores atrelados à justiça social e à igualdade, ainda que isso signifique romper com a competência reservada de soberanias[365].

A necessidade de se obter um trabalho que permita à pessoa viver dignamente está intrinsecamente relacionada à viabilidade dessa pessoa construir livremente sua identidade social. A viabilidade dessa construção só pode ser alcançada a partir da observância de uma convivência pautada nos princípios da igualdade de oportunidades, da não discriminação e da liberdade para gozo de direitos a todos reconhecidos.

Nesse sentido, a Organização Internacional do Trabalho desempenha papel estratégico e fundamental ao defender a agenda do trabalho decente, por meio da conciliação da declaração de princípios fundamentais com normas protetivas de direitos humanos de todos os trabalhadores. Nessa agenda não se pode deixar de fora, entretanto, a questão do direito ao trabalho dos imigrantes indocumentados, sendo imprescindível que a OIT, na sua atuação, coloque foco na parcela de trabalhadores que estão à margem do mercado de trabalho formal e alijadas da oportunidade de obter um trabalho decente. Como menciona Otavio Pinto e Silva[366], a promoção do emprego, como um objetivo central da OIT, pressupõe, para a defesa dos direitos no trabalho, a anterior obrigação de promover as possibilidades de trabalho propriamente dito.

Em síntese ao quanto exposto anteriormente no Capítulo 3, tem-se que a Organização Internacional do Trabalho se notabiliza por ser uma instituição com estratégica influência no mundo do trabalho. Daí a importância da análise de suas iniciativas no que atine à temática dos trabalhadores migrantes.

O posicionamento institucional da OIT, desde a sua criação e ao longo dos anos em que o cenário laboral foi se desenhando a partir dos acontecimentos mundiais, é fundamentado sob três vertentes que, no entendimento de Arnaldo Süssekind[367], giram em torno do aspecto político, cujo mote é a busca pela conquista da paz universal; do aspecto

[365] BENEVIDES, Maria Victoria de Mesquita. Os direitos humanos como valor universal. *Lua Nova* [online]. 1994, n.34, p.179-188. https://doi.org/10.1590/S0102-64451994000300011.

[366] SILVA, Otavio Pinto e. *Subordinação, autonomia e parassubordinação nas relações de trabalho*. São Paulo: LTr, 2004, p. 150.

[367] SÜSSEKIND, Arnaldo. *Direito internacional do trabalho*. São Paulo: LTr, 2000, p. 100.

humanitário, em que a preocupação da OIT se mostra direcionada à busca da justiça nas relações laborais; e do aspecto econômico, em que a Organização busca conciliar o desenvolvimento da atividade produtiva com questões relacionadas à concorrência internacional e às consequências que dela decorrem para as condições sociais.

A OIT, a partir de seu arcabouço regulatório com a adoção de convenções e recomendações, visa estabelecer um modelo de uniformização para as normas e práticas trabalhistas a serem observadas nas relações laborais pelos Estados membros. Para tanto, a Organização apoia sua atuação em pilares principiológicos construídos e reafirmados ao longo dos anos, tal como se nota na Declaração de Filadélfia, onde enfatiza seus valores para a promoção da justiça social e nas demais Declarações subsequentes em que alinha seus fundamentos às crescentes demandas relacionadas à proteção e promoção dos direitos humanos.

Nesse sentido, atenta à pauta dos direitos humanos, a OIT vem adaptando os contornos de sua competência institucional para dispor de questões que abrangem, para além da regulação dos direitos trabalhistas e previdenciários dos trabalhadores, também a regulação do trabalho decente como algo que possibilita situar todo e qualquer trabalhador como sujeito de direitos fundamentais universais. Nessa toada, a OIT toma para si a responsabilidade de fornecer aos Estados membros diretrizes normativas, elevando o Direito Internacional do Trabalho ao patamar fundante dos direitos humanos.

No cenário mundial em que a sociedade está cada vez mais globalizada, manter a capacidade de uniformização das normas internacionais atinentes às relações laborais é certamente um desafio que se apresenta à OIT. Assim, a instituição se vê instada a enfrentar a questão da conciliação entre um programa social internacional e os interesses econômicos envolvidos na atividade produtiva, em moldes cada vez mais liberalizantes.

Não por outra razão, a OIT reafirmou, na Declaração sobre Princípios e Direitos Fundamentais no Trabalho, o patamar mínimo normativo de garantias trabalhistas internacionais. Nessa Declaração, conforme já discorrido em tópico anterior, foram eleitas oito convenções internacionais do trabalho como sendo fundamentais e estratégicas para o alcance da justiça social. Um ano mais tarde à Declaração, a própria OIT anunciava a defesa do trabalho decente, escorada nas referidas convenções e nos valores constitucionais da Organização. Vale dizer, o princípio da proteção social dos direitos no mundo do trabalho parece ser premissa inegociável da OIT, premissa esta que deve nortear tanto o desenvolvimento da atividade produtiva, em nível nacional e internacional, como qualquer necessidade econômica que se apresente na lógica da economia global. É nesse sentido que a OIT se coloca como uma instituição essencial para a promoção de direitos e princípios fundamentais no mundo do trabalho.

Oscar Ermida Uriarte[368] reconhece a importância da OIT na criação de uma rede normativa universal e destaca que, no cenário da globalização, a regulação das relações laborais, a partir de instrumentos internacionais do trabalho alinhados com o conjunto normativo internacional de proteção dos direitos humanos, adquire uma nova dimensão. Ressalta, entretanto, que, apesar da regulação sob esses parâmetros representar um avanço qualitativo, na medida em que permite a universalização de certos princípios, a OIT ainda se vincula a padrões normativos de garantia de condições mínimas de proteção social, de modo a responder às demandas de flexibilização das relações laborais. Nesse sentido, menciona o autor uma postura minimalista adotada pela OIT para responder a demandas de desregulação e flexibilização, limitando seus esforços ao cumprimento de um elenco reduzido de normas.

No que tange à temática específica dos trabalhadores migrantes, a OIT enfrenta outro desafio de suma importância na defesa dos direitos fundamentais de todo o trabalhador, qual seja, o de reconhecer garantia mínima de direitos para o exercício do trabalho do migrante, sem perder de vista o reconhecimento da garantia da livre circulação dos trabalhadores para além das fronteiras de seus Estados de origem. Se por um lado, essa missão esbarra no princípio da soberania nacional dos Estados membros, na medida em que a adoção de política migratória se inscreve no âmbito discricionário de cada Estado, por outro lado, encontra fundamento no princípio da não discriminação, cujo desdobramento está na garantia do direito de igualdade de tratamento entre trabalhadores nacionais e migrantes, princípio esse que é colocado como questão transversal, presente em toda normativa produzida na OIT.

368 URIARTE, Oscar Ermida. *Globalizacion y relaciones laborales.* 2001, p. 13. Disponível em: http://wilfredosanguineti.files.wordpress.com/2011/06/globalizacion-y-relaciones-laborales-oscar-ermida.pdf. Acesso em 09 jul. 2020.

O direito de tratamento igualitário entre trabalhadores migrantes e nacionais é concebido a partir da aceitação de um patamar mínimo existencial, constituído de direitos fundamentais universais, sem os quais a dignidade da pessoa humana não se realiza. Esse conjunto de direitos, aplicável a toda a pessoa, extrai sua legitimidade no aparato normativo do sistema internacional de proteção e promoção dos direitos humanos, que vem pontuando a discussão da agenda de desenvolvimento de uma normativa universal para o amparo de tais direitos.

A OIT, ao valer-se do pressuposto da existência de direitos fundamentais, inseridos em patamar normativo que se sobrepõe às normas referentes ao exercício da soberania nacional de cada Estado quando da adoção de suas políticas migratórias, acaba por legitimar o discurso da defesa do direito a tratamento igualitário entre trabalhadores migrantes e nacionais. Entretanto, a própria OIT excepciona o alcance de direitos fundamentais a uma determinada parcela de migrantes – àquela em que o *status* migratório não está regularizado, na medida em que deixa a cargo da discricionariedade de cada Estado membro a elaboração de suas respectivas políticas migratórias, as quais podem excluir do amparo legal e, portanto, do acesso ao mínimo existencial, os imigrantes indocumentados que se encontrem em seu território, com franca sobreposição de normas migratórias nacionais em detrimento de normas de direitos fundamentais universais.

Antonio Rodrigues de Freitas *et al*[369] alertam que as normas da Organização Internacional do Trabalho sobre a proteção do trabalho migrante evidenciam certa ambiguidade quanto à proteção dos trabalhadores, pois, se de um lado, a OIT acolhe, como princípio, a promoção da igualdade de tratamento entre os nacionais e estrangeiros, por outro lado, exclui esse direito dos imigrantes indocumentados, ao que concluem que nenhum dado ou argumento é necessário para evidenciar que uma política de proteção baseada no binômio proteção igualdade ao imigrante e exclusão de imigrantes indocumentados ainda tem muito a caminhar.

A permanência de normas convencionais e recomendatórias no arcabouço regulatório da OIT, a exemplo das Convenções nº 97 e nº 143,

[369] FREITAS JÚNIOR, Antonio Rodrigues de; KOURY, Ana Beatriz Costa; WALDMAN, Tatiana Chang. *Immigration and precarious wirk in Brazil:* legal changes, migration policies and labour rights. Labour Law Research Network Conference: Track 1 – Precarious and atypical work as a challenge for labour law. Amsterdã, Holanda, jun. 2015.

na parte em que autorizam o deferimento de tratamento diferenciado para aqueles trabalhadores imigrantes indocumentados em território estrangeiro, deixando a proteção de seu direito fundamental ao trabalho à mercê da discricionariedade de cada Estado membro, demonstra um distanciamento dos princípios e valores constitucionais da Organização que, ao eleger como pilar axiológico os princípios da não discriminação e da igualdade de tratamento, não categorizou o migrante para fins de reconhecimento de direitos fundamentais.

Quando se coloca, a *contrario sensu*, a equivalência de tratamento entre os trabalhadores migrantes e os nacionais condicionada à situação de legalidade, está-se admitindo a prevalência de normas de política pública nacional sobre as normas de direitos fundamentais inseridas no patamar do mínimo existencial. Se a lógica do mínimo existencial é conferir um conjunto de direitos básicos para que a pessoa viva com dignidade e sendo a dignidade um princípio fundamental da existência humana, então do patamar do mínimo existencial não se pode consentir com a exclusão de qualquer pessoa, ainda que essa seja um imigrante indocumentado.

Como já dito, o direito ao trabalho representa um instrumental essencial para que o indivíduo busque sua inserção na comunidade e construa sua identidade social, repercutindo em interesse para toda a sociedade, na medida em que diz respeito à viabilidade do pleno desenvolvimento da pessoa humana. Não por outra razão, com fundamento na gramática dos direitos humanos, o direito ao trabalho deve ser colocado no patamar, cujo rol de direitos representa o mínimo a uma existência digna. É nesse sentido que a formatação do direito ao trabalho pela lógica da gramática dos direitos humanos pode servir de instrumento jurídico para nortear as decisões dos Estados quanto à elaboração de suas políticas públicas migratórias.

Traduzir os interesses subjacentes à questão migratória em defesa de direitos, formatando-os pela lógica da gramática dos direitos humanos, é, pois, uma forma de permitir à ciência do direito trazer um olhar crítico e de desestímulo às práticas injustas e exploratórias que envolvem a luta dos trabalhadores imigrantes indocumentados. É nesse sentido que se pode pensar na existência de um direito difuso respaldado no reconhecimento do direito fundamental e universal ao trabalho.

Com base nessas considerações, indaga-se sobre qual a razão para que a Organização Internacional do Trabalho não reconheça aos imigrantes indocumentados o patamar mínimo de direitos fundamentais? A indicação de *status* migratório regular como condicionante para o exercício de direitos fundamentais está presente nas principais Convenções da OIT que regulamentam a temática, tal como se verifica na Convenção nº 97, em que o deferimento de tratamento igualitário foi condicionado à situação de legalidade do migrante e na Convenção nº 143 que, em que pese ter trazido uma abordagem mais humanista, deferindo a titularidade de direitos fundamentais a todos os migrantes, com alusão à Declaração Universal dos Direitos Humanos, ainda assim delimitou o exercício de direitos apenas àqueles migrantes que se encontram legalmente no território estrangeiro.

Nesse ponto, encerra-se uma contradição normativa da OIT, na medida em que a Organização permite a coexistência de normas excludentes de direitos dos imigrantes indocumentados ao mesmo tempo em que anuncia e reafirma normas principiológicas fundamentadas na universalidade e proeminência dos direitos humanos fundamentais. Em realidade, essa contradição desemboca em uma insuficiência normativa da OIT, pois abre espaço para que Estados adotem interpretações e práticas dissonantes dos próprios objetivos e da missão institucional da Organização. Tais condutas dos Estados acabam por encontrar legitimidade em normas produzidas no bojo da própria OIT.

Dessa insuficiência normativa decorre o aparecimento de alternativas no cenário jurídico internacional no intuito de suprir a diminuta proteção de um grupo vulnerável de pessoas, como o são os imigrantes indocumentados que transpõem fronteiras internacionais em busca de sobrevivência e de melhores condições de vida para si e para suas famílias.

6.2. A questão migratória indocumentada: avanços e retrocessos da OIT em relação à dinâmica normativa global e regional interamericana

A insuficiência na proteção do direito ao trabalho dos imigrantes indocumentados, verificada no conjunto normativo da Organização Internacional do Trabalho, vem sendo, de certa forma, superada pela normativa produzida no âmbito da Organização das Nações Unidas e, também, pelo sistema regional interamericano de proteção dos direitos humanos da Organização dos Estados Americanos, cuja análise no presente estudo é justificada pela repercussão e incidência direta das decisões da Corte Interamericana de Direitos Humanos na realidade brasileira.

Para além dos princípios e diretrizes do Direito Internacional dos Direitos Humanos, constantes de importantes tratados e declarações de direitos humanos, tais como a Declaração Universal dos Direitos Humanos, os Pactos Internacionais sobre Direitos Civis e Políticos e sobre Direitos Econômicos, Sociais e Culturais e a Declaração e Programa de Ação de Viena, os quais, diga-se, encontram sintonia com a principiologia e valores institucionais da Organização Internacional do Trabalho, o principal instrumento normativo de proteção e promoção dos direitos dos migrantes, que apresenta avanços significativos na pauta migratória, é a Convenção Internacional sobre Proteção de Todos os Trabalhadores Migrantes e dos Membros de suas Famílias, adotada pela Assembleia Geral da ONU.

Referida Convenção, já mencionada em tópico anterior, reconhece expressamente a necessidade de assegurar a proteção dos direitos fundamentais dos trabalhadores migrantes, destacando atenção para a parcela de trabalhadores que se encontra indocumentada, a qual, por sua maior vulnerabilidade, é frequentemente submetida a condições laborais desfavoráveis e exploratórias. Assim, com base no princípio da não discriminação, a Convenção Internacional sobre a Proteção de Todos os Trabalhadores Migrantes determina a garantia dos direitos humanos nela elencados para todos os trabalhadores migrantes sem distinção de qualquer natureza.

Lembra Celso Lafer[370] que a Convenção para a Proteção dos Direitos de Todos os Trabalhadores Migrantes e dos Membros de suas Famílias, inspirada na Declaração Universal dos Direitos Humanos, está voltada a igualar direitos entre nacionais e estrangeiros, diante de um cenário em que o movimento transfronteiriço de pessoas cresceu de importância com o processo da globalização.

Na medida em que esse instrumento internacional consolida, conforme previsão na Parte III da Convenção, direitos humanos a todos os migrantes, incluindo os indocumentados, com a ênfase de que a condição migratória irregular não deve servir de óbice ao acesso dos migrantes a seus direitos universais e fundamentais, essa norma coloca o migrante no centro da proteção dos direitos humanos, evidenciando o atendimento

[370] LAFER, Celso. *Declaração Universal dos Direitos Humanos (1948)*. *In*: História da paz: os tratados que desenharam o planeta / Demétrio Magnoli, (organizador). — 2. ed. — São Paulo: Contexto, 2012. Vários autores. ISBN 978-85-7244-396-8, p. 269.

de preocupações de ordem humanitária. Vale dizer, a condição indocumentada não é considerada para o fim de justificar a exclusão de direitos, mas, antes, demonstra uma fragilidade que demanda a proteção da norma para assegurar a preservação ou mesmo o resgate da dignidade humana dos trabalhadores.

Nesse ponto, os direitos assegurados aos migrantes indocumentados previstos nas Convenções nº 97 e nº 143 da Organização Internacional do Trabalho ficam aquém da proteção oferecida pela Convenção Internacional sobre a Proteção dos Direitos de Todos os Trabalhadores Migrantes adotada na ONU, a qual, de fato, foi considerada a mais abrangente convenção internacional sobre os direitos dos migrantes, conforme Relatório de Migração Internacional 2015 do Departamento de Assuntos Econômicos e Sociais da Secretaria das Nações Unidas[371].

É certo que, se por um lado a OIT veicula convenções que permitem tratamento diferenciado aos imigrantes indocumentados em relação àqueles que se encontram regular no país receptor, sem que para tanto, apresente justificativa plausível diante dos princípios da igualdade de oportunidade, da liberdade e da não discriminação, por outro lado, como já analisado, a Organização Internacional do Trabalho traz avanços significativos no debate da questão migratória ao apresentar sua preocupação e considerações sobre o trabalho decente, pontuando critérios indicadores de um padrão minimamente aceitável para a construção de relações laborais que atentem para a dignidade do trabalhador, sem admitir distinções de qualquer natureza entre os trabalhadores.

Sem dúvida, os parâmetros estabelecidos pela Organização Internacional do Trabalho para a busca do trabalho decente representam uma importante aproximação com os próprios valores e objetivos delimitados na Constituição da OIT e na Declaração de Filadélfia a ela anexada. As mais recentes declarações da OIT, como a Declaração sobre Princípios e Direitos Fundamentais no Trabalho de 1998 e a Declaração sobre Justiça Social para uma Globalização Equitativa de 2008, posteriores às Convenções nº 97 e nº 143, já demonstram e reafirmam uma posição da OIT alinhada aos preceitos e diretrizes do Direito Internacional dos

[371] NAÇÕES UNIDAS. *Relatório de Migração Internacional 2015*. Disponível em: http://www.un.org/en/development/desa/population/migration/publications/migrationreport/docs/MigrationReport2015_Highlights.pdf. Acesso em: 28 jul. 2020.

Direitos Humanos, partilhando, pois, da mesma preocupação em relação aos graves problemas humanos decorrentes da migração internacional.

A permanência, entretanto, de normas restritivas no bojo do conjunto normativo da OIT revela a insuficiência da Organização em tratar a faceta indocumentada da questão migratória, evidenciando um retrocesso na busca pela consolidação de padrões internacionais de direitos humanos, estabelecidos com base no patamar do mínimo existencial aceitável à dignidade da pessoa humana. Essa contradição endógena que se instala na própria OIT acaba por legitimar atuações estatais que eventualmente se valem das normas restritivas para justificar a implementação de políticas migratórias que não reconhecem direitos humanos básicos aos imigrantes trabalhadores indocumentados, diferenciando-os dos demais migrantes.

A manutenção de normas que autorizem direitos atrelados à condição migratória regular dos trabalhadores não contribui para o avanço da compreensão de que normas de direitos humanos universais e fundamentais devem se sobrepor à atuação soberana dos Estados, de tal sorte que os Estados devem vincular suas políticas migratórias ao respeito e à observância dos padrões internacionais de proteção dos direitos humanos, conforme compromisso assumido com a comunidade internacional.

Em relação ao sistema regional interamericano de proteção dos direitos humanos, analisado em capítulo precedente, a Corte Interamericana de Direitos Humanos tem se destacado por suas decisões paradigmáticas no enfrentamento da questão migratória indocumentada[372], dentre as quais, a Opinião Consultiva 18/2003, muito embora traga como base a própria principiologia anunciada pela Organização Internacional do Trabalho, vai além ao determinar que a situação regular de uma pessoa em território estrangeiro não deve ser pressuposto para que o Estado respeite e garanta os princípios da igualdade e da não discriminação, visto que esses princípios pertencem ao domínio de *jus cogens*, orientando, pois, toda a ordem jurídica nacional e internacional e vinculando os Estados pelo caráter *erga omnes* da obrigação geral de proteção.

Importante mencionar que muito embora o sistema regional interamericano de proteção dos direitos humanos reconheça o direito ao

[372] CANÇADO TRINDADE, Antonio Augusto. Deslocados e a proteção dos migrantes na legislação internacional dos Direitos Humanos. *Cadernos de Debates – Refúgio, Migrações e Cidadania.* vol. 03, n. 03, 2008, p. 52 – 93, p. 77.

trabalho a todas as pessoas, o que significa a possibilidade do desempenho de uma atividade lícita que proporcione à pessoa amparo para satisfazer suas necessidades fundamentais, conforme expresso no Protocolo de São Salvador, e, mais, apesar da Corte Interamericana reconhecer os princípios da igualdade e da não discriminação como normas internacionais a todos impostas por sua natureza *jus cogens* e *erga omnes*, ainda assim a Corte menciona na Opinião Consultiva 18/03 que o Estado receptor de imigrantes pode se abster de estabelecer relação trabalhista com aquele que se encontrar irregular no seu território. Subjacente a esse entendimento, está a aceitação de que cada Estado no exercício de sua soberania, tem a liberdade discricionária para impedir o acesso de imigrantes indocumentados ao seu direito humano fundamental ao trabalho.

Entretanto, a própria Corte Interamericana, na mesma decisão OC 18/03, manifesta claro entendimento de que qualquer restrição imposta a direito fundamental dos imigrantes deve estar assentada em critérios objetivos, que respeitem o princípio da não discriminação, o que significa dizer que decisões estatais arbitrárias e destituídas de fundamentação baseada no Direito Internacional dos Direitos Humanos não devem prevalecer. Vale dizer, se por um lado a Corte reconhece a soberania dos Estados para implementar suas políticas migratórias, por outro lado atrela a legitimidade da atuação estatal à observância dos preceitos internacionais a que os Estados assumiram o compromisso de cumprir. Portanto, defende a Corte que qualquer política deve estar subordinada à observância dos direitos humanos e que os Estados membros da OEA permanecem vinculados às diretrizes e às determinações exaradas na decisão da Corte[373].

Assim, elevar os direitos humanos, enquanto direitos invioláveis e inerentes à dignidade de toda pessoa, à patamar superior ao poder do Estado, não admitindo, pois, que sejam os direitos humanos preteridos quando do uso da discricionariedade estatal em nome da soberania do Estado, é entendimento que demonstra avanço no sistema regional interamericano de proteção dos direitos humanos em relação à posição da Organização Internacional do Trabalho que, ao reconhecer o poder soberano dos

[373] ORGANIZAÇÃO DOS ESTADOS AMERICANOS. Corte Interamericana de Direitos Humanos. *Opinião Consultiva OC 18/2003, de 17 de setembro de 2003*. Parte IX, § 161 e seguintes. Disponível em: https://www.corteidh.or.cr/docs/opiniones/seriea_18_esp.pdf. Acesso em: 19 ago. 2020.

Estados, legitima que estes implementem políticas migratórias, nas quais pode haver a exclusão, do âmbito de proteção dos imigrantes indocumentados, do direito universal e fundamental ao trabalho.

No mesmo sentido em que a Convenção Internacional sobre a Proteção dos Direitos de Todos os Trabalhadores Migrantes e dos Membros de suas Famílias reconhece o migrante como sujeito central da proteção dos direitos humanos, não excluindo dessa proteção os indocumentados, a decisão OC 18/03 da Corte Interamericana[374] que trata do migrante, também o coloca como ser humano no centro do processo de desenvolvimento, abrindo caminho para um direito internacional universal, a partir do paradigma do ser humano como sujeito de direito, independentemente da condição migratória regular ou irregular.

6.3. Perspectivas para a proteção dos trabalhadores imigrantes indocumentados

Diante do quanto analisado, as perspectivas que se abrem à proteção dos trabalhadores imigrantes indocumentados estão relacionadas à possibilidade de ressignificação dos direitos, a partir de um olhar integrativo da mobilidade humana internacional, no qual todos devem ter o direito de estar em qualquer localidade do globo, sem que para tal tenham que sofrer hostilidade por sua condição migratória. É a hospitalidade universal traduzida como um direito cosmopolita[375]. A migração, enquanto um bem global, é um direito de toda a humanidade e sua governança global, indissociada dos direitos humanos dos migrantes, implica benefício para todos[376]. A ótica humanista no tratamento migratório pelo sistema internacional de proteção dos direitos humanos visa a não permitir, em última instância, que uma ficção jurídica criada pelo direito como é a soberania

[374] ORGANIZAÇÃO DOS ESTADOS AMERICANOS. Corte Interamericana de Direitos Humanos. *Opinião Consultiva OC 18/03, de 17 de setembro de 2003*. Disponível em: https://www.corteidh.or.cr/docs/opiniones/seriea_18_esp.pdf Acesso em: 19 ago. 2020.

[375] KANT, Immanuel. *A paz perpétua e outros opúsculos*. Tradução de Artur Mourão. Lisboa: Edições 70. 2004, p. 137. Kant fundamenta a hospitalidade a partir do direito: "não é uma questão de filantropia, mas de direito. Hospitalidade significa o direito que tem um estrangeiro de não ser tratado de forma hostil pelo fato de estar em território alheio. (...) não tendo ninguém originariamente mais direito que o outro de estar em um determinado lugar da terra."

[376] FARIA, Maria Rita Fontes. *Migrações internacionais no plano multilateral:* reflexões para a política externa brasileira. Brasília: FUNAG, 2015, p. 178.

dos Estados se sobreponha à dignidade humana e à universalidade dos direitos humanos.

As premissas sob as quais se assenta essa ressignificação de direitos estão mencionadas no decorrer desse estudo e podem ser sintetizadas nos seguintes aspectos: i) o trabalho é fundante para a construção da identidade social do indivíduo e o direito ao trabalho é o instrumental essencial para viabilizar essa construção, uma vez que possibilita ao indivíduo sua inserção na comunidade em que vive com autonomia e autodeterminação; ii) o direito ao trabalho deve ser inserido no Direito Internacional dos Direitos Humanos como um direito humano universal e fundamental, que integra o conjunto de direitos básicos sem os quais a dignidade da pessoa humana não se realiza, tendo assento, pois, no patamar do mínimo existencial sociocultural; iii) o acesso ao direito ao trabalho deve ser assegurado a todos os migrantes, independentemente de seu *status* migratório, a partir da observância aos princípios da não discriminação, da liberdade e da igualdade de oportunidades, os quais são normas de natureza de *jus cogens* e *erga omnes* reconhecidas pela comunidade internacional; iv) o poder soberano dos Estados para definir política migratória e determinar quem pode entrar e permanecer em seu território está limitado ao respeito ao padrão internacional de proteção e promoção dos direitos humanos fundamentais, conforme compromisso assumido com a comunidade internacional por meio da adesão aos instrumentos normativos internacionais.

Assim, o reconhecimento do direito ao trabalho como um direito humano universal, integrante do patamar do mínimo existencial, o reconhecimento do interesse difuso do direito ao desenvolvimento humano, alcançado pelo acesso ao direito ao trabalho e o reconhecimento de que a soberania nacional não deve se sobrepor à universalidade dos direitos humanos de modo a restringi-los, exceto se para a restrição do direito humano houver justificativa baseada em critérios objetivos que respeitem o princípio da não discriminação e não violem o princípio da igualdade de oportunidades, são questões que fortalecem o sistema internacional de proteção dos direitos humanos, ao qual a Organização Internacional do Trabalho deve estar alinhada e comprometida para promover a proteção específica dos direitos humanos dos trabalhadores migrantes.

Para tanto, é necessário que a Organização Internacional do Trabalho busque suprir a insuficiência normativa, no que tange à proteção dos trabalhadores imigrantes indocumentados, fazendo-o por meio da supressão em seu conjunto normativo das normas que representam verdadeiramente restrições discriminatórias para essa parcela de trabalhadores, como o são as normas já mencionadas em capítulo precedente, inseridas nas Convenções nº 97 e nº 143 da OIT. A retirada dessas normas do arcabouço normativo da OIT a recoloca em uma postura coerente com seus princípios e objetivos institucionais e com sua função precípua de defesa de todos os trabalhadores, sem distinção de qualquer natureza.

A OIT, ao promover a revisão das Convenções nº 97 e nº 143, na parte que toca ao tratamento diferenciado entre trabalhadores imigrantes indocumentados e aqueles que se encontram em condição regular no país receptor, no intuito de adequar as normas às diretrizes universais de proteção dos direitos humanos, acaba por contribuir para a sedimentação de um patamar mínimo de proteção no nível internacional, cuja tendência é sinalizar para um padrão de reconhecimento de direitos humanos dos trabalhadores, significando verdadeira busca pela eficácia jurídica, sem a qual não há como avançar na conquista de direitos e na sua real efetividade, a que Sarlet[377] chama de eficácia social.

A realização da justiça social, de acordo com a concepção clássica de eficácia jurídica defendida por Sarlet, está diretamente relacionada com a conjugação das eficácias jurídica e social, sendo a eficácia jurídica a possibilidade de a norma jurídica vigente ser aplicada aos casos concretos e a eficácia social a decisão pela efetiva aplicação da norma com resultado concreto decorrente dessa aplicação.

O reconhecimento de direitos, via normas internacionais, à parcela indocumentada de imigrantes confere eficácia jurídica aos direitos fundamentais, o que é pressuposto para a sua exigibilidade futura em situações concretas. É nesse sentido que o estabelecimento de padrão internacional mínimo de direitos humanos aos migrantes servirá de baliza ao exercício do poder discricionário soberano dos Estados para elaborar e implementar políticas migratórias. Nesse cenário, a OIT deve buscar, em coerência com seus princípios e objetivos institucionais, amparar os imigrantes indocumentados, oferecendo-lhes proteção e eficácia jurídica

[377] SARLET, Ingo Wolfgang. *A eficácia dos direitos fundamentais:* uma teoria geral dos direitos fundamentais na perspectiva constitucional. 12 ed., Porto Alegre: Livraria do Advogado Editora, 2015, p. 247-248

quanto ao seu direito ao trabalho, fazendo-o por meio da retirada de seu arcabouço normativo de normas convencionais que não reconhecem a igualdade de tratamento e direitos a todos os migrantes.

A Organização Internacional do Trabalho, ao assumir seu papel proeminente e estratégico de defesa dos direitos dos trabalhadores migrantes na seara laboral, contribui para o fortalecimento da cadeia de proteção dos direitos humanos, avocando para si a responsabilidade genuína de oferecer um referencial de proteção do direito ao trabalho, a ser incorporado nos sistemas global e regional de proteção e promoção dos direitos humanos e internacionalizado nos ordenamentos jurídicos nacionais, ampliando, pois, a esfera de reconhecimento do direito.

Segundo Bobbio[378], os direitos humanos não são algo posto, mas desejável e, como tal, são fins que merecem ser perseguidos, pois ainda carecerem de reconhecimento uniforme em todas as localidades, razão pela qual encontrar fundamentos que os justifiquem "é um meio adequado para obter para eles um mais amplo reconhecimento". A Organização Internacional do Trabalho, enquanto instituição, por excelência, incumbida da proteção de todos os trabalhadores do globo, deve servir a esse propósito, qual seja, o de consolidar os fundamentos que justifiquem a proteção ao direito ao trabalho, repercutindo, assim, como consequência, no seu reconhecimento.

Apesar do aumento expressivo do reconhecimento de direitos humanos em instrumentos internacionais que o consagraram como central nas relações humanas, não há como negar que paradoxalmente há na contemporaneidade um aumento da violação desses direitos. Entretanto, como considera Bobbio[379], o reconhecimento cada vez maior dos direitos humanos pelas instâncias internacionais é um sinal de possível progresso moral da humanidade. É, assim, um passo necessário no caminho a ser trilhado para a realização integral do direito que é a justiça social. É uma etapa necessária para modificar paradigmas e transformar para melhor a realidade social.

[378] BOBBIO, Norberto. *A era dos direitos*. Tradução: Carlos Nelson Coutinho. Nova ed., Rio de Janeiro: Elsevier, 2004, p. 16.

[379] BOBBIO, Norberto. *A era dos direitos*. Tradução: Carlos Nelson Coutinho. Nova ed., Rio de Janeiro: Elsevier, 2004, p. 60.

CONCLUSÕES

A migração internacional de trabalhadores que transpassam fronteiras ao redor do mundo no intuito de encontrar, em localidade diversa do seu país de origem, melhores condições de vida para si e sua família, é um fenômeno intrínseco ao processo da globalização que vem se intensificando nas últimas décadas.

As pessoas que migram em busca de acolhimento e oportunidade de trabalho, como último recurso para sobreviver em outro país e se desvencilhar de situações precárias em que seus direitos básicos não são supridos, são, com frequência, submetidas na comunidade receptora às relações sociolaborais exploratórias, em razão da fragilidade e vulnerabilidade em que se encontram. Dentre esses imigrantes, os indocumentados são certamente a parcela que mais sofre discriminação e tem seus direitos humanos marginalizados.

Essa realidade não está adstrita aos limites territoriais do Estado que recebe imigrantes indocumentados, mas, ao contrário, é um fenômeno global que envolve os Estados de origem, de recepção e de trânsito de migrantes, além de toda a comunidade internacional, por tratar-se de questão de direitos humanos, cujo interesse atine a toda a humanidade.

A tutela do direito ao trabalho, enquanto um direito humano básico e universal, para além da esfera individual do trabalhador migrante, deve ser pensada na perspectiva dos interesses fundamentais coletivos e difusos de toda a sociedade, traduzidos como o direito ao desenvolvimento sustentável e à governabilidade democrática para a busca da justiça social.

A proteção de direitos humanos universais que dizem respeito a toda a humanidade requer soluções igualmente globais que demandam a cooperação entre os Estados e o diálogo destes com a comunidade internacional, por meio da internacionalização dos direitos humanos reconhecidos em diversos instrumentos normativos internacionais que compõem os sistemas regionais e global de proteção e promoção dos direitos humanos.

A criação de normas internacionais que convergem para a proteção de valores e interesses comuns da humanidade, constantes de instrumentos normativos internacionais, para os quais os Estados manifestam, através do livre exercício de seu poder soberano, concordância e aderência, possibilita cada vez mais a intervenção da comunidade internacional em assuntos dos Estados, cujas ações venham a violar essas normas internacionais de direitos humanos.

O caráter universalizante dos direitos humanos fundamentais, em particular o relativo ao direito ao trabalho, implica para todos os Estados o dever de observância para o fim de protegê-los e promovê-los com base na vinculação aos padrões estabelecidos em nível internacional, a partir da aceitação de um patamar de mínimo existencial, cujo pilar é a dignidade da pessoa humana. A existência no direito internacional dos direitos humanos de normas imperativas, denominadas *jus cogens*, autoriza e legitima a intervenção da comunidade internacional, visto que tais normas não permitem derrogação por parte dos Estados por conterem em si as cargas de essencialidade e de indisponibilidade do direito, acarretando sua observância obrigatória.

Nesse cenário, a construção de novos paradigmas calcados na proteção dos direitos humanos fundamentais de todos os migrantes, independentemente de seu *status* migratório, perpassa pelo reconhecimento do ser humano como sujeito central do processo de desenvolvimento, sendo isso pressuposto para a fruição de seus direitos humanos com respeito à dignidade da pessoa humana. Assegurar a proteção do direito ao trabalho para a massa de trabalhadores em circulação pelo globo, em especial para os imigrantes indocumentados, torna-se um importante desafio à realização da dignidade humana na época contemporânea.

A partir das diretrizes internacionais presentes no arcabouço normativo dos direitos humanos em diversas instâncias – sistemas global e regional de proteção dos direitos humanos, a condição migratória indocumentada não deve ser tomada como o fundamento para justificar a privação ao exercício dos direitos básicos do trabalhador imigrante, o que significa dizer que cada Estado, ao implementar sua política migratória, deve fazê-lo com observância aos princípios da não discriminação e da igualdade de oportunidade, pautando sua discricionariedade em controlar a entrada e permanência de imigrantes em seu território, bem como em reconhecer o acesso que os imigrantes terão aos seus direitos básicos, pelos limites impostos pelo Direito Internacional dos Direitos Humanos.

A gramática dos direitos humanos deve ser compreendida com base na cooperação entre os Estados e na universalidade dos direitos humanos, em que o indivíduo adquiri a cidadania, na sua concepção contemporânea, como sujeito titular legítimo do direito a ter direitos para usufruir, onde quer que se encontre, de seus direitos humanos fundamentais, inseridos no patamar do mínimo existencial para assegurar sua inserção no corpo social e a realização de sua dignidade humana.

A inclusão do direito ao trabalho no rol de direitos que compõem o patamar do mínimo existencial deriva do seu reconhecimento como um direito humano universal fundamental, sem o qual não se concebe a possibilidade, no âmbito individual, da pessoa construir sua identidade social e conquistar seu lugar na sociedade com autonomia e autodeterminação e, no âmbito coletivo, de se alcançar com dignidade o pleno desenvolvimento da pessoa e o bem estar comum, traduzidos como valores difusos da humanidade.

A Organização Internacional do Trabalho, enquanto instância essencial e estratégica para proteger e promover o direito dos migrantes na seara laboral, assume para si a responsabilidade de conciliar interesses políticos, econômicos e humanitários no intuito de se alcançar a justiça nas relações sociolaborais, tendo que buscar, para tanto, o equilíbrio entre o desenvolvimento de atividades econômicas e um programa social que visa a conquista e a preservação de direitos sociais.

A competência institucional da OIT lhe permite fornecer aos Estados membros diretrizes normativas extraídas da adoção de convenções e recomendações da Organização, as quais têm a função precípua de construir modelos de práticas protetivas uniformizadoras, no intuito de compor um padrão normativo internacional sociolaboral de respeito aos direitos humanos.

No desempenho dessa função, a OIT, apoiada em seus valores constitucionais e reafirmando a necessidade de que os princípios da liberdade, da igualdade de oportunidades e da não discriminação devem permear seus dispositivos convencionais e recomendatórios, apresenta a defesa do trabalho decente que, ancorada nos objetivos estratégicos traçados pela OIT nas oito convenções fundamentais denominadas *core obligations*, trata da possibilidade de assegurar a todos a obtenção de um trabalho produtivo e de qualidade, em condições de igualdade, segurança e dignidade.

A agenda do trabalho decente, que significa a conciliação da declaração dos princípios fundamentais da OIT com a efetiva implementação das normas de direitos humanos, conta com a produção normativa da OIT que, ao se tornar fonte material do direito, acaba por influenciar na construção da interpretação e na aplicação do direito no âmbito interno dos Estados. É nesse sentido que a OIT assume o dever de adotar um enfoque coerente na elaboração de suas normas para a criação de um roteiro global e integrado de promoção dos direitos humanos de todos os trabalhadores migrantes.

Na medida em que a própria OIT veicula normas excludentes de direitos aos migrantes indocumentados que, por seu *status* migratório irregular, não têm o seu direito fundamental ao trabalho reconhecido pela instituição que, por excelência, está incumbida de proteger os interesses de todos os trabalhadores, acaba por demonstrar uma insuficiência normativa dentro da própria Organização que a coloca em posição contraditória entre o que foi prometido no seu instrumento constitutivo e nas demais declarações que o seguiram e o que é efetivamente assegurado por suas normas convencionais.

Tanto o reconhecimento quanto o não reconhecimento de um direito, enquanto conteúdo de uma norma convencional, devem passar pelo crivo dos princípios e objetivos constitucionais da OIT e com eles devem guardar coerência, de tal sorte que qualquer disposição que limite um direito fundamental do trabalhador migrante não signifique um desrespeito aos princípios da igualdade e da não discriminação, mas, antes, esteja amparada nas diretrizes principiológicas da OIT.

A coexistência de normas convencionais que excepcionam o alcance de direitos fundamentais a um grupo de imigrantes – os indocumentados, em franco desalinhamento com a principiologia e os valores da própria OIT, compromete a construção de um padrão internacional de normas de direitos humanos com base no patamar do mínimo existencial aceitável à dignidade da pessoa humana, além de deixar a proteção oferecida pela OIT aquém do padrão que vem sendo reconhecido e sedimentado na comunidade internacional no âmbito dos sistemas global e regional interamericano.

Deixar a cargo da discricionariedade dos Estados a possibilidade de estes não contemplarem em suas políticas migratórias os imigrantes indocumentados, quanto ao exercício de seu direito fundamental ao trabalho, excluindo-os da proteção legal, significa aceitar a sobreposição de normas migratórias nacionais em detrimento de normas de direitos humanos universais reconhecidas e legitimadas pela comunidade internacional.

É necessário que a Organização Internacional do Trabalho fortaleça seu papel fundamental de defesa de todos os trabalhadores, sem distinção de qualquer natureza, promovendo, para tanto, a supressão de normas convencionais que atentem contra os princípios da igualdade de oportunidade e da não discriminação, alinhando seu conjunto normativo às diretrizes internacionais de proteção dos direitos humanos, bem como às suas próprias diretrizes institucionais, a partir do que é possível sinalizar na comunidade internacional para a sedimentação de um patamar mínimo de proteção dos direitos humanos, cujo padrão permite ao trabalhador uma inserção digna na sociedade.

REFERÊNCIAS

ABRAMO, Laís. Trabalho decente: o itinerário de uma proposta. *Bahia análise & dados*. Salvador, v. 20, n. 2/3, p. 151-171, jul./set. 2010.

ALEXY, Robert. *Teoria dos direitos fundamentais*. Tradução de Virgílio Afonso da Silva. 2. ed. São Paulo: Malheiros, 2015.

AMADO, Talita Dartibale. *A condição jurídica do trabalhador migrante no âmbito normativo internacional. In*: FREITAS JUNIOR, Antonio Rodrigues de, TORRES, Daniel Bertolucci e BOUCINHAS FILHO, Jorge Cavalcanti (org.). *Migração, trabalho e direitos humanos*. São Paulo: LTr, 2017, p. 15-30.

ANTUNES, Ricardo. *Os Sentidos do Trabalho:* ensaio sobre a afirmação e negação do trabalho, São Paulo: Boitempo, 2000.

ANTUNES, Ricardo. *O continente do labor*, São Paulo: Boitempo, 2011.

ARAUJO, Natália Medina. *Migrantes indocumentados:* histórias e aporias. *In:* GALINDO, George B (org). Migrações, deslocamentos e direitos humanos. Brasília: Instituto Brasiliense de Direito Civil, Grupo de Pesquisa Crítica e Direito Internacional, 2015, p. 25-34.

ARENDT, Hannah. *We refugees* in Altogether elsewhere. Boston: Faber and Faber, 1968.

ARENDT, Hannah. *A condição humana*. Tradução de Roberto Raposo, posfácio de Celso Lafer, 10 ed. Rio de Janeiro: Forense Universitária, 2008.

BAENINGER, Rosana. *Contribuições da academia para o Pacto Global da Migração:* o olhar do Sul. *In*: Migrações Sul-Sul, Rosana Baeninger e outros (organizadores). Campinas, SP: Núcleo de Estudos de População "Elza Berquó". Nepo/Unicamp, 2018, 2 ed. 976 p, p. 17-23.

BAENINGER, Rosana. *O Brasil na rota das migrações Latino-Americanas. In*: Baeninger, Rosana (org.). Imigração boliviana no Brasil. Campinas, Núcleo de Estudos de População NEPO/UNICAMP, Fapesp, CNPq, Unfpa, 316 p., 2012, p. 10.

BAENINGER, Rosana. O Brasil na rota das migrações internacionais recentes. *Jornal da UNICAMP*, Campinas, SP, Edição 226, agosto, 2003. Disponível em: http://www.unicamp.br/unicamp/unicamp_hoje/ju/agosto2003/ju226pg2b.html

BAENINGER, Rosana. *Fases e faces da migração em São Paulo*. Campinas: Núcleo de Estudos da População – NEPO/UNICAMP, 2012.

BAENINGER, Rosana. *Brasileiros na América do Sul*. Disponível em: https://sistemas.mre.gov.br/kitweb/datafiles/BRMundo/pt-br/file/Rosana%20Baeninger.pdf

BAENINGER, Rosana e SALES, Teresa. Migrações internas e internacionais no Brasil: panorama deste século. *Travessia, Revista do Migrante*. São Paulo. Ano XIII, número 36, Janeiro-Abril/2000, p. 33-44.

BALDWIN-EDWARDS, Martin. *Towards a Theory of Illegal Migration:* historical and structural componentes, Third World Quarterly, v. 29, n. 7, p. 1449-1459. 2008.

BARALDI, Camila. *A experiência do Mercosul em matéria de migrações*. Pontes, Genebra, n. 10, v. 10, p. 13-17, dez. 2014.

BARRIOS, Raúl Guillermo Saco. *Migración laboral internacional:* algunas consideraciones a la luz del Derecho del Trabajo. *In*: *El Derecho del Trabajo en la actualidad:* problemática y prospectiva. Estudios en homenaje a la Facultad de Derecho PUCP en su centenario. (p. 401 – 432). LIMA. PUCP – Facultad de Derecho. 2019.

BARROSO, Luís Roberto. *O direito constitucional e a efetividade de suas normas*. Rio de Janeiro: Renovar, 2000.

BARROSO, Luís Roberto. *Interpretação e aplicação da Constituição*, São Paulo: Saraiva, 2003.

BARROSO, Luís Roberto. Neoconstitucionalismo e constitucionalização do direito. (O triunfo tardio do direito constitucional no Brasil). *Revista Eletrônica sobre a Reforma do Estado (RERE)*, Salvador, Instituto Brasileiro de Direito Público, n. 9, março/abril/maio, 2007. Disponível na internet: http://www.direitodoestado.com.br/rere.asp acesso em 01 de dezembro de 2016.

BARROSO, Márcia Regina Castro; PESSANHA, Elina Goncalves da Fonte. *A Imigração no Direito Internacional do Trabalho*. Cadernos de Direito, Piracicaba, v. 17(32): 101-115, jan.-jun. 2017. Disponível em: http://www.mpsp.mp.br/portal/page/portal/documentacao_e_divulgacao/doc_biblioteca/bibli_servicos_produtos/bibli_informativo/bibli_inf_2006/Cad-Dir_n.32.06.pdf

BASSANEZI, Maria S. C. B., SCOTT, Ana Silvia V., BACELLAR C. A. P., TRUZZI, Oswaldo M. S. *Atlas da imigração internacional em São Paulo 1850-1950*. São Paulo: editora Unesp, 2008.

BASSO, Pietro. *Sviluppo diseguale, migrazioni, politiche migratorie*. *In*: BASSO, Pietro; PEROCCO, Fabio. (Organizadores.). *Gli immigrati in Europa:* diseguaglianze, razzismo, lotte. Milano: FrancoAngeli, 2003.

BAUMAN, Zygmunt. *Estranhos à nossa porta*. 1 ed. Rio de Janeiro: Zahar, 2017.

BENEVIDES, Maria Victoria de Mesquita. Os direitos humanos como valor universal. *Lua Nova* [online]. 1994, n.34, p.179-188. https://doi.org/10.1590/S0102-64451994000300011.

BETTS, Alexander. *Global Migration Governance*, 2008. Disponível em: www.globaleconomicgovernance.org.

BETTS, Alexander. *Survival Migration. Failed Governance and the Crisis of Displacement.* Cornell University Press, 2013.

BOBBIO, Norberto. *A era dos direitos.* Tradução: Carlos Nelson Coutinho. Nova ed., Rio de Janeiro: Elsevier, 2004.

BOGDANDY, Armin von. *Ius Constitutionale Commune en America Latina:* Observations on Transformative Constitutionalism. *In*: Armin von Bogdandy, Eduardo Ferrer Mac-Gregor, Mariela Morales Antoniazzi and Flavia Piovesan (ed), *Transformative Constitutionalism in Latin America:* the emergence of a New Ius Commune, Oxford, Oxford University Press, 2017, p. 27-48.

BONAVIDES, Paulo. *Curso de direito constitucional.* 12 ed. São Paulo: Malheiros, 2002.

BOUCINHAS FILHO, Jorge Cavalcanti. *Convenções internacionais sobre migração de trabalhadores. In*: ALVARENGA, Rúbia Zanotelli de; COLNAGO, Lorena de Mello Rezende (Coordenadores). *Direito internacional do trabalho e as convenções internacionais da OIT comentadas.* São Paulo: LTr, 2014, p. 289 – 296.

BRASIL. Decreto nº 19.841, de 22 de outubro de 1945. Promulga a Carta das Nações Unidas, da qual faz parte integrante o anexo Estatuto da Corte Internacional de Justiça, assinada em São Francisco, a 26 de junho de 1945, por ocasião da Conferência de Organização Internacional das Nações Unidas. Disponível em: http://www.planalto.gov.br/ccivil_03/decreto/1930-1949/d19841.htm. Acesso em: 03 ago. 2020.

BRASIL. Constituição da República Federativa do Brasil de 1988. Disponível em: http://www.planalto.gov.br/ccivil_03/constituicao/constituicao.htm. Acesso em: 10 set. 2020.

BRASIL. *Decreto nº 6.975*, 7 de outubro de 2009. Promulga o Acordo sobre Residência para Nacionais dos Estados Partes do Mercado Comum do Sul – MERCOSUL, Bolívia e Chile, assinado na XXIII Reunião do Conselho do Mercado Comum, realizada em Brasília em 5 e 6 de dezembro de 2002. Disponível em: http://www.planalto.gov.br/ccivil_03/_ato2007-2010/2009/decreto/d6975.htm. Acesso em: 03 jun. 2020.

BRASIL. *Declaração Sociolaboral do MERCOSUL de 2015*. I Reunião Negociadora. Brasília, 17 de julho de 2015. Disponível em: www.itamaraty.gov.br/pt-BR/notas-aimprensa/10519-declaracao-sociolaboral-do-mercosul-de-2015-i--reuniao-negociadorabrasilia-17-de-julho-de-2015. Acesso em: 03 jun. 2020.

BRASIL. *Lei de Migração nº 13.445*, de 24 de maio de 2017. Disponível em: http://www.planalto.gov.br/ccivil_03/_ato2015-2018/2017/lei/l13445.htm. Acesso em: 10 set. 2020.

BRASIL. Conselho Nacional de Imigração. *Resolução Normativa nº 122*, de 03 de agosto de 2017. Disponível em: http://www.pf.gov.br/servicos-pf/imigracao/legislacao-1/legislacao. Acesso em: 12 set. 2020.

BRASIL. Conselho Nacional de Imigração. Resolução Normativa nº 39, de 28 de agosto de 2019. Disponível em: https://portaldeimigracao.mj.gov.br/pt/normas/resolucoes-normativas-1. Acesso em: 12 set. 2020.

BRASIL. Portaria Interministerial nº 652, de 25 de janeiro de 2021. Disponível em: https://portaldeimigracao.mj.gov.br/images/portarias/PORTARIA_N%C2%BA_652_DE_25_DE_JANEIRO_DE_2021.pdf. Acesso em 25 fev. 2021.

BRITO FILHO, José Claudio Monteiro de. *Trabalho decente*. LTR, 2004.

BURGORGUE-LARSEN, Laurence. *Crónica de uma Teoria de Moda em América Latina – Descifrando el Discruso Doctrinal sobre el Control de Convencionalidad*. *In*: BOGDANDY, Armin von, ANTONIAZZI, Mariela Morales y PIOVESAN, Flávia (orgs), *Ius Constitutionale Commune na América Latina – Diálogos jurisdicionais e Controle de Convencionalidade*, vol III, Curitiba, ed. Juruá, 2016, p. 11- 48.

BUSTAMANTE Jorge A. Immigrants Vulnerability as Subjects of Human Rights. *International Migration Review – IMR*, Volume 36, Number 2 (Summer 2002), p. 333-354.

CAMPOS, Bárbara Pincowsca Cardoso; e SILVA, João Guilherme Lima Granja Xavier da. *Igualdade, Não-Discriminação e Política Para Migrações no Brasil:* Antecedentes, Desafios e Potencialidades para o acesso da Pessoa Migrante a Direitos e Serviços. *In*: GALINDO, George B. (org). *Migrações, deslocamentos e direitos humanos*. Brasília: Instituto Brasiliense de Direito Civil, Grupo de Pesquisa Crítica e Direito Internacional, 2015, p. 50-63.

CANÇADO TRINDADE, Antônio Augusto. *El acceso a la justicia em su amplia dimension*. Librotecnia, 2012.

CANÇADO TRINDADE, Antonio Augusto. Deslocados e a proteção dos migrantes na legislação internacional dos Direitos Humanos. *Cadernos de Debates – Refúgio, Migrações e Cidadania*. vol. 03, n. 03, 2008, p. 52 e seguintes.

CANÇADO TRINDADE, Antônio Augusto. *El Nuevo Reglamento de la Corte Interamericana de Derechos Humanos (2000) y Su Proyección Hacia el Futuro: La Emancipación del Ser Humano como Sujeto del Derecho Internacional de los Derechos Humanos*, 28 Curso de Derecho Internacional Organizado por el Comité Jurídico Interamericano, OAS (2001).

CANÇADO TRINDADE, Antonio Augusto. *Tratado de direito internacional dos direitos humanos*, v. I. Porto Alegre: Sergio Antonio Fabris, 1997. *In*: Luís Fernando Sgarbossa. Crítica à teoria dos custos dos direitos, v. 1 – Reserva do Possível. Porto Alegre: S.A. Fabris, 2010.

CANÇADO TRINDADE, Antônio Augusto. *Direitos econômicos e sociais*. *In*: CANÇADO TRINDADE, Antônio Augusto (Editor). *A incorporação das normas internacionais de proteção dos direitos humanos no direito brasileiro*. San José da Costa Rica/Brasília: Instituto interamericano de Direitos Humanos, 1996.

CANÇADO TRINDADE, Antônio Augusto. *Direito internacional dos direitos humanos, direito internacional humanitário e direito internacional dos refugiados:* aproximações e convergências. *In*: CANÇADO TRINDADE, Antônio Augusto; PEYTRIGNET, Gérard; RUIZ DE SANTIAGO, Jaime. *As três vertentes da proteção internacional dos direitos da pessoa humana: direitos humanos, direito humanitário, direito dos refugiados*. San José da Costa Rica/Brasília: Instituto Interamericano de Direitos Humanos/ Comitê Internacional da Cruz Vermelha/Alto Comissariado das Nações Unidas para Refugiados, 1996.

CANOTILHO, José Joaquim Gomes. *Constituição dirigente e vinculação do legislador*. Coimbra, Coimbra Ed. 1982.

CANOTILHO, José Joaquim Gomes. *Direito constitucional e teoria da constituição*, 3ª ed., Coimbra: Coimbra Editora, 1988.

CANOTILHO, José Joaquim Gomes. *Tomemos a sério os direitos econômicos, sociais e culturais*. Coimbra: Coimbra Editora, 1988.

CANOTILHO, José Joaquim Gomes. *"Brancosos" e interconstitucionalidade:* itinerários dos discursos sobre a historicidade constitucional, 2 ed. Coimbra: Almedina, 2008.

CARVALHO RAMOS, André de. O Princípio do Non-Refoulement no direito dos refugiados: do ingresso à extradição. *Revista dos Tribunais*, v. 892, p. 347-376, 2010.

CARVALHO RAMOS, André de. *Teoria Geral dos Direitos Humanos na ordem internacional*. São Paulo, Saraiva, 2014.

CARVALHO RAMOS, André de. *Direito dos Estrangeiros no Brasil:* imigração, direito de ingresso e os direitos dos estrangeiros em situação irregular. *In*: SARMENTO, Daniel; IKAWA, Daniela; PIOVESAN, Flávia. (Coord.) *Igualdade, diferença e direitos humanos*. Rio de Janeiro: Lúmen Júris, 2008, p. 721-746.

CARVALHO RAMOS, André de. Direitos humanos são o eixo central da nova Lei de Migração, *Revista Consultor Jurídico*, 26 de maio de 2017. Disponível em: http://www.conjur.com.br/2017-mai-26/andre-ramos-direitos-humanos-sao-eixo-central-lei-migraçao?imprimir=1

CARVALHO RAMOS, André de. *Asilo e Refúgio:* semelhanças, diferenças e perspectivas. *In*: Carvalho Ramos, André de; Rodrigues, Gilberto; Almeida, Guilherme Assis de. *60 anos de ACNUR – Perspectivas de futuro*. São Paulo: CLA Editora, 2011, pp. 15-44.

CARVALHO RAMOS, André de. *Processo internacional de direitos humanos*, 2 ed. São Paulo: Saraiva, 2012.

CARVALHO RAMOS, André de. *Construindo muralhas:* o fechamento de fronteiras na pandemia do covid-19. *In*: BAENINGER, Rosana; VEDOVATO, Luís Renato; NANDY, Shailen (Coordenadores); ZUBEN, Catarina von; MAGALHÃES, Luís Felipe; PARISE, Paolo; DEMÉTRIO, Natália; DOMENICONI, Jóice

(Organizadores). *Migrações internacionais e a pandemia de Covid-19.* Campinas: Núcleo de Estudos de População "Elza Berquó" – Nepo/Unicamp, 2020. p. 109-118.

CARVALHO RAMOS, André de; RIOS, Aurelio; CLÈVE, Clèmerson, VENTURA, Deisy, GRANJA, João Guilherme, MORAIS, José Luis Bolzan de; PIRES JR., Paulo Abrão; DALLARI, Pedro B. de Abreu; REIS, Rossana Rocha; JARDIM, Tarciso Dal Maso; BERNER, Vanessa. *Regulamento da nova Lei de Migração é contra* legem *e* praeter legem. *2017. Disponível em: https://www.conjur.com.br/2017-nov-23/opiniao-regulamento-lei-migracao-praetem-legem.*

CAVALCANTI, Leonardo; OLIVEIRA, Tadeu de; MACEDO, Marília de. *Imigração e Refúgio no Brasil. Relatório Anual 2020.* Série Migrações. Observatório das Migrações Internacionais; Ministério da Justiça e Segurança Pública/ Conselho Nacional de Imigração e Coordenação Geral de Imigração Laboral. Brasília, DF: OBMigra, 2020. Disponível em: https://portaldeimigracao.mj.gov.br/images/dados/relatorio-anual/2020/OBMigra_RELAT%C3%93RIO_ANUAL_2020.pdf.

CAVALCANTI, Leonardo; OLIVEIRA, Tadeu de; MACEDO, Marília de. *Migrações e Mercado de Trabalho no Brasil. Relatório Anual 2018.* Série Migrações. Observatório das Migrações Internacionais; Ministério do Trabalho/ Conselho Nacional de Imigração e Coordenação Geral de Imigração. Brasília, DF: OBMigra, 2018. Disponível em: https://portaldeimigracao.mj.gov.br/pt/dados/1715-obmigra

CHANG, Howard F. *The immigration paradox:* poverty, distributive justice, and liberal egalitarianism. *In*: University of Pennsylvania Law School Penn Law: Legal Scholarship Repository. Faculty Scholarship. 1-1-2003.

CHETAIL, Vincent. *Are Refugee Rights Human Rights? An Unorthodox Questioning of the Relations between Refugee Law and Human Rights Law. In*: Human Rights and Immigration, Collected Courses of the Academy of European Law, 2012, p. 19-72.

CLARO, Carolina de Abreu Batista. *Do Estatuto do Estrangeiro à Lei de Migração:* avanços e expectativas. Boletim de economia e política internacional/Instituto de Pesquisa Econômica Aplicada. Diretoria de Estudos e Relações Econômicas e Políticas Internacionais, n.1, (jan./mar. 2010). Brasília: Ipea. Dinte, 2010, p. 41-53.

CLARO, Carolina de Abreu Batista. *A Proteção dos Refugiados Ambientais no Direito Internacional.* Tese de Doutorado sob a orientação da Professora Elisabeth de Almeida Meirelles, apresentada no Programa de Pós-Graduação da Faculdade de Direito da Universidade de São Paulo, 2015.

COHN, D'vera; PASSEL, Jeffrey S. *U. S. Unauthorized Immigration Flows Are Down Sharply Since Mid-Decade.* Washington, DC: Pew Hispanic Center, set. 2010. Disponível em: http://pewhispanic.org/files/report/126.pdf.

COMISIÓN ECONÓMICA PARA AMÉRICA LATINA Y EL CARIBE – CEPAL. *Panorama da migração internacional da América do Sul.* (LC/TS.2018/32), Santiago, 2018, p. 13.

COMISIÓN ECONÓMICA PARA AMÉRICA LATINA Y EL CARIBE – CEPAL. *Observatório Demográfico 2018* (LC/PUB.2018/25-P), Santiago, 2019.

COMISIÓN ECONÓMICA PARA AMÉRICA LATINA Y EL CARIBE – CEPAL. *Observatório Demográfico da América Latina e Caribe de 2019*. Disponível em: https://repositorio.cepal.org/bitstream/handle/11362/45198/4/S1900739_mu.pdf.

COMISIÓN ECONÓMICA PARA AMÉRICA LATINA Y EL CARIBE – CEPAL. *Informes COVID 19 – Los efectos del COVID 19:* una oportunidad para reafirmar la centralidad de los derechos humanos de las personas migrantes en el desarrollo sostenible. 2020. Disponível em: https://repositorio.cepal.org/bitstream/handle/11362/46353/4/S2000618_es.pdf.

COMPARATO, Fábio Konder. *A afirmação histórica dos direitos humanos*. 2 ed. São Paulo: Saraiva, 2001.

COMPARATO, Fábio Konder. *A afirmação histórica dos direitos humanos*. 7 ed. São Paulo: Saraiva, 2010.

COMPARATO, Fabio Konder. *Rumo à justiça*. São Paulo: Saraiva, 2010.

COMITÊ NACIONAL PARA OS REFUGIADOS – CONARE. *Sistema de refúgio brasileiro*: balanço até abril de 2016. Brasília, DF, 2016. Disponível em http://pt.slideshare.net/justicagovbr/sistema-de-refugio-brasileiro-balanco-at-abril-de-2016

COUTINHO, Beatriz Isola. Imigração laboral e o setor têxtil – vestuário de São Paulo: notas sobre a presença boliviana nas confecções de costura. *REDD – Revista Espaço de Diálogo e Desconexão*. Araraquara, v. 4, nº 1, julho-dezembro de 2011.

DOÑA REVECO, Cristian. *Las migracionies internacionales:* analisis y perspectivas para una politica migratoria. OIM-Mission Chile, 2003.

DRI, Clarissa. (2013). Políticas públicas regionais: uma análise da regulação de direitos sociais no Mercosul. *Revista Direito Em Debate*, v. 19, n. 33-34, 22 mar. 2013. Disponível em: https://doi.org/10.21527/2176-6622.2010.33-34.%p

DÜVELL, Franck. *Clandestine migration in Europe*. Social Science Information, v. 47, n. 4, p. 479-497, 2008.

ESPIELL, Hector Gros. *Estudios sobre derechos humanos II*. Madri, Instituto Interamericano de Direitos Humanos/Editorial Civitas, 1988.

EUROSTAT. *Migration and migrant population statistics*. 2021. Disponível em: https://ec.europa.eu/eurostat/statistics-explained/index.php/Migration_and_migrant_population_statistics.

FARENA, Maritza Natalia Ferretti Cisneros. *Direitos humanos dos migrantes:* ordem jurídica internacional e brasileira. 1 ed. Curitiba: Juruá, 2012.

FARIA, Maria Rita Fontes. *Migrações internacionais no plano multilateral:* reflexões para a política externa brasileira. Brasília: FUNAG, 2015.

FARIA, Werter R. Experiências latino-americanas de integração. *Revista do Centro de Estudos Judiciários*. Brasília, v. 1, nº 1, maio/agosto, 1997.

FELLER, Erika. A Convenção para Refugiados, aos 60 anos: ainda adequada a seu propósito? *Cadernos de Debates – Refúgio, Migrações e Cidadania*. vol. 06, n. 06, 2011, pp. 13-51.

FERNANDES, Duval. *O Brasil e a Migração Internacional no século XXI- Notas introdutórias*. *In*: PRADO, Erlan José Peixoto do; COELHO, Renata (org.). Migrações e Trabalho. Brasília: Ministério Público do Trabalho, 2015.

FREITAS, Patrícia Tavares de. *Imigração boliviana para São Paulo e setor de confecção – em busca de um paradigma analítico alternativo*. *In*: Baeninger, Rosana (org). Imigração boliviana no Brasil. Campinas: Núcleo de Estudos de População – NEPO/ Unicamp; Fapesp; CNPq; Unfpa, 2012, p. 155-174.

FREITAS JÚNIOR, Antonio Rodrigues de. *Os direitos sociais e a constituição de 1988:* crise econômica e políticas de bem-estar. Rio de Janeiro: Forense, 1993.

FREITAS JÚNIOR, Antonio Rodrigues de. *Globalização, Mercosul e crise do Estado nação:* perspectivas para o direito numa sociedade em mudança, LTr, 1997.

FREITAS JÚNIOR, Antonio Rodrigues de; MERINO, Lucyla Tellez. *Horizontes para o direito numa sociedade em mudança:* dilemas da ALCA, impasses do Mercosul e crise do Estado Nação como círculo retroalimentador. São Paulo: LTr, 2004.

FREITAS JÚNIOR, Antonio Rodrigues de; KOURY, Ana Beatriz Costa; WALDMAN, Tatiana Chang. *Immigration and precarious wirk in Brazil:* legal changes, migration policies and labour rights. Labour Law Research Network Conference: Track 1 – Precarious and atypical work as a challenge for labour law. Amsterdã, Holanda, jun. 2015.

FREITAS JUNIOR, Antonio Rodrigues; TORRES, Daniela Bertolucci; BOUCINHAS FILHO, Jorge Cavalcanti (organizadores). *Migração, trabalho e direitos humanos*. São Paulo: LTr, 2017.

GUNTHER, Luiz Eduardo. *O trabalho decente como novo paradigma da humanidade no século XXI*. *In*: GARCIA, Gustavo Filipe Barbosa; ALVARENGA, Rúbia Zanotelli (Org.). *Direito do trabalho e direito empresarial sob o enfoque dos direitos fundamentais*. São Paulo: LTr, 2015.

GURGEL, Yara Maria Pereira. *Direitos humanos, princípio da igualdade e não discriminação:* sua aplicação às relações de trabalho. São Paulo: LTr, 2010.

HECKMANN, Friedrich. Ilegal migration: what can we know and what can we explain? The case of Germany. *International Migration Review*, v. 38, n. 3, 2004, p. 1103-1125.

HOBSNAWM, Eric J. *Globalização, democracia e terrorismo*. São Paulo: Companhia das Letras, 2007.

HOBSBAWM, Eric J. *Nações e Nacionalismo*. 5 ed. São Paulo: Paz e Terra, 2008, p. 11-61.

HUSEK, Carlos Roberto. *Curso de direito internacional público*, São Paulo: LTr, 14 ed. 2017.

IANNI, Octavio. *Globalização e diversidade*. *In*: Patarra, Neide (org), Migrações Internacionais: herança XX, agenda XXI. Campinas: FNUAP; SP: Oficina Editorial, 1996, p. 01-15.

ILLES, Paulo. *10 anos do acordo de Livre Trânsito e Residência no Mercosul*. Centro de Direitos Humanos e Cidadania do Imigrante – CDHIC, 2012. Disponível em: http://cdhic.cut.org.br/noticias/10-anos-do-acordo-de-livre-transito-e-residencia-no-mercosul-5283/.

INSTITUTO BRASILEIRO DE GEOGRAFIA E ESTATÍSTICA. *Censo Demográfico de 2010*. Disponível em: www.ibge.gov.br

JARDIM, Tarciso Dal Maso. A lei migratória e a inovação de paradigmas. *Cadernos de Debates – Refúgio, Migrações e Cidadania*. vol. 12, n. 12, 2017, p. 17-46.

KANT, Immanuel. *A paz perpétua e outros opúsculos*. Tradução de Artur Mourão. Lisboa: Edições 70. 2004.

KANT, Immanuel. *Rumo à paz perpétua*. Tradução de Heloísa Sarzana Pugliese. São Paulo: Ícone, 2010.

KARATANI, Rieko. How history separatedrefugee and migrant regimes: in search of their institutional origins. *International Journal of Refugee Law*, v. 17, n, 3, p. 517-541, jun, 2005. DOI: 10.1093/ijrl/eei019.

LAFER, Celso. *A reconstrução dos direitos humanos:* um diálogo com o pensamento de Hannah Arendt. São Paulo: Companhia das Letras, 2001.

LAFER, Celso. *Declaração Universal dos Direitos Humanos (1948)*. *In*: História da paz: os tratados que desenharam o planeta / Demétrio Magnoli, (organizador). — 2. ed. — São Paulo: Contexto, 2012. Vários autores. ISBN 978-85-7244-396-8.

LESSA, Sergio. *Mundo dos homens:* trabalho e ser social. São Paulo: Instituto Lukács, 2012.

LEVY, Maria Stella Ferreira. O papel da migração internacional na evolução da população brasileira (1872 a 1972). *Revista de Saúde Pública*, São Paulo, v. 8, supl. Jun. 1974, p. 49-90.

LEWANDOWSKI, Enrique Ricardo. *Proteção dos direitos humanos na ordem interna e internacional*. Rio de Janeiro: Forense, 1984.

LEWANDOWSKI, Enrique Ricardo. *Globalização, regionalização e soberania*. São Paulo: Editora Juarez de Oliveira, 2004.

MAC-GREGOR, Eduardo Ferrer. *The Conventionalitty Control as a Core Mechanism for the Ius Constitutionale Commune*. *In*: BOGDANDY, Armin von, MAC-GREGOR, Eduardo Ferrer, ANTONIAZZI, Mariela Morales and PIOVESAN, Flávia (ed), *Transformative Constitutionalism in Latin America:* the emergence of a News Ius Commune, Oxford, Oxford University Press, 2017, p. 321-336.

MAHLKE, Helisane. *Direito internacional dos refugiados:* novo paradigma jurídico. Belo Horizonte: Arraes, 2017.

MARCHI, Eduardo C. Silveira. *Guia de metodologia jurídica – teses, monografias e artigos*, 3 ed. São Paulo: YK Editora, 2017.

MARTINE, George. A globalização inacabada: migrações internacionais e pobreza no século 21. *São Paulo em Perspectiva*, v. 19, n. 3, p. 3-22, jul/set 2005.

MARTINS, Patrícia do Couto V. A. *A proibição do retrocesso social como fenômeno jurídico*. *In*: Garcia, Emerson (Coord.). A efetividade dos direitos sociais. Rio de Janeiro: Lumen Juris, 2004. p. 412 e seguintes.

MATIAS, Eduardo Felipe P. *A humanidade e suas fronteiras:* do Estado soberano à sociedade global. São Paulo: Paz e Terra, 2005.

MENEZES, Lená Medeiros. *Movimentos e políticas migratórias em perspectiva histórica:* um balanço no século XX. *In*: CASTRO, Mary G. (coord). *Migrações internacionais – contribuições para políticas*. Brasília: CNPD, 2001, p. 123-136.

MERCOSUR. Grupo Mercado Comum. *Resolução nº 20/95*, 1995. Disponível em: https://www.mercosur.int/pt-br/documentos-e-normativa/resolucoes/. Acesso em: 11 set. 2020.

MERCOSUR. Grupo Mercado Comum. *Resolução nº 75/96*, 1996. Disponível em: https://www.mercosur.int/pt-br/documentos-e-normativa/resolucoes/. Acesso em: 11 set. 2020

MIRANDA, Jorge. *Manual de direito constitucional*. Tomo IV. Coimbra: Coimbra, 1991.

MISAILIDIS, Mirta Gladys Lerena Manzo de. *Convergências e assimetrias nas relações coletivas de trabalho nos países do MERCOSUL*. *In*: CECATO, Maria Aurea Baroni e RUPERT, Maria Belén Cardona (org). *Direito Social na União Europeia e MERCOSUL:* emprego e inserção sociolaboral. João Pessoa: UNIPÊ/BC, 2009.

MOREIRA, Thiago Oliveira. *A (in)convencionalidade da política migratória brasileira diante da pandemia do covid-19*. *In*: BAENINGER, Rosana; VEDOVATO, Luís Renato; NANDY, Shailen (Coordenadores); ZUBEN, Catarina von; MAGALHÃES, Luís Felipe; PARISE, Paolo; DEMÉTRIO, Natália; DOMENICONI, Jóice (Organizadores). *Migrações internacionais e a pandemia de Covid-19*. Campinas: Núcleo de Estudos de População "Elza Berquó" – Nepo/Unicamp, 2020. p. 273-281.

NICOLI, Pedro Augusto Gravatá. *A condição jurídica do trabalhador imigrante no direito brasileiro*. São Paulo: LTr, 2011.

ORGANIZAÇÃO DAS NAÇÕES UNIDAS. *Declaração Universal dos Direitos Humanos*, 1948. Disponível em: https://nacoesunidas.org/wp-content/uploads/2018/10/DUDH.pdf. Acesso em: 03 ago. 2020.

ORGANIZAÇÃO DAS NAÇÕES UNIDAS. Alto Comissariado das Nações Unidas para os Refugiados. *Convenção relativa ao Estatuto dos Refugiados de 1951*. Disponível em: https://www.acnur.org/fileadmin/Documentos/portugues/BDL/Convencao_relativa_ao_Estatuto_dos_Refugiados.pdf. Acesso em: 12 jun. 2020.

ORGANIZAÇÃO DAS NAÇÕES UNIDAS. *Pacto Internacional sobre Direitos Civis e Políticos de 1966*. Disponível em: https://www.oas.org/dil/port/1966%20Pacto%20

Internacional%20sobre%20Direitos%20Civis%20e%20Pol%C3%ADticos.pdf. Acesso em: 19 ago. 2020

ORGANIZAÇÃO DAS NAÇÕES UNIDAS. *Pacto Internacional sobre Direitos Sociais, Econômicos e Culturais de 1966*. Disponível em: http://www.planalto.gov.br/ccivil_03/decreto/1990-1994/d0591.htm. Acesso em: 19 ago. 2020

ORGANIZAÇÃO DAS NAÇÕES UNIDAS. Alto Comissariado das Nações Unidas para os refugiados. *Protocolo de 1967 relativo ao Estatuto dos Refugiados*. Disponível em: http://www.acnur.org/fileadmin/scripts/doc.php?file=fileadmin/Documentos/portugues/BD_Legal/Instrumentos_Internacionais/Protocolo_de_1967. Acesso em: 12 jun. 2020.

ORGANIZAÇÃO DAS NAÇÕES UNIDAS. Alto Comissariado das Nações Unidas para os Refugiados. *Declaração de Cartagena sobre Refugiados*, 1984. Disponível em: http://www.acnur.org/t3/fileadmin/Documentos/português/BD_Legal/Instrumentos_Internacionais/Declaracao_de_Cartagena.pdf. Acesso em: 14 jun. 2020.

ORGANIZAÇÃO DAS NAÇÕES UNIDAS. *Convenção Internacional sobre a proteção dos Direitos de Todos os Trabalhadores Migrantes e dos Membros de suas Famílias*, de 18 de dezembro de 1990. Disponível em: https://www.oas.org/dil/port/1990%20Conven%C3%A7%C3%A3o%20Internacional%20sobre%20a%20Protec%C3%A7%C3%A3o%20dos%20Direitos%20de%20Todos%20os%20Trabalhadores%20Migrantes%20e%20suas%20Fam%C3%ADlias,%20a%20resolu%C3%A7%C3%A3o%2045-158%20de%2018%20de%20dezembro%20de%201990.pdf. Acesso em: 03 ago. 2020.

ORGANIZAÇÃO DAS NAÇÕES UNIDAS. *Declaração e Programa de Ação de Viena de 1993*. Disponível em: http://www.direitoshumanos.usp.br/index.php/Sistema-Global.-Declara%C3%A7%C3%B5es-e-Tratados-Internacionais-de-Prote%C3%A7%C3%A3o/declaracao-e-programa-de-acao-de-viena.html. Acesso em: 03 ago. 2020.

ORGANIZAÇÃO DAS NAÇÕES UNIDAS. *Declaração de Nova Iorque para Migrantes e Refugiados de 2016*. Disponível em: https://www.un.org/pga/70/wp-content/uploads/sites/10/2015/08/HLM-on-addressing-large-movements-of-refugees-and-migrants-Draft-Declaration-5-August-2016.pdf. Acesso em: 04 set. 2020.

ORGANIZAÇÃO DAS NAÇÕES UNIDAS. *Pacto Mundial para uma Migração Segura, Ordenada e Regular*. Marraquexe, 2018 Disponível em: https://refugeesmigrants.un.org/sites/default/files/180713_agreed_outcome_global_compact_for_migration.pdf. Acesso em: 10 jul. 2020.

ORGANIZAÇÃO DOS ESTADOS AMERICANOS. *Declaração Americana dos Direitos e Deveres do Homem de 1948*, aprovada na Nona Conferência Internacional Americana, Bogotá. Disponível em: http://pfdc.pgr.mpf.mp.br/atuacao-e-conteudos-de-apoio/legislacao/direitos-humanos/declar_dir_dev_homem.pdf. Acesso em: 20 ago. 2020.

ORGANIZAÇÃO DOS ESTADOS AMERICANOS. *Convenção Americana dos Direitos Humanos de 1969*. Disponível em: https://www.cidh.oas.org/basicos/portugues/c.convencao_americana.htm . Acesso em: 04 set. 2020.

ORGANIZAÇÃO DOS ESTADOS AMERICANOS. *Protocolo Adicional à Convenção Americana sobre Direitos Humanos em matéria de Direitos Econômicos, Sociais e Culturais – Protocolo de São Salvador*, 1988. Disponível em: http://www.cidh.org/Basicos/Portugues/e.Protocolo_de_San_Salvador.htm. Acesso em: 23 ago. 2020.

ORGANIZAÇÃO DOS ESTADOS AMERICANOS. Corte Interamericana de Direitos Humanos. *Opinião Consultiva OC 16/1999*. Disponível em: http://www.pge.sp.gov.br/centrodeestudos/bibliotecavirtual/interamericano/21210opiniao.htm. Acesso em: 19 ago. 2020.

ORGANIZAÇÃO DOS ESTADOS AMERICANOS. Corte Interamericana de Direitos Humanos. *Opinião Consultiva OC 18/03*, de 17 de setembro de 2003. Disponível em: https://www.corteidh.or.cr/docs/opiniones/seriea_18_esp.pdf. Acesso em: 19 ago. 2020.

ORGANIZAÇÃO INTERNACIONAL DO TRABALHO. *Declaração de Filadélfia*, adotada em 10 de maio de 1944. Disponível em: http://www.ilo.org/public//portugue/region/ampro/brasilia/info/download/constituicao_oit.pdf. Acesso em: 08 jul. 2020.

ORGANIZAÇÃO INTERNACIONAL DO TRABALHO. *Constituição da Organização Internacional do Trabalho*, revista e aprovada na 29ª Reunião da Conferência Internacional do Trabalho, 1946. Disponível em: www.ilo.org/brasilia/conheca-a-oit/historia/lang--pt/index.htm. Acesso em: 08 jul. 2020.

ORGANIZAÇÃO INTERNACIONAL DO TRABALHO. *Convenção nº 97 sobre Trabalhadores Migrantes*, de 01 de julho de 1949. Disponível em: https://www.ilo.org/brasilia/convencoes/WCMS_235186/lang--pt/index.htm. Acesso em: 08 jul. 2020.

ORGANIZAÇÃO INTERNACIONAL DO TRABALHO. *Recomendação nº 86 sobre Trabalhadores Migrantes*, de 01 de julho de1949. Disponível em: https://www.ilo.org/dyn/normlex/es/f?p=NORMLEXPUB:12100:0::NO:12100:P12100_INSTRUMENT_ID:312424:NO. Acesso em: 08 jul. 2020.

ORGANIZAÇÃO INTERNACIONAL DO TRABALHO. *Convenção nº 143 sobre as Imigrações Efetuadas em Condições Abusivas e sobre a Promoção da Igualdade de Oportunidades e de Tratamento dos Trabalhadores Migrantes*, de 24 de junho de 1975. Disponível em: https://www.ilo.org/brasilia/convencoes/WCMS_242707/lang--pt/index.htm. Acesso em: 11 jul. 2020.

ORGANIZAÇÃO INTERNACIONAL DO TRABALHO. *Recomendação nº 151 sobre Trabalhadores Migrantes*, de 24 de junho de 1975. Disponível em: https://www.ilo.org/dyn/normlex/es/f?p=NORMLEXPUB:12100:0::NO:12100:P12100_INSTRUMENT_ID:312489:NO. Acesso em: 11 jul. 2020.

ORGANIZAÇÃO INTERNACIONAL DO TRABALHO. *Declaração sobre Princípios e Direitos Fundamentais no Trabalho,* 1998. Disponível em: http://www.ilo.org/public//portugue/region/ampro/brasilia/info/download/texto_da_declaracao_em_portugues.pdf. Acesso em: 10 jul.2020.

ORGANIZAÇÃO INTERNACIONAL DO TRABALHO. *Declaração sobre Justiça Social para uma Globalização Equitativa,* 2008. Disponível em: https://www.ilo.org/wcmsp5/groups/public/---americas/---ro-lima/---ilo-brasilia/documents/genericdocument/wcms_336918.pdf. Acesso em: 10 jul. 2020.

ORGANIZAÇÃO INTERNACIONAL DO TRABALHO. *Perfil do trabalho decente no Brasil:* um olhar sobre as unidades da Federação, 2012. Relatório da OIT disponível em http://www.oit.org.br/node/876

ORGANIZAÇÃO INTERNACIONAL DO TRABALHO. *Protocolo Adicional à Convenção nº 29 da Organização Internacional do Trabalho,* 2014. Disponível em: https://www.ilo.org/dyn/normlex/es/f?p=NORMLEXPUB:12100:0::NO::P12100_ILO_CODE:P029. Acesso em: 08 jul. 2020.

ORGANIZAÇÃO INTERNACIONAL DO TRABALHO. *Recomendação Acessória à Convenção nº 29 da Organização Internacional do Trabalho,* 2014. Disponível em: https://www.ilo.org/dyn/normlex/es/f?p=NORMLEXPUB:12100:0::NO::P12100_INSTRUMENT_ID:3174688. Acesso em: 08 jul. 2020.

ORGANIZAÇÃO INTERNACIONAL PARA AS MIGRAÇÕES. *Informe sobre as migrações no mundo 2018.* Disponível em: https://www.iom.int/wmr/world-migration-report-2018

ORGANIZAÇÃO INTERNACIONAL PARA AS MIGRAÇÕES. *World Migration Report 2018.* Disponível em: https://publications.iom.int/system/files/pdf/wmr_2018_en.pdf

ORGANIZAÇÃO INTERNACIONAL PARA AS MIGRAÇÕES. *World Migration Report 2020.* Disponível em: https://publications.iom.int/es/system/files/pdf/wmr_2020_es.pdf.

ORGANIZAÇÃO INTERNACIONAL PARA AS MIGRAÇÕES. *Informe sobre las migraciones en el mundo 2020.* Disponível em: https://publications.iom.int/es/system/files/pdf/wmr_2020_es.pdf.

PADOVANI, Daniela Wernecke e MIALHE, Jorge Luís. The immigrant's condition in the cinema perspective: analysis of the work "It's a free world". *Revista e Desenvolvimento,* Revista do Programa de Pós-Graduação em Direito Mestrado em Direito e Desenvolvimento Sustentável. João Pessoa, vol. 9, n. 1, p. 06-22, jan/jul 2018. Https://ec.europa.eu/eurostat/web/lucas/data/primary-data/2018.

PADOVANI, Daniela Wernecke; MISAILIDIS, Mirta Lerena. *Imigrantes Indocumentados e a Inefetividade de seus Direitos Fundamentais Trabalhistas.* 2016. Disponível em: https://www.conpedi.org.br/eventos/xxv-congresso-do-conpedi-curitibapr-3/#apresenta%C3%A7%C3%A3o_de_artigos

PADOVANI, Daniela Wernecke e MISAILIDIS, Mirta Lerena. Direitos Fundamentais Sociais dos Imigrantes no Neoconstitucionalismo: Eficácia Jurídica e Social. *Conpedi Law Review*, Braga / Portugal, v. 3, n. 2, p. 1-20 / jul/dez. 2017. Disponível em: https://www.indexlaw.org/index.php/conpedireview/article/view/3702/pdf

PADOVANI, Daniela Wernecke. *Cenário jurídico dos imigrantes indocumentados:* uma reflexão sobre a efetividade de seus direitos sociais. Dissertação de mestrado. Universidade Metodista de Piracicaba, Piracicaba, 2017.

PAPADEMETRIOU, Demetrius G. *The global struggle with ilegal migration:* no end in sight. Set, 2005. Disponível em: http://www.migrationpolicy.org/article/global-struggle-illegal-migration-no-end-sight

PATARRA, Neide Lopes. Migrações internacionais de e para o Brasil contemporâneo: volumes, fluxos, significados e políticas. *São Paulo em Perspectiva*, v. 19, n. 3, p. 23-33, jul./set. 2005.

PATARRA, Neide Lopes. O Brasil: país de imigração? *Revista e-metropolis*, ano 3, n. 9, p. 6-18, jun. 2012. Disponível em: http://emetropolis.net/system/edicoes/arquivo_pdfs/000/000/008/original/emetropolis_n09.pdf?1447896326.

PEDUZZI, Maria Cristina Irigoyen. *Aplicabilidade da Declaração Sócio-Laboral do Mercosul nos Estados Partes.* Disponível em: http://www.stf.jus.br/imprensa/pdf/peduzzi.pdf.

PELLEGRINO, Adela. *As Migrações no Cone Sul com ênfase no caso Uruguai. In*: PATARRA, Neide Lopes (coord.), *Emigração e imigração internacionais no Brasil contemporâneo*, SP, FUNAP, 1995, p. 188-193.

PHELAN, Edward J. *The commission on international labour legislation. In*: Shotwell, James T. (Ed.). *The origins of the International Labour Organization.* New York: Columbia University Press, 1934, v. I.

PIOVESAN, Flávia. *Temas de direitos humanos.* São Paulo: Saraiva, 10 ed. 2017.

PIOVESAN, Flávia. *Ius Constitutionale Commune en América Latina:* contexto, challenges and perspectives. *In*: BOGDANDY, Armin Von; MAC-GREGOR, Eduardo Ferrer; ANTONIAZZI, Mariela Morales e PIOVESAN, Flávia (ed). *Transformative Constitutionalism in Latin America:* the emergence of a new Ius Commune. Oxford: Oxford University Press, 2017. p. 49-66.

PORTELA, Émily de Amarante e SCHWINN, Simone Andrea. *Elementos para (re) pensar a mobilidade humana:* globalização, novos fluxos migratórios e políticas públicas. *In*: BAENINGER, Rosana e outros (org). *Migrações Sul-Sul*, Campinas, SP: Núcleo de Estudos de População "Elza Berquó" – NEPO/UNICAMP, 2018, (2ª edição), p. 700.

PORTES, A.; SASSEN-KOOB, S. Making it underground: comparative material on the informal sector in Western market economies. *American Journal of Sociology*, 93 (1), 1987, p. 30-61.

PRADO JUNIOR, Caio. *História econômica do Brasil*. São Paulo: Círculo do Livro S.A. por cortesia da Editora Brasiliense S.A.

RAMIREZ, Sérgio Garcia. *The American Human Rights Navigation:* Toward a Ius Commune. *In*: BOGDANDY, Armin von, MAC-GREGOR, Eduardo Ferrer, ANTONIAZZI, Mariela Morales and PIOVESAN, Flavia (ed), *Transformative Constitutionalism in Latin America*: the emergence of a New Ius Commune, Oxford, Oxford University Press, 2017, p. 301-320.

REIS, Rossana Rocha. Soberania, Direitos Humanos e Migrações Internacionais. *Revista Brasileira de Ciências Sociais* – vol. 19 Nº. 55. Disponível em http://www.scielo.br/pdf/rbcsoc/v19n55/a09v1955.pdf.

ROCHA-TRINDADE, Maria Beatriz et al. *Sociologia das Migrações*. Lisboa: Universidade Aberta, 1995.

RODRIGUES, Rodrigo de Souza. *O trabalhador migrante indocumentado como sujeito de direitos na Organização Internacional do Trabalho.* Dissertação de Mestrado, Programa de Pós-graduação em Direito do Trabalho da Faculdade de Direito da Universidade de São Paulo. São Paulo, 2019.

ROMITA, Arion Sayão. *Direitos fundamentais nas relações de trabalho*, 5 ed. São Paulo: LTr, 2015.

RUBENSTEIN, Kim; ADLER, Daniel. International Citizenship: The Future of Nationality in a Globalised World (2000). *Indiana Journal of Global Legal Studies*, Spring 2000. Available at SSRN: https://ssrn.com/abstract=231675 or http://dx.doi.org/10.2139/ssrn.231675

SARLET, Ingo Wolfgang. *Dignidade da pessoa humana e direitos fundamentais*. Porto Alegre: Livraria do Advogado, 2001.

SARLET, Ingo Wolfgang. Dignidade (da pessoa) humana, mínimo existencial e justiça constitucional: algumas aproximações e alguns desafios. *Revista do CEJUR/TJSC*: Prestação Jurisdicional, v. 1, n. 01, p. 29-44, dez. 2013.

SARLET, Ingo Wolfgang. *A eficácia dos direitos fundamentais:* uma teoria geral dos direitos fundamentais na perspectiva constitucional. 12 ed., Porto Alegre: Livraria do Advogado Editora, 2015.

SARMENTO, Daniel. *A ponderação de interesses na Constituição*. Rio de Janeiro: Lúmen Júris, 2000.

SARTHOU, Helios. El principio de La solidaridad y La constitucionalización social, p. 769-786. *Derecho Laboral: revista de doctrina, jurisprudência e informaciones sociales*, Tomo XLIX – nº 224, Octubre – Diciembre 2006, Fundación de Cultura Universitaria: Montevideo.

SAYAD, Abdelmalek. *A imigração*. São Paulo: EDUSP, 1998.

SCHIERUP, Carl Ulrik. *'Bloody Subcontracting' in the network society:* migration and post-fordist restructuring across European Union. *In*: BERGGREN, Erik et al. *Irregular migration, infor-mal labour and community:* a challenge for Europe. Maastricht: Sharker Publishing, 2007.

SCIORTINO, Giuseppe. *Between Phantoms and Necessary Evils:* some critical points in the study of irregular migration. Instituts für Migrationsforschung und Interkulturelle studien (IMIS-BEITRÄGE), v. 24, p. 17-44, 2004.

SEYFERTH, Giralda. *Imigração e nacionalismo:* o discurso da exclusão e a política imigratória no Brasil. *In*: CASTRO, Mary G. (coord). *Migrações internacionais – contribuições para políticas*. Brasília: CNPD, 2001, p. 137-150.

SEYFERTH, Giralda. *Os estudos da imigração no Brasil:* notas sobre uma produção multidisciplinar. *In*: Seyferth, G. e outros. *Mundos em movimento*: ensaios sobre migrações. Santa Maria: editora UFSM, 2007.

SIKKINK, Kathryn. *Human Rights, principled issue-networks and sovereignty in Latin America*. *In*: International Organizations, Massachusetts, IO Foundation e Massachusetts Institute of Technology, 1993, vol. 47, issue 3, p. 411-441.

SILVA, José Afonso da. *Curso de direito constitucional positivo*, Malheiros, São Paulo, 2001.

SILVA, Otavio Pinto e. *Subordinação, autonomia e parassubordinação nas relações de trabalho*. São Paulo: LTr, 2004.

SILVA, Otavio Pinto e. *A contratação coletiva como fonte do direito do trabalho*. São Paulo: LTr, 1998.

SILVA, Sidnei Antonio da. *Costurando sonhos:* etnografia de um grupo de imigrantes bolivianos que trabalham no ramo da costura em São Paulo. Dissertação de mestrado defendida no Programa de Pós-Graduação em Integração da América Latina da Universidade de São Paulo – PROLAM/USP São Paulo: PROLAN/USP, 1995.

SILVA, Virgílio Afonso da. O conteúdo essencial dos direitos fundamentais e a eficácia das normas constitucionais. *Revista de Direito do Estado*, n. 4, out/dez 2006, p. 23-51.

SILVA, Virgílio Afonso da. *Direitos fundamentais:* conteúdo essencial, restrições e eficácia. São Paulo: Malheiros, 2009.

SOARES, Guido Fernando da Silva. *As responsabilidades no direito internacional do meio ambiente.* Tese – provimento do cargo de Titular de Direito Internacional Público. Departamento de Direito Internacional da Faculdade de Direito da Universidade de São Paulo, São Paulo, 1995.

SPRANDEL, Marcia Anita. Leis migratórias e conservadorismo parlamentar no Brasil: o caso da Lei 13.445, de 2017. *Cadernos de Debates – Refúgio, Migrações e Cidadania*. vol. 13, n. 13, 2018, p. 37-59.

SÜSSEKIND, Arnaldo. *Direito internacional do trabalho*. 3 ed. São Paulo: LTr, 2000.

TELLES JR., Goffredo da Silva. *A folha dobrada:* lembranças de um estudante. São Paulo: Nova Fronteira, 2000, p. 902-916.

THOME, Candy. *A questão de gênero do centro do trabalho decente:* a declaração de 1998 sobre princípios e direitos fundamentais no trabalho da OIT e a igualdade de gênero no âmbito do trabalho. *In*: GOMES, Ana Virgínia Moreira; FREITAS

JUNIOR, Antonio Rodrigues de. *A declaração de 1998 da OIT sobre princípios e direitos fundamentais no trabalho*: análise do seu significado e efeitos. São Paulo: LTr, 2014.

TIBURCIO, Carmen. *The human rights of aliens under international and comparative law*. Haia: Martinus Nijhoff Publishers, 2001.

TOLEDO, Claudia. Mínimo existencial: a construção de um conceito e seu tratamento pela jurisprudência constitucional brasileira e alemã. *Revista de Propriedade Intelectual – Direito Contemporâneo e Constituição PIDCC*, Aracaju, Ano VI, Volume 11 nº 01, p. 102-119, Fev/2017. www.pidcc.com.br

TORRES, Ricardo Lobo. O mínimo existencial e os direitos fundamentais. *Rev. Dir. Administrativo*, Rio de Janeiro, 177: p. 29-49, jul./set., 1989.

TORRES, Ricardo Lobo, *O mínimo existencial como conteúdo essencial dos direitos fundamentais*. *In*: C. P. De Souza Neto e D. Sarmento (organizadores). *Direitos Sociais. Fundamentos, judicialização e direitos sociais em espécie*. Rio de Janeiro: Lúmen Juris, 2008.

UNITED NATIONS. *Treaty Collection*, 2021. Disponível em: https://treaties.un.org/Pages/ViewDetails.aspx?src=TREATY&mtdsg_no=IV-13&chapter=4&clang=_en

UNITED NATIONS COMMISSION ON GLOBAL GOVERNANCE. *Our Global Neighborhood:* a reporto of the Commission on Global Governance. New York: United Nations, Chapter 1, 1994. Disponível em: http://www.gdrc.org/u-gov/global-neighborhood/

URIARTE, Oscar Ermida. *Globalizacion y relaciones laborales*. 2001. Disponível em: http://wilfredosanguineti.files.wordpress.com/2011/06/globalizacion-y-relaciones-laborales-oscar-ermida.pdf

VEDOVATO, Luís Renato. *O direito de ingresso do estrangeiro:* a circulação das pessoas pelo mundo no cenário globalizado. Livro digital, São Paulo: Atlas, 2013.

VEDOVATO, Luís Renato. *A nacionalidade no Direito Internacional Privado brasileiro:* elemento de exclusão. *In*: Carvalho Ramos, André de [org.]. *Direito Internacional Privado:* questões controvertidas. São Paulo: Arraes, 2016, p. 176-186.

VEDOVATO, Luís Renato. *Os tribunais e a proteção dos migrantes diante da pandemia*. *In*: BAENINGER, Rosana; VEDOVATO, Luís Renato; NANDY, Shailen (Coordenadores); ZUBEN, Catarina von; MAGALHÃES, Luís Felipe; PARISE, Paolo; DEMÉTRIO, Natália; DOMENICONI, Jóice (Organizadores). *Migrações internacionais e a pandemia de Covid-19*. Campinas: Núcleo de Estudos de População "Elza Berquó" – Nepo/Unicamp, 2020. p. 255-263.

VENTURA, Deisy de Freitas Lima. *Migrar é um Direito*. São Paulo: SECS, 2016.

VENTURA, Deisy de Freitas Lima; GUIMARÃES, Feliciano de Sá; REIS, Rossana Rocha (org.). *Imigrantes em São Paulo:* diagnóstico do atendimento à população imigrante no município e perfil dos imigrantes usuários de serviços públicos, São Paulo, IRI-USP, 2017.

VERDERA, Francisco. *La migración laboral internacional:* derechos de los/as trabajadores/as migrantes. *In*: PANFICHI, Aldo Italo. (Ed.). Aula magna. *Migraciones internacionales*, p. 107-146. Lima: Fondo Editorial de La pontifícia Universidad Católica del Perú, 2007.

VILLEN, Patricia. *Imigração na modernização dependente:* "braços civilizatórios" e a atual configuração polarizada. Tese de Doutorado, Universidade Estadual de Campinas, Campinas, 2015.

VILLEN, Patrícia. O trabalho forçadamente indocumentado e institucionalmente silenciado: a imigração dos "periféricos emergenciais" para o Brasil. *Revista da Associação Brasileira de Estudos do Trabalho – ABET*, v. 14, n. 2, jul./dez. 2015, p. 193. Disponível em: http://www.periodicos.ufpb.br/ojs/index.php/abet/article/view/27949/15018

VON POTOBSKY, Geraldo e BARTOLOMEI, Hector. *La organización internacional del trabajo:* el sistema normativo internacional. Los instrumentos sobre derechos humanos fundamentales. Buenos Aires: Astrea, 1990.

WALDMAN, Tatiana Chang. *O acesso à educação escolar de imigrantes em São Paulo:* a trajetória de um direito. Dissertação de mestrado, Faculdade de Direito, Universidade de São Paulo, São Paulo, 2012.

WALDMAN, Tatiana Chang. *Nem clandestinos, nem ilegais:* construindo contornos para uma definição da condição migratória não documentada no Brasil. Tese de Doutorado, Programa de Pós-Graduação em Direitos Humanos, Faculdade de Direito, Universidade de São Paulo, São Paulo, 2016.

WALDMAN, Tatiana Chang. *Sobre a Condição Migratória Não Documentada e suas Diversas Camadas. In*: Liliana Lyra Jubilut, Fernanda de Magalhães Dias Frinhani, Rachel de Oliveira Lopes, organizadoras. *Migrantes forçados:* conceitos e contextos. Boa Vista, RR: Editora da UFRR, 2018, p. 45-68.

ZUCHINI, Felipe Augusto Mancuso. *Blocos econômicos e trabalhadores migrantes no Brasil:* direitos dos trabalhadores no mercado comum da União Europeia e no Mercosul. *In*: FREITAS JUNIOR, Antonio Rodrigues de, TORRES, Daniel Bertolucci e BOUCINHAS FILHO, Jorge Cavalvanti. *Migração, trabalho e direitos humanos*, São Paulo: LTr, 2017, p. 163-170.